中央司法警官学院校级科研项目
《诈骗罪量刑实证研究》(XYQ201901)

诈骗罪量刑实证研究

宋久华 ◎ 著

ZHAPIANZUI
LIANGXING
SHIZHENG YANJIU

中国政法大学出版社
2023·北京

声　明　1. 版权所有，侵权必究。
　　　　2. 如有缺页、倒装问题，由出版社负责退换。

图书在版编目（ＣＩＰ）数据

诈骗罪量刑实证研究/宋久华著. —北京：中国政法大学出版社，2023.5
ISBN 978-7-5764-0889-8

Ⅰ.①诈… Ⅱ.①宋… Ⅲ.①诈骗罪－量刑－研究－中国 Ⅳ.①D924.354

中国版本图书馆CIP数据核字(2023)第073592号

出　版　者	中国政法大学出版社
地　　　址	北京市海淀区西土城路 25 号
邮　　　箱	fadapress@163.com
网　　　址	http://www.cuplpress.com（网络实名：中国政法大学出版社）
电　　　话	010-58908435(第一编辑部) 58908334(邮购部)
承　　　印	北京旺都印务有限公司
开　　　本	720mm×960mm　1/16
印　　　张	16.25
字　　　数	301 千字
版　　　次	2023 年 5 月第 1 版
印　　　次	2023 年 5 月第 1 次印刷
定　　　价	69.00 元

目 录

导 论 ·· 1

第一章 诈骗罪量刑经验考察 ·· 22
第一节 研究设计 ·· 22
第二节 整体量刑情况的经验性分析 ·· 24
第三节 有期徒刑适用的经验性分析 ·· 37
第四节 罚金刑适用的经验性分析 ·· 48
第五节 剥夺政治权利适用的经验性分析 ·· 58
第六节 诈骗罪量刑经验总结 ·· 64

第二章 诈骗数额研究 ·· 68
第一节 研究设计 ·· 68
第二节 诈骗罪中"情节"与"数额"的关系 ···································· 71
第三节 诈骗数额与量刑结果的关系 ·· 75
第四节 诈骗数额与主刑刑期的关系 ·· 87
第五节 诈骗数额与罚金刑的关系 ··· 106
第六节 诈骗数额研究总结 ··· 120

第三章 诈骗罪量刑影响因素研究 ··· 124
第一节 量刑影响因素概述 ··· 124
第二节 研究设计 ··· 137
第三节 各量刑影响因素的影响力分析 ··· 140
第四节 诈骗罪量刑影响因素研究总结 ··· 152

第四章 诈骗罪量刑偏差研究 ··· 163
第一节 研究设计 ··· 163
第二节 诈骗罪量刑是否因地域不同而存在偏差 ································· 167
第三节 诈骗罪量刑是否因方式不同而存在偏差 ································· 195

第五章 诈骗罪量刑实证研究的结论与启示 ………………… 205
第一节 诈骗罪量刑实证研究的结论 ………………… 205
第二节 诈骗罪量刑实证研究的启示 ………………… 214

余 论 ………………………………………………………… 236

附录 变量因素表 …………………………………………… 243

参考文献 ……………………………………………………… 246

致 谢 ………………………………………………………… 254

导　论

一、研究背景

2006年发生于广东的"许霆案"可以说家喻户晓,[1]许霆在一审时被广州市中级人民法院以盗窃罪判处无期徒刑,发回重审后审理法院和罪名不变,刑罚却改为5年有期徒刑;2011年河南"天价过路费案"在全国引发轩然大波,[2]再审未改变罪名,却将认定的诈骗数额由368万余元缩减到49万余元,刑罚由无期徒刑改为7年和2年6个月有期徒刑;2016年山东"刀刺辱母者案"更是引发广泛舆论关注,[3]被告人于欢被一审法院以故意伤害罪判处无期徒刑,而在二审中,罪名还是这个罪名,刑罚却降为5年有期徒刑。从无期徒刑到较轻的有期徒刑,这种前后悬殊的量刑结果一次又一次令公众对司法的公信力和裁判的权威性产生了强烈的质疑。应该说,这些案件中的被告人是幸运的,在舆论的广泛关注和法院的高度重视下,其命运终究发生了戏剧性的转机。但是,假如这些案件没有"ATM机故障""三百多万元过路费""辱母"这种夺人眼球的情节,又假如被告人在一审中没有被判处无期徒刑这种明显畸重的刑罚而仅是判处10年有期徒刑,被告人的合法权益是否就湮没在法官的自由裁量权之中了呢?当然,骇人听闻的案件总是少数,但是,司法实践中究竟有多少被告人承受着貌似合法范围之内的量刑偏差与量刑不公呢?带着疑问,笔者拟对我国量刑状况展开研究,揭示实然和应然的真正距离。

---

[1]　案情如下:许霆在ATM机取款时,意外发现每取出1000元,银行卡只扣1元。于是许霆先后取款171笔,合计人民币17.5万元。

[2]　本案一审认定案情如下:为在河沙生意中获取更大利益,时建锋先后找相关人员取得了伪造的武警部队士兵证、驾驶证等,并购买两副假军用车牌照,悬挂到自己购买的两辆自卸货车上,雇佣他人驾驶车辆,通行郑石高速公路运送沙石。其骗免高速公路通行费共计368万元,构成诈骗罪,被判处无期徒刑。判决之后其弟弟时军锋投案,本案进入再审程序。再审认定本案中时军锋为主犯,骗免高速公路通行费共计人民币49万余元,而时建锋参与骗免高速公路通行费11.7万余元,二人分别获刑7年和2年6个月。

[3]　案情如下:2016年,由社会闲散人员组成的十多人催债队伍骚扰于欢母亲的工厂,辱骂殴打于欢母亲。于欢目睹母亲受辱,用水果刀对催债人员乱捅,致使一人死亡、两人重伤、一人轻伤。

之所以选择诈骗罪作为研究样本，是因为诈骗罪是现代社会常见多发的侵财性犯罪之一，并且随着经济的发展和科技的进步，诈骗领域不断拓展，诈骗手段不断翻新，任何一个社会成员都是潜在的被害人。一旦这种被害的危险转化为现实，人们最关注的不是案件如何定性，而是被告人如何判刑以及财产如何返还。同样，对于被告人来说，从案件被立案侦查时起，有罪无罪便已心知肚明，量刑才是其潜意识里最关心的问题。因此，常见犯罪的量刑轻重成为全社会感知司法公正的基本途径。不患寡而患不均，司法裁判在时空上保持高度一致性，在正确定罪的基础上均衡量刑，成为公众对刑事司法体系的基本期待。那么司法实践中的量刑情况究竟能否满足这种期待呢？为了回答这一问题，笔者以中国裁判文书网为载体，抽取一定数量的诈骗罪裁判文书形成样本，提取量刑信息建立数据库，并运用SPSS软件从不同的角度进行量化分析和归纳总结。虽然样本情况不能完全等同于我国诈骗罪量刑的总体情况，但毕竟收集的文书出自不同的省份，也达到了一定规模，且使用专业的分析工具描述量刑的平均水平、集中趋势、相关性等，所以在很大程度上还是能够反映我国至少是所选地区的诈骗罪量刑基本情况的。而掌握真实的量刑情况，是进行相关理论研究和科学决策的前提和基础。

事实上，定罪和量刑是刑事司法活动必须解决的两个根本问题。对于如何定罪，刑法规定较为完备，刑法理论也比较成熟，加之长期以来的庭审活动主要围绕定罪进行，且改变起诉机关认定的罪名更容易引起审判监督程序的启动，所以，定罪方面出现认知冲突的情况相对较少。相反，由于我国刑法规定的法定刑分档过粗、幅度过宽，法官在量刑方面的自由裁量权较大，所以滥用这种自由裁量权的可能性也就较大。应该承认，由于案件涉及各种法定或酌定量刑情节，且每一个情节在多大程度上影响量刑缺乏相对明确的规定，故出现量刑差异在所难免。但是如果量刑差异超出了公众的接受能力和容忍限度，如果不幸者的生活和自由成了荒谬推理或某个法官情绪冲动的牺牲品，那么司法的公信力和裁判的权威性就大打折扣了。因此，量刑决定是刑法、刑事司法体系以及公共价值转换成"可感知"行为的关键，[1]量刑问题作为刑法理论的缩图，对于刑法公正的实现有着根本性的影响。[2]

在我国，研究量刑，绕不开的话题就是量刑规范化改革。在量刑规范化改革之前，各地法院普遍采用估堆式经验量刑方法，即法官依据长期以来的司法

---

[1] 郭豫珍：《量刑与刑量：量刑辅助制度的全观微视》，元照出版有限公司2013年版，第187页。
[2] 石经海、严海杰："中国量刑规范化之十年检讨与展望"，载《法律科学（西北政法大学学报）》2015年第4期。

实践经验、裁判技巧和个人法律业务水平，在裁判理性的指导下，作出不超出刑法规定限度的量刑裁决。[1]这种唯经验论的量刑方式深受"重定罪，轻量刑"的传统量刑思维的影响，缺乏易于量化的标准和步骤，导致量刑失衡现象频发。[2]为此，淄博市淄川区人民法院、泰州市姜堰区人民法院等基层单位于21世纪初开始"自下而上"探索量刑规范之路，结合办案经验开创了"电脑量刑"模式、"指导意见"模式。随着实践中量刑改革的悄然兴起，《人民法院第二个五年改革纲要（2004－2008）》于2005年正式提出"研究制定关于其他犯罪的量刑指导意见，并健全和完善相对独立的量刑程序"。2006年初，最高人民法院组建量刑规范化改革课题组，对量刑规范化改革进行实质性调研论证，并指定江苏、山东两省高级人民法院共同参与量刑规范化改革的研究工作。经过北京市海淀区、上海市浦东新区、江苏省姜堰市等5家法院的实践检验，证实以定性方法出台量刑指导意见不能满足基层法官对实用性和可操作性的需求，而定性分析与定量分析相结合的方法则更加具备实用性、准确性和可操作性。为此，最高人民法院项目组于2008年8月制定并下发《人民法院量刑指导意见（试行）》和《人民法院量刑程序指导意见（试行）》。[3]这两个文件经过12个法院的初步试点和一百二十多个法院的全面试点，取得了明显成效，比如量刑更加均衡和公正，服判息诉率明显上升，量刑过程更加公开和透明，人民群众更加满意，人民法院的公信力和权威性进一步提高。[4]2010年7~9月，《人民法院量刑指导意见（试行）》和最高人民法院、最高人民检察院、公安部、国家安全部、司法部（以下简称两高三部）《关于规范量刑程序若干问题的意见（试行）》两个改革文件先后发布，量刑规范化改革从2010年10月1日起在全国范围内予以全面试行。此后，为巩固和持续推进量刑规范化工作，最高人民法院在全面总结试行经验的基础上，于2013年12月23日颁布了《最高人民法院关于常见犯罪的量刑指导意见》，并决定从2014年1月1日起在全国法院正式实施量刑规范化工作。该文件在2010年《人民法院量刑指导意见（试行）》的基础上进行了补充和调整，将量刑方法修改为"以定性分析为基础，结合定量分析"，就诈骗罪而言，还修改了数额较大的量刑起点。随着量

---

[1] 姜涛：《认知量刑规范化》，中国检察出版社2010年版，第3页。
[2] 苏彩霞、崔仕绣："中国量刑规范化改革发展研究——立足域外经验的考察"，载《湖北大学学报（哲学社会科学版）》2019年第1期。
[3] 熊选国主编：《〈人民法院量刑指导意见〉与"两高三部"〈关于规范量刑程序若干问题的意见〉理解与适用》，法律出版社2010年版，第11~13页。
[4] 熊选国主编：《〈人民法院量刑指导意见〉与"两高三部"〈关于规范量刑程序若干问题的意见〉理解与适用》，法律出版社2010年版，第15页。

刑规范化改革在我国刑事司法领域的深入推进，为落实"以审判为中心"的刑事诉讼制度改革和司法责任制，促进量刑规范化工作的常态化、制度化，最高人民法院于2017年下发修订后的《最高人民法院关于常见犯罪的量刑指导意见》（以下简称《量刑指导意见》，已失效），进一步明确"以定性分析为主，定量分析为辅"的量刑方法，就进一步扩大量刑规范化范围作出部署，提出全面深入推进量刑规范化改革的战略目标，并于同年4月1日发布《最高人民法院关于常见犯罪的量刑指导意见（二）（试行）》，开展第二批试点法院的新增罪名规范化量刑试点。[1] 2021年，为进一步规范量刑和量刑建议工作，落实宽严相济刑事政策和认罪认罚从宽制度，最高人民检察院、最高人民法院联合印发《最高人民法院、最高人民检察院关于常见犯罪的量刑指导意见（试行）》，将规范的罪名从15种增加至23种，将常见量刑情节的适用从原来的14种增加至18种，并对罚金、缓刑的规范适用进行了原则性规定。

由上述量刑规范化改革的进程可以看出，该项改革经历了由探索试错、局部试点、全面推行到深入推进的阶段，在此过程中，量刑方法不断完善，量刑情节的作用幅度不断调整，各个罪名的量刑起点幅度不断修改。时至今日，改革依然在如火如荼地进行，依法规范裁量刑罚的理念已经深入人心，然而，改革的成效究竟如何？量刑规范化程度是否达到了最高司法机关的预期？量刑偏差是否消除，量刑均衡是否实现？这是评价、检视量刑规范化改革必须要面对的问题。遗憾的是，最高司法机关对此并未披露官方数据，于是学者们纷纷以个案为抓手，以量刑规范化改革前后的裁判文书为载体，在各自力所能及的范围内开展实证研究。

在这种形势下，本书以诈骗罪为切入点，立足量刑规范化改革以来的量刑实践，考察量刑规范化改革的实施成效，其实是具有现实意义的。一方面，用实证研究检验2017年度以来的诈骗罪量刑实践是否符合量刑指导文件的要求；另一方面，也是最重要的，是不断推动和完善量刑规范化工作。为了更好地落实量刑规范化改革，各地根据最高司法机关颁布的量刑指导文件制定了实施细则。然而，无论是最高司法机关的量刑指导文件还是各地的实施细则，都只是量刑规范化改革过程中的阶段性成果，而非终局性的量刑指南，其应在实践中不断丰富和发展。通过实证分析不断总结新经验，摸索新规律，才能使这些文件更好地发挥指导量刑实践的作用。而个罪量刑活动的规范，也有助于推动整个量刑规范化改革向前发展。

---

[1] 崔仕绣："我国量刑规范化改革研究——障碍及其克服"，中南财经政法大学2020年博士学位论文。

二、研究现状

（一）国内量刑实证研究现状

受"重定罪，轻量刑"传统思路的影响，我国量刑领域的研究成果与犯罪领域相比，可以说是稍逊一筹。但是，刑法学是一门极具实践品格的学科。近些年来，随着社会各界对量刑均衡的高度关注以及量刑规范化改革的深入推进，学者们逐渐意识到量刑问题的重要性，特别是随着信息网络的发展和司法公开的推进，立足一定规模的案例采用实证方法研究量刑问题，成为我国量刑领域一个时尚且充满生命力的新兴课题。

其实早在20世纪80年代末，苏惠渔、张国全、史建三就合著《量刑与电脑：量刑公正合理应用论》（百家出版社1989年版），引入现代化的统计方法和问卷调查法研究量刑基准的确定，可以说是开创了将量化分析引入量刑活动的先河。其后，有赵廷光教授的《量刑公正实证研究》（武汉大学出版社2005年版），白建军教授的《法律实证研究方法》（北京大学出版社2014年版）《罪刑均衡实证研究》（法律出版社2004年版）《刑法规律与量刑实践：刑法现象的大样本考察》（北京大学出版社2011年版）等力作对"创新量刑方法，减小量刑偏差"进行了持续地探索和总结。随着我国量刑规范化改革的兴起，越来越多的青年学者对量刑实证研究产生了兴趣，将统计学方法融入法学研究之中，呈现出一批优秀的研究成果。论文方面，蔡曦蕾博士的"克服量刑失衡二元体系之构建——基于对我国量刑失衡现象的实证分析"（载《政治与法律》2013年第11期）赵书鸿博士的"论刑罚裁量的简洁化——量刑活动的经验性研究结论"（载《中外法学》2014年第6期）等作品通过对一定数量的裁判文书样本进行分析，发现中国量刑实践中的普遍规律及存在的问题，为实证研究方法在量刑领域的应用与传播作出了贡献；著作方面，赵学军博士的《抢劫罪量刑经验研究》、董晓华博士的《北京市盗窃罪量刑实证研究——以2736份判决书为样本》等，则是以个罪为切入点，通过对裁判文书进行定量分析，客观还原我国量刑规范化改革背景下的量刑真实情况，其中特别关注量刑偏差与量刑影响因素问题，力图以个罪研究推动量刑改革进展。综观上述成果，主要涵盖以下几个方面的内容：

1. 对量刑规范化改革的研究。量刑规范化改革在我国进行十余年，对改革的成效进行检验、对改革本身进行反思和总结，是近年来量刑实证研究的热点。具体包括以下两方面的内容：

（1）对改革的成效进行检验。量刑偏差的存在是我国开展量刑规范化改革的动因，而量刑均衡则是我国量刑规范化改革所追求的目标，也是检验改革成效的重要标尺。学者们以个罪的量刑实践为切入点展开实证研究，求证改革之后的量刑在不同时空范围之内是否存在偏差。目前，涉及的罪名有抢劫罪、盗窃罪等财产型犯罪，强奸罪、故意伤害罪等侵犯人身权利类犯罪，交通肇事罪、危险驾驶罪等危害公共安全类犯罪，以及贪污贿赂犯罪。由于选取样本、检验方法不同，得出的结论也不尽相同：蔡曦蕾博士运用量刑实验法和数据比较法，计算出中国的量刑失衡率大概是30%左右，进而提出"量刑失衡存在并且较为严重已是一个不争的事实"；[1]赵学军博士通过对4354份抢劫罪判决书进行统计分析，发现量刑规范化改革没有从根本上解决量刑偏差问题，不同地域、不同时期、不同个案之间的量刑偏差依然存在；[2]而熊谋林等学者立足8个省份1254份强奸罪判决书，利用多种统计模型交替比较后发现，总体而言缓刑和非缓刑刑期在各省份之间较为均衡，而个别省份间的量刑差异可从量刑细则和犯罪事实等方面的差异来解读。[3]除了对量刑均衡进行检验外，也有学者对改革后的量刑规范性水平进行检验，如王越通过对303 256份故意伤害罪裁判文书进行统计分析，认为该罪有期徒刑的裁量具有高度规范性，严格遵循了"三步骤"方法的理论内核，量刑起点和基准刑的确定与规范规定保持了高度一致性；[4]而彭文华教授通过对盗窃罪量刑进行实证分析，认为司法机关在量刑起点的确定、基准刑的确定与调节等方面均存在问题。[5]

（2）对量刑规范化改革进行反思和思考。有学者对最高人民法院颁布的量刑指导文件的具体规定进行反思；[6]有学者对量刑规范化改革尚未充分涉及的刑种的裁量进行研究，甚至还总结出了个罪中罚金刑裁量的计算公式；[7]也有学者对量刑规范化改革的发展方向进行展望。[8]

2. 对量刑规律的研究。学者们在进行量刑实证研究的过程中不乏对量刑规律的总结。白建军教授提炼出"裸刑均值""量刑参数"等体现法官集体理性和

---

[1] 蔡曦蕾："克服量刑失衡二元体系之构建——基于对我国量刑失衡现象的实证分析"，载《政治与法律》2013年第11期。

[2] 赵学军："量刑偏差的司法表现与量刑规范的实现路径——基于抢劫罪刑事判决书的实证考察"，载《天津法学》2019年第3期。

[3] 熊谋林、李稚宁、胡景宣："量刑均衡的中国经验：基于强奸罪的实证研究"，载《法治现代化研究》2021年第2期。

[4] 王越："量刑规范性水平的实证检验：以故意伤害罪为例的分析"，载《法学家》2020年第6期。

[5] 彭文华："盗窃罪量刑规范化问题实证研究"，载《华东政法大学学报》2021年第2期。

[6] 梁文彩："对《关于常见犯罪的量刑指导意见》的反思——以敲诈勒索罪为例展开的分析"，载《刑法论丛》2019年第4期。

[7] 文姬："盗窃罪中罚金刑裁量规则研究"，载《南大法学》2021年第4期。

[8] 王越："量刑规范性水平的实证检验：以故意伤害罪为例的分析"，载《法学家》2020年第6期。

平均水平的标准,主张用实践理性去规范理性的实践,使法官有法可依,有规可循,有例可鉴,使量刑活动更接近人们的预期;[1]赵书鸿博士通过实证研究提出:刑罚裁量是主要聚集在法定量刑幅度的有限区域内的频繁活动,进入裁量者视野的变量非常有限,且主要是与行为严重性相关的报应性变量;[2]赵学军博士提出,在抢劫罪减轻处罚的情况下,一般是重罪减轻幅度小,轻罪减轻幅度大。判缓刑的,缓刑时长一般在主刑时长本数以上、1倍以下范围内确定。[3]

3. 对量刑情节的研究。量刑是选用情节的艺术,是用各种情节塑造一个案件的作业。因此,对量刑情节的实证研究离不开具体案件。研究思路有以下几种:一是对个罪中量刑情节的影响力进行研究。如有学者通过对常见量刑情节在某种犯罪中的具体适用逐个进行考察,用"单一影响率"分别计算其影响力,[4]也有学者用统计学方法(如决策树、随机森林等)筛选对个罪量刑结果有重要影响的情节,用回归分析计算各情节的影响力并按照影响力大小对情节进行排序。[5]二是对特定量刑情节在量刑中的适用进行专门研究。[6]三是对量刑情节的适用进行规律性研究。如定罪情节与量刑情节的作用孰大孰小,法定量刑情节与酌定量刑情节的作用孰大孰小,体现社会危害性的情节与体现人身危险性的情节作用孰大孰小,趋严情节与趋轻情节的作用孰大孰小,量刑情节与量刑之间存在何种对应关系,何种犯罪与何种情节组合后体现了司法实践中宽严幅度的平均水平和集中趋势。[7]应该说,虽然量刑指导文件已经规定了多种常见量刑情节及其调节幅度,以及量刑情节调整基准刑的方法,但是鉴于我国刑事案件的复杂性和各地经济社会发展的不平衡性,对量刑情节的研究和探讨在一定时期内都是非常必要的。

4. 对量刑基准的研究。量刑基准在我国是一个备受争议的话题,从概念到确立方法都有不同的观点。概念方面,有学者认为量刑基准是针对抽象个罪而

---

[1] 白建军:《刑法规律与量刑实践 刑法现象的大样本考察》,北京大学出版社2011年版,第182~224页。

[2] 赵书鸿:"论刑罚裁量的简洁化 量刑活动的经验性研究结论",载《中外法学》2014年第6期。

[3] 赵学军:《抢劫罪量刑经验研究》,法律出版社2019年版,第419~425页。

[4] 董晓华:《北京市盗窃罪量刑实证研究——以2736份判决书为样本》,法律出版社2020年版。

[5] 王剑波、景景:"受贿罪量刑影响因素问题研究",载《北京师范大学学报(社会科学版)》2014年第6期。

[6] 赵庆飞、陈刚:"刑事损害赔偿在量刑适用中的实证分析——以596份刑事赔偿案件裁判文书及1516份问卷为样本",载《尊重司法规律与刑事法律适用研究(下)——全国法院第27届学术讨论会获奖论文集》。

[7] 彭雅丽:"量刑指导意见的司法实践与重构——以盗窃罪为切入点",载《法学研究》2021年第4期。

言的,是不考虑任何量刑情节的情况下仅依据构成事实所应当判处的刑罚量;[1]有学者认为是针对具体个罪而言的,是某一犯罪在典型形态下应当适用的刑罚分量;[2]也有学者认为是针对若干具体犯罪而言的,即某种犯罪各组权威示范性案例样本之间相互独立的平均刑量。[3]量刑基准的确立方法有中线论、上线论或下线论、重心论、形势论、主要因素论等,可以概括为逻辑推演法和实证分析法,也即通常所说的演绎法和归纳法。就归纳法而言,有的是针对示范性案例进行归纳,有的是针对某一个或几个法院的大量个案进行归纳。有的结论是法定刑幅度的中值,有的结论是某类案例的宣告刑均值。应该说,这种归纳法在实践中发挥了显著作用,如泰州市姜堰区市人民法院通过个案归纳调查,总结出非数额型犯罪、数额型犯罪的一般量刑基准,以及具体犯罪的量刑基准,引起全国的关注和效仿。

5. 对量刑程序的研究。量刑规范化改革要求建立相对独立的量刑程序。近年来,学者们围绕量刑程序从不同角度展开研究,比较常见的范式是对当前的量刑辩护、量刑建议、量刑说理等几个方面的现状进行反思,发现存在的问题,进而结合量刑规范化改革提出完善思路。其中量刑辩护最主要的问题就是其在量刑程序中处于边缘位置,建议从本体进路、辩审进路、控辩进路等路径加以完善;[4]量刑建议比较突出的问题是精准化、说理性以及在庭审中的地位有待提高;[5]量刑说理比较突出的问题是缺乏应有的独立性以及必要的过程论证,同时主刑说理粗略,附加刑基本不说理,缓刑说理疏漏。[6]

(二) 国外量刑实证研究现状

与中国相比,国外学者对量刑实证研究关注较早,在理论和实践方面的成果也较为丰硕,代表性学者如德国的汉斯-约格·阿尔布莱希特、英国的安德鲁·阿什沃斯等。

总体而言,英美法系历来注重判例法,因此在实证研究方面具有先天的优势。美国最突出的贡献是发明了数值化的量刑指南。所谓量刑指南,是指量刑委员会针对具体罪名收集约5万份案例资料(含4万份有罪判决的简要报告和

---

[1] 周光权:"量刑基准研究",载《中国法学》1999年第5期。
[2] 张明:"量刑基准论",中国政法大学2004年博士学位论文。
[3] 白建军:"量刑基准实证研究",载《法学研究》2008年第1期。
[4] 王瑞剑:"量刑程序改革的辩护视角:误区与辩正",载《汕头大学学报(人文社会科学版)》2019年第6期。
[5] 陈国庆:"量刑建议的若干问题",载《中国刑事法杂志》2019年第5期。
[6] 彭文华:"量刑说理:现实问题、逻辑进路与技术规制",载《法制与社会发展》2017年第1期。

1万份审前调查报告），经过十几年的总结、分析与比较而形成。其为每一种犯罪制定一张双轴式图表，纵轴代表犯罪等级，表示犯罪严重性程度，横轴代表犯罪历史标度，表示被告人犯罪历史的危险性等级。通过纵横两轴交叉结合，得出特定的量刑格作为量刑的依据。遗憾的是，目前该量刑指南仅具有参考价值，而不具有强制力。[1]澳洲借力信息网络技术，其资讯化量刑模式被誉为世界上最详尽、最复杂且最精密的司法资讯研究系统。它是由刑罚统计资料库、裁判资料库等八个主要板块构成，收集和录入了大量案例、法律法规等资料，并不直接提供判决结果，而是透过具体犯罪量刑趋势的分析，提供有关类似案件的最高和最低量刑规定，将量刑的决定权交给法官，让法官从量刑一致性角度考虑，尽量选择该资料库提供的平均值。[2]

相较而言，大陆法系学者注重量刑理论的研究，就量刑中责任与预防的关系展开了旷日持久的争论，进而形成幅的理论、点的理论、位置价值说等不同的观点，并试图通过实证研究方法加以证实。如德国学者通过对轻罪（如涉税犯罪、交通犯罪、盗窃罪、侵占罪、诈骗罪、敲诈勒索罪等）和重罪（如毒品犯罪、强奸罪、入室盗窃罪、抢劫罪）量刑实践中所涉及的主要变量以及实际处罚幅度分别进行调研，证实德国量刑实践中，刑罚的预防性需求在整个量刑活动中始终处于边缘化位置，进入裁判者视野的仅仅是与行为严重性相关的变量。因此在德国量刑仅是一个对行为严重性相关变量进行评价的笼统性和简化性过程。[3]

国外这些研究的思路和方法值得我国理论界和实务界学习和借鉴，从而推进我国量刑规范化改革顺利向前。

三、研究方法

欲真正了解法律规范在实然层面的运行状况，倚靠法教义学研究方法进行理论思辨显然是无法胜任的，而是需要充分发挥法律实证研究方法的独特优势。所谓"实证"，指的是基于观察或者经验而获得的有关客观世界的证据。[4]法律实证研究方法，按照白建军老师的定义，是按照一定程序规范对一切可进行标准化处理的法

---

[1] 郭豫珍：《量刑与刑量：量刑辅助制度的全观微视》，元照出版有限公司2013年版，第11~21页。

[2] 郭豫珍：《量刑与刑量：量刑辅助制度的全观微视》，元照出版有限公司2013年版，第97页。

[3] 转引自赵书鸿："论刑罚裁量的简洁化　量刑活动的经验性研究结论"，载《中外法学》2014年第6期。

[4] 转引自何挺："刑事司法实证研究：以数据及其运用为中心的探讨"，载《中国法学》2016年第4期。

律信息进行经验研究、量化分析的方法。[1]具体说来，它具备以下几个特征：

1. 植根于法律实践的经验现象。其强调对研究对象的客观观察和实地感受，强调感性知识的认识论意义。[2]正如迪尔凯姆所言，"科学在最初下的一些定义，应当直接取材于感性资料""那种放弃观察、描述和比较事物，而习惯于用观念来代替实在并作为思考、推理的材料的研究方法，不能得出符合客观实际的结果"。[3]也就是说，以法律现象、法治实践而非法条或教义为关注点和出发点，是法律实证研究与法教义学的重要区别所在。需要注意的是，这里的法律现象、法治实践并不是个别或者小范围的案例、案件，而是大范围的普遍法律实践。法律实证方法以此为研究对象，有助于最小化个体经验、主观潜见、偏好、局限甚至私利等主体性因素对法律适用的影响，使其消解在普遍法律实践的一般性中。也就是说，法律人的集体经验比个别经验更能过滤掉个别利益局限和特殊的主体性偏好，更可能接近公认的普遍价值。如果把实证研究视为不断趋近集体经验的过程，那么，样本越大，分析工具越科学，结论就越可靠，[4]越接近实然。

2. 以数据的收集、分析和运用为核心。左卫民教授认为，法律实证研究是以数据为重点的法学研究范式，其主要内容在于收集、分析数据，并据此进行理论阐析。在此意义上，法律实证研究可以认为是一种"定量法学"。[5]一方面，进行法律实证研究，需要结合法律规范和司法实践进行变量设计，提取变量，将研究对象转化为数据，并形成数据库；另一方面，对于收集整理的数据，应进行量化分析。其中既包括运用简单的描述性方法（如比率、频次等）对经验现象进行特征概括，又包括运用专业的统计学知识（如相关性检验、回归分析）进行深层次的数据剖析。总而言之，实证研究主张用数据说话，展开定量研究，通过数据反映法律制度运作的实际状态，揭示其背后的客观原因，以获得一种"客观性知识"，进而进行理论解读。[6]

3. 以"假设—检验"为具体方法。基于客观数据的法律研究未必就是实证研究，真正的实证研究应当遵循提出假设、分析、验证的科学研究过程。[7]因

---

[1] 白建军：《法律实证研究方法》，北京大学出版社2014年版，第3页。
[2] 白建军：《法律实证研究方法》，北京大学出版社2014年版，第10页。
[3] [法] E. 迪尔凯姆：《社会学方法的准则》，狄玉明译，商务印书馆1995年版，第62、35~36页。
[4] 白建军："论刑法教义学与实证研究"，载《法学研究》2021年第3期。
[5] 左卫民："一场新的范式革命？——解读中国法律实证研究"，载《清华法学》2017年第3期。
[6] 左卫民："一场新的范式革命？——解读中国法律实证研究"，载《清华法学》2017年第3期。
[7] 侯猛："实证'包装'法学？——法律的实证研究在中国"，载《中国法律评论》2020年第4期。

此，在开始研究之前，一定要通过文献回顾或者前期的探索研究确定有待检验的理论，并依据待证理论形成可检验的研究假设，否则，就只能漫无目的地大海捞针，要么一无所获，要么误入歧途。[1]其后，运用数据对假设进行验证，结果可能证实，也可能证伪。无论如何，都要对验证结果进行理论归纳、挖掘和升华，从而推动理论进步及实践完善，只有这样，才能真正实现实证研究的使命与担当。

（一）研究思路

本书以 500 份传统诈骗裁判文书以及 228 份电信网络诈骗裁判文书为研究对象，以每一个犯罪人为单位，共涉及 2010 个研究样本。主要采用 SPSS 软件进行实证分析，按照提出假设——实证检验——总结提升的逻辑顺序，描述诈骗罪的量刑经验及量刑偏差，研究诈骗数额及其他因素对量刑结果的影响，从客观描述中摸索规律，发现问题，证实或者证伪先前的假设或者习惯性认识，最后对整个研究进行梳理总结，提出量刑规范化建议。全书共分五章展开：

第一章是诈骗罪量刑经验考察。通过对全样本量刑情况进行整体考察、对有期徒刑、罚金、剥夺政治权利适用情况进行量化分析，呈现真实的诈骗罪量刑现状，进而得出一些规律性认识。其中，第一部分是对诈骗罪整体量刑情况，特别是全样本中减轻处罚的情况进行研究，了解实践中法官如何把握减轻处罚幅度，是否存在在法定刑的下两个量刑幅度裁判刑罚的情况。第二部分是对具体刑种的适用进行经验性分析，重点为有期徒刑实刑的刑期裁量规律、有期徒刑缓刑中缓刑刑期的确定规律、罚金数额的确定方法、剥夺政治权利的适用范围。第三部分是对实证研究结论进行深入剖析，从理论层面加以分析和论证，深入挖掘数据背后的理论价值。

第二章是诈骗数额研究。诈骗罪是非常典型的数额犯，数额对于行为人是否构成犯罪、在何种法定刑幅度内判处刑罚具有决定性意义。本章分四部分展开研究：第一部分是诈骗罪中的"情节"与"数额"的关系。通过梳理相关法律法规中以"情节"作为量刑标准的规定、整理样本中以"情节"作为量刑标准的具体情况，深入思考作为诈骗罪第二档、第三档法定刑条件的"数额"和"情节"的关系，从而明确"数额"在诈骗罪量刑中的重要作用。第二部分是诈骗数额与量刑结果的关系。包括诈骗数额与量刑结果在总体上是否具有相关性，"数额较大"区间内免予刑事处罚、单处罚金、管制、拘役这几种较轻量刑结果的适用是否规范，拘役及 3 年以下有期徒刑中缓刑所对应的诈骗数额均值是否低于实刑？第三部分是诈骗数额与主刑刑期的关系。区分"数额较

---

[1] 赵军："刑事法学经验研究中的若干问题——给法科学生的方法建议"，载《犯罪研究》2021 年第 3 期。

大""数额巨大""数额特别巨大"三个不同区间，分别对诈骗数额与主刑刑期进行相关性检验，并对三个检验结果进行理论层面的分析和探讨。第四部分是诈骗数额与罚金数额的关系。同样是区分"数额较大""数额巨大""数额特别巨大"三个不同区间，分别描述每个区间内的罚金数额分布、进行相关性分析、统计罚金数额占诈骗数额的比例情况，并对罚金数额的裁量现状进行反思。

第三章是诈骗罪量刑影响因素研究。在这一章，主要是对裁判文书中出现的若干影响量刑的自变量进行相关性检验和回归分析，探寻各因素对有期徒刑刑期、罚金数额、是否缓刑、是否减轻处罚四个因变量是否具有影响力以及影响力大小，进而对最高人民法院颁布的量刑指导文件中关于量刑情节的规定进行检视。

第四章是诈骗罪量刑偏差研究。主要是立足于诈骗罪是否因地域不同而存在量刑偏差、是否因诈骗方式不同而存在量刑偏差两个方面展开研究，特别是在地域偏差方面，以电信网络诈骗样本为基础，分析四个省份在有期徒刑刑期、罚金数额、剥夺政治权利适用方面是否存在差异、进而从法律规定、犯罪事实、量刑影响因素等方面分析差异原因，判断是否存在量刑偏差、量刑工作是否在一定程度上实现了量刑均衡。

第五章是本书的结论部分。主要是对前面4章的实证分析进行梳理，总结诈骗罪量刑的具体经验和总体特点，发现量刑过程中存在的问题，提出解决问题的建议，并对我国推进量刑规范化改革进行深入思考。

（二）研究样本的选择

研究样本的选择，涉及研究罪名和研究时段、地域的确立，此外，还应充分考虑研究样本的代表性问题。

1. 研究罪名的确定。本书之所以选择诈骗罪作为量刑实证研究的对象，主要基于以下几点考虑：

（1）诈骗罪是司法实践中常见多发的犯罪。据最高人民法院信息中心不完全统计，2013年至2015年，全国法院共审结诈骗犯罪案件146 138件，以一般共同犯罪居多，还有一定数量的集团犯罪，诈骗方式、手段花样不断翻新。[1]而随着信息网络技术的高速发展，电信网络诈骗更是呈现迅猛增长的态势。据统计，2017年全国已结一审电信网络诈骗案件较2016年上升70.34%，[2]2018年至2020年，检察机关每年分别起诉涉嫌电信网络诈骗犯罪人员4.39万人、

---

[1]"最高法统计显示全国法院近3年审结诈骗案14万6千多起"，载央视网，http://news.cntv.cn/2015/11/23/ARTI1448270356598779.shtml，最后访问时间：2022年4月20日。

[2]中国司法大数据研究院："电信网络诈骗司法大数据专题报告"，载最高人民法院网，https://www.court.gov.cn/fabu-xiangqing-115701.html，最后访问时间：2022年4月20日。

5.71万人和7.45万人，年均增长30%以上。[1] 以犯罪数量较多的罪名为研究对象，可以保证研究样本的充足性，进而实现样本选择的随机性。此外，最高司法机关历次发布的量刑指导文件中，规定了若干种常见犯罪的量刑，每一次都包括诈骗罪。因此，本研究得以用实证统计结果检验量刑指导文件关于诈骗罪的规定在实践中成效如何，并从理论及实践两方面求证该规定的科学性。这也使得本研究有的放矢，更加具有针对性和建设性。

（2）诈骗罪是典型的数额犯，同时兼具情节犯的特征。一方面，诈骗数额是诈骗罪定罪量刑的决定性因素，基于数额的不同，可分为基本构成、加重构成和再加重构成，分别对应不同的法定刑。数额的特性决定了其易于进行量化分析，而研究诈骗数额与量刑时长、罚金数额、剥夺政治权利与否的关系，借此求证实践中量刑是否均衡公正，正是本书的重要任务之一。此外，由于诈骗罪是财产型犯罪，与地区经济发展水平密切相关，而经济发展水平的差距在一定程度上会影响到量刑活动，所以，该罪也是求证不同地区是否存在量刑失衡现象的理想样本。另一方面，诈骗罪兼具情节犯的特征，其加重构成以及再加重构成，除了数额标准之外，也可以由"有其他严重情节""有其他特别严重情节"作为要件，而情节的具体内容在2011年最高人民法院、最高人民检察院《关于办理诈骗刑事案件具体应用法律若干问题的解释》（以下简称《2011年诈骗案件解释》）中进行了规定。因此，诈骗罪量刑实证研究对情节犯也有所涉及，可以说研究内容丰富，对今后的借鉴意义明显。

（3）诈骗罪量刑幅度宽泛，且量刑情节适用缺乏量化标准。诈骗罪由三个层次的法定刑构成，量刑结果共有免予刑事处罚、单处罚金、管制、拘役、有期徒刑、无期徒刑、拘役缓刑、有期徒刑缓刑八种情况，其中有期徒刑幅度尤为宽泛。此外，诈骗罪量刑以犯罪数额为基本标准，并受以下三方面因素的影响：一是通过短信、电话、互联网等发布虚假信息对不特定多数人进行诈骗等诈骗罪特有的情节；二是自首、立功、坦白等普通量刑影响因素；三是被告人羁押状态、是否有律师参与等其他因素。而这些因素，特别是第一类和第三类因素，在具体案件中究竟应当发挥何种功能，以及功能大小，在很多情况下是不明确的，甚至是法律规范根本没有涉及的。因此，在诈骗数额和上述诸多影响因素的共同作用下，法官进行量刑时拥有较大的自由裁量权，相似行为被判处不同种刑罚，或者同种刑罚不同刑期的可能性也相对较大，以此为样本进行研究，才更容易发现问题，得出的结论才更有说服力。相反，如果以危险驾驶罪等刑种单一、刑度较

---

[1]"《关于办理电信网络诈骗等刑事案件适用法律若干问题的意见（二）》的解读"，载搜狐网，https://www.sohu.com/a/481494722_121123750，最后访问时间：2022年4月20日。

小、情节较少的罪名作为样本，则很难验证实践中是否存在量刑失衡的现象。

（4）电信网络诈骗的量刑值得关注。电信网络诈骗并不是一个单独的罪名，而是一种利用通信工具、互联网等技术手段所实施的诈骗活动，是诈骗罪的特殊类型。在互联网时代，电信网络诈骗犯罪产业化、链条化趋势明显，已经成为严重影响人民群众安全感和社会和谐稳定的"毒瘤"。[1]为打击治理此类犯罪，我国先后出台了《2011年诈骗案件解释》《最高人民法院、最高人民检察院、公安部关于办理电信网络诈骗等刑事案件适用法律若干问题的意见》(2016年)（以下简称《2016年电信网络诈骗案件意见》）以及《关于办理电信网络诈骗等刑事案件适用法律若干问题的意见（二）》(2021年)。在这些文件中，确立了对电信网络诈骗从严处罚原则。具体表现为：诈骗数额达到一定标准的提高量刑幅度、诈骗数额难以查证的根据情节按未遂处罚，具备造成严重后果等十种法定情形的从重处罚、就高选择量刑起点、基准刑、严格适用缓刑、更加注重适用财产刑等方面的规定。同时，也明确指出办理此类犯罪案件，应当充分贯彻宽严相济的刑事政策，区别对待，宽严并用。[2]由此可见，电信网络诈骗与传统诈骗在量刑方面应当有所区别。那么，司法实践中，以传统诈骗为参照，电信网络诈骗犯罪在量刑时是否做到了从严处罚？是否符合宽严相济刑事政策的要求？其量刑与传统诈骗犯罪究竟存在多大的差别？这些问题都需要在实证研究中获得答案。因此，本书选择的样本，既有传统诈骗犯罪，又有电信网络诈骗犯罪，对二者的量刑进行比较，是本书的重要研究内容。

2. 研究时段的选择。本书的样本均为2017年至2021年诈骗罪裁判文书。之所以选择该时段的样本作为研究对象，主要基于以下理由：

（1）关于量刑标准的统一。《2011年诈骗案件解释》规定，诈骗公私财物价值3000元至1万元以上、3万元至10万元以上、50万元以上的，应当分别认定为刑法第266条规定的"数额较大""数额巨大""数额特别巨大"。各省、自治区、直辖市高级人民法院、人民检察院可以结合本地区经济社会发展状况，在前款规定的数额幅度内，共同研究确定本地区执行的具体数额标准，报最高人民法院、最高人民检察院备案。[3]随后，各省、自治区、直辖市的高级人民法院、人民检察院陆续颁布文件，根据实际情况确立了诈骗罪数额标准，从而形成了各省份"数额较大""数额巨大"门槛各不相同的情形（"数

---

[1] "《关于办理电信网络诈骗等刑事案件适用法律若干问题的意见（二）》的解读"，载搜狐网，https://www.sohu.com/a/481494722_121123750，最后访问时间：2022年4月20日。

[2] 《2011年诈骗案件解释》《2016年电信网络诈骗案件意见》以及《关于办理电信网络诈骗等刑事案件适用法律若干问题的意见（二）》(2021年)的相关规定。

[3] 《2011年诈骗案件解释》第1条。

额特别巨大"的标准一般都是50万元）。在这种情况下，难免会出现诈骗相同数额的财物，在某些省份不构成犯罪而在某些省份构成犯罪，或者在某些省份属于基本构成而在某些省份属于加重构成的情况。而量刑标准的不统一，不利于地域之间的量刑比较。然而，《2016年电信网络诈骗案件意见》在全国范围内对电信网络诈骗的量刑标准进行了统一，即3000元、3万元、50万元分别作为"数额较大""数额巨大""数额特别巨大"的门槛。这就为研究不同地域的电信网络诈骗犯罪量刑创造了非常有利的条件，因此，本书选择2017年以来不同地域的电信网络诈骗裁判文书作为一部分样本。便于对同时期的电信网络诈骗与传统诈骗进行量刑比较，所以传统诈骗的样本也选择了该时期。

（2）量刑规范化改革的深入推进。为落实"以审判为中心"的刑事诉讼制度改革和司法责任制，促进量刑规范化工作的常态化、制度化，最高人民法院于2017年3月9日下发修订后的《量刑指导意见》（已失效），对建立完善量刑规范化长效工作机制提出新要求。同年4月1日发布《最高人民法院关于常见犯罪的量刑指导意见（二）（试行）》，开展第二批试点法院的新增罪名规范化量刑试点。[1]也就是说，自2017年以来，全国法院的量刑规范化改革进入深入推进阶段，量刑工作朝着更加规范、科学、成熟的方向发展。研究这一时期个罪的量刑实践，发现量刑规范化工作存在的问题，思考改革的完善方向和路径，为量刑规范化改革事业的进一步发展建言献策，具有一定的应用价值。

3. 研究地域的选择。

（1）传统诈骗犯罪样本的选择。传统诈骗犯罪样本选取的是北京市的相关裁判文书。如前所述，传统诈骗犯罪的数额标准是在司法解释规定的数额幅度内由各省份自行确定，这种情况下，如果选取不同省份的传统诈骗犯罪裁判文书作样本进行地域比较，很可能因量刑标准的不一致而造成统计过程的麻烦与统计结果的混乱。因此，有必要将样本的来源限定在一个省份。而之所以将研究省份确定为北京，是因为北京作为首都，要求法检系统坚持首都意识、首善标准，各项工作都走在全国前列。特别是在量刑方面，其从2007年起就开始作为试点参与量刑改革，经过多年的探索和积累，量刑规范化改革已经取得了明显成效。其中北京市高级人民法院于2014年颁布的《北京市高级人民法院"关于常见犯罪的量刑指导意见"实施细则》，对量刑步骤、量刑标准、量刑情节进行了细化规定，此后北京市各级各类法院的量刑工作，都是在该细则的指导下进行的。规范的稳定性为进行跨年度实证研究创造了极大的便利。

---

[1] 崔仕绣："我国量刑规范化改革研究——障碍及其克服"，中南财经政法大学2020年博士学位论文。

(2) 电信网络诈骗犯罪样本的选择。电信网络诈骗犯罪的数额标准实现了全国范围内的统一，使得区域之间的量刑比较具备了可行性。因此，本书选取了北京、广东、河南、四川4个省份的电信网络诈骗裁判文书作样本。之所以选择这4个省份，主要基于电信网络诈骗案件地域分布的考虑。

由于电信网络诈骗是典型的远程非接触性犯罪，犯罪分子借助发达的现代通讯、网上银行、手机银行等手段，将拨打诈骗电话窝点、网络诈骗平台窝点藏匿在不同国家、不同地区，空间上轻易地实现了跨地区、跨国、跨境的大范围大跨度犯罪。[1]特别是东南亚等地区的大量犯罪团伙，通过网络平台或中介机构，以高薪招工为幌子，招募或欺骗沿海地区无业人员出境实施电信网络诈骗活动。也就是说，地缘因素是东南沿海一带电信网络诈骗发案率远高于其他地区的重要原因。最高人民法院的司法大数据统计证实：2016年至2017年，电信网络诈骗案件主要集中在福建、广东、浙江等沿海地区，并有向内陆不断扩展的趋势。福建、广东两地案件量占比由2016年的17.71%和17.13%骤降至2017年的11.14%和13.04%；而2017年河南案件量大幅上升6.07个百分点，位列全国第三。具体情况如下图所示：[2]

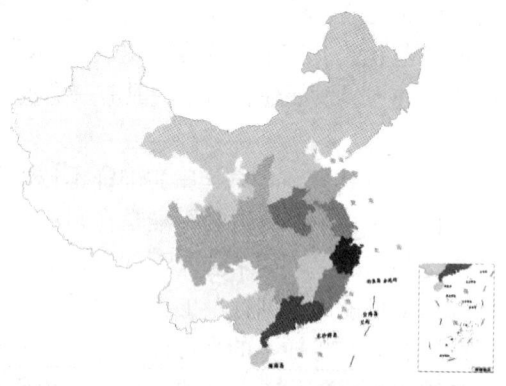

图0-1　2017年电信网络诈骗案件分布图

根据该图，颜色越深，电信网络诈骗案件数量越大。因此，本书选取了电信网络诈骗高发的东南沿海省份——广东以及内陆省份——河南，同时，选取了发案较少的四川省和北京市。此外，从地理位置来看，4个省份分别代表了东部地区、中部地区和西部地区；从经济发展水平来看，4省份参差不齐，存

---

[1] "公安部剑指电信诈骗，联合22个部门集中围剿电信诈骗违法犯罪"，载手机央广网，https://m.cnr.cn/news/20151106/t20151106_520424804.html，最后访问时间：2020年12月11日。

[2] 中国司法大数据研究院："电信网络诈骗司法大数据专题报告"，载最高人民法院网，https://www.court.gov.cn/fabu-xiangqing-115701.html，最后访问时间：2022年4月20日。

在明显的差异。理论上讲，发案率、经济发展水平以及与风土人情密切相关的社会文化都有可能对法官量刑产生一定的影响，因此，本书选择这样4个风格迥异的省份的电信网络诈骗裁判文书来求证不同地域之间是否存在量刑偏差。

综上，本书所选取的样本分为两部分：一是2017年至2021年北京市传统诈骗犯罪裁判文书；二是2017年至2021年北京、广东、河南、四川的电信网络诈骗裁判文书。囿于时间和精力的限制，本书难以对这上述年份和省市的相关裁判文书全部进行研究，只能采取随机抽样的方法，从每个省市随机抽取一定数量的裁判文书作为样本。具体来说，是采取系统抽样的方法，从一个随机的起点开始，每间隔一定数字抽取一个样本。[1]在操作层面，即在中国裁判文书网的"高级检索"中输入省份、案由、关键词、裁判时间，搜索出符合本次筛选条件的全部裁判文书，然后从第一份裁判文书开始，每隔3份选1份，依次选出的裁判文书组成该省份的样本。需要说明的是，由于中国裁判文书网上个别省份的电信网络诈骗裁判文书较少，为保证样本的数量，故将其全部作为样本。最终，本书共选取北京市传统诈骗裁判文书500份（2017年至2021年每年各100份），电信网络诈骗裁判文书228份（其中北京78份，广东、河南、四川各50份），涉及被告人2010人。由于本书是要研究量刑问题，而如何量刑是由被告人的行为危害性和人身危险性决定的，因此，接下来的分析不再以裁判文书而是以被告人为基本单位。主要构成如下：

表0-1 全样本被告人分布情况

单位：人

诈骗类型	省市	年份					合计
		2017年	2018年	2019年	2020年	2021年	
传统诈骗	北京	155	172	166	203	174	870
电信网络诈骗	北京	69	144	84	85	34	416
	广东	41	61	62	57	29	250
	河南	51	45	64	53	84	297
	四川	41	33	37	37	29	177
合计		357	455	413	435	350	2010

（三）数据库的建立

建立数据库是进行实证研究的基础。其实质就是提取裁判文书中的信息，

---

[1] 白建军：《法律实证研究方法》，北京大学出版社2014年版，第62页。

并将其转化为数字,从而便于接下来运用 SPSS 软件进行量化分析。建立数据库需要三个步骤:选择变量、制作调查问卷和录入数据,下面分别介绍。

1. 变量的选择。选择变量实际是就是确定每份裁判文书中提取哪些方面的信息。本书主要是围绕量刑问题而展开,因此,裁判文书中的刑罚信息,包括主刑、附加刑的基本情况,以及诈骗数额、犯罪情节以及其他可能影响量刑的因素,是开展研究所需的信息,也是可选择的变量的基本范围。

具体而言,笔者确定变量范围的主要依据是《中华人民共和国刑法》(以下简称《刑法》)第 266 条的规定、《2011 年诈骗案件解释》《2016 年电信网络诈骗案件意见》《量刑指导意见》及上述各省份高级人民法院制定的量刑实施细则等。本书中的变量分为以下四类:一是与所判刑罚有关的信息,包括法定刑幅度,宣告刑幅度,是否免除处罚,是否减轻处罚,是否有主刑、主刑种类、主刑时长,是否缓刑、缓刑种类、缓刑时长,罚金数额,是否没收财产,是否剥夺政治权利,剥夺政治权利期限等。二是犯罪事实情况,包括犯罪数额,是否情节严重,是否情节特别严重,诈骗次数,共犯形态,停止状态,是否挽回被害人经济损失,被害人是否谅解;以及诈骗罪特有的情节,包括是否通过短信、电话、互联网等发布虚假信息对不特定多数人进行诈骗,是否诈骗救灾、抢险、防汛、优抚、扶贫、移民、救济、医疗款物,是否以赈灾募捐名义实施诈骗,是否诈骗残疾人、老年人或者丧失劳动能力的人的财物,是否造成被害人自杀、精神失常或其他严重后果,是否诈骗近亲属财物,是否冒充司法机关等国家机关工作人员实施诈骗,是否在境外实施电信网络诈骗,是否在重大自然灾害、预防、突发传染病疫情等灾害期间故意犯罪等。[1]三是犯罪人情况,包括年龄,性别,是否具有完全刑事责任能力等自然情况,也包括是否累犯,是否因诈骗罪受过刑事处罚,是否自首、立功、坦白、认罪、认罪认罚等体现其人身危险性的情况。四是与案件事实和犯罪人均无关的情况。包括是否有律师参与、犯罪人是否被羁押等。

2. 调查问卷的设计。这里的调查问卷,是针对每一份裁判文书而言的。它根据上述诸变量的性质,分别设计为定类变量、定序变量、定距变量,并赋予一定的数值作为代码,是连接裁判文书和数据库的桥梁和纽带。阅读裁判文书时,对照调查问卷,提取每一个变量所代表的有效信息,并将其用数字表示,这样,一个被告人信息就转换为一组数字。

其中,定类变量就是其值仅代表事物的类别和属性,仅能测定类别差,不

---

[1] 参见《2011 年诈骗案件解释》《2016 年电信网络诈骗案件意见》《量刑指导意见》的具体规定。

能比较各类之间的大小，所以各类之间没有顺序和等级的变量。[1]如犯罪人羁押情况，分为羁押和非羁押两种，羁押用"1"表示，非羁押用"0"表示；是否累犯，分为"是"和"否"两种，分别用"1"和"0"表示。在笔者设计的调查问卷中，此类变量占据绝大多数。定序变量就是具有高低大小不同取值的变量，其不仅含有类别信息，还包含了次序信息，但是只能进行类别之间的排序，不能进行算术运算。[2]如"法定刑幅度"这个变量，根据《刑法》第266条的规定共分为三档，分别用"1""2""3"表示。定距变量是指各个取值之间的距离是有实际意义的变量，其不仅能将事物区分为不同类型并排序，还可以准确指出类别之间的差距，其结果往往表现为数值。[3]如主刑时长、缓刑时长等变量，实际数字是多少，变量赋值就是多少。

设计调查问卷时，处理每一个变量都要符合互斥和周延两个基本规则。其中互斥是指变量作为划分标准要含义清晰、前后一贯，使划分出来的各个部分之间呈全异关系，互不相容。[4]如"是否剥夺政治权利"这个变量，取值为"是"和"否"，分别用"1"和"0"表示，那么在提取该变量信息时，要么是"1"，要么是"0"，答案明确，不会出现模棱两可的情况。周延是指变量作为划分标准，要全面反映出样本中每个个案与其他个案间共有的属性，使集合中每个个案都属于某个子类，最终穷尽所有答案。[5]如"诈骗数额特征"这个变量，如果仅仅取值"数额较大""数额巨大""数额特别巨大"，那么那些数额无法查证的情况就无法归类，这时，必须在"数额较大""数额巨大""数额特别巨大"之外补充"数额无法查证"，方可使每份裁判文书中的"数额特征"变量找到归属。这也意味着，变量设计不是一蹴而就的，需要在阅读裁判文书过程中修改、补充和完善。

3. 数据的录入。调查问卷设计完成之后，就要逐份阅读裁判文书并在Excel表中录入相关数字，建立起庞大的数据库。该项工作繁琐且耗时，但却是SPSS统计分析的基础。要想得出客观正确的结论，必须坚持实事求是的原则，如实录入每一个数据，而不能主观臆断，甚至为了得出某种结论而故意制造数据。

在数据录入的过程中，发现两个问题：其一，裁判文书中信息不全，致使调查问卷中的一些变量无法统计。根据《最高人民法院关于人民法院在互联网公布裁判文书的规定》，人民法院在互联网公布裁判文书时，应当删除下列信

---

[1] 张文彤、邝春伟编著：《SPSS统计分析基础教程》，高等教育出版社2011年版，第31页。
[2] 张文彤、邝春伟编著：《SPSS统计分析基础教程》，高等教育出版社2011年版，第32页。
[3] 张文彤、邝春伟编著：《SPSS统计分析基础教程》，高等教育出版社2011年版，第32页。
[4] 白建军：《法律实证研究方法》，北京大学出版社2014年版，第27页。
[5] 白建军：《法律实证研究方法》，北京大学出版社2014年版，第28页。

息：①自然人的家庭住址、通讯方式、身份证号码、银行账号、健康状况、车牌号码、动产或不动产权属证书编号等个人信息；②法人以及其他组织的银行账号、车牌号码、动产或不动产权属证书编号等信息；③涉及商业秘密的信息；④家事、人格权益等纠纷中涉及个人隐私的信息；⑤涉及技术侦查措施的信息；⑥人民法院认为不宜公开的其他信息。[1]但是，笔者发现裁判文书中隐匿的信息范围远远超过了前述规定的要求，一些省份的裁判文书将被告人和被害人的年龄、性别、户籍地等信息也一并删除。笔者录入数据工作完成之后，发现2010名犯罪人中，有163名犯罪人缺失户籍地信息，此外，绝大多数裁判文书中都没有被害人个人信息，在一定程度上影响了本书的研究。其二，录入数据工作完成之后，笔者发现调查表中预设的一些变量在司法实践中很少出现，比如"是否以赈灾募捐名义实施诈骗"这个变量，全部裁判文书中没有出现一例；"是否造成被害人自杀、精神失常或其他严重后果"这个变量，只有11名犯罪人取值为"是"；"是否诈骗近亲属财物"这个变量，只有4名犯罪人取值为"是"。数量太少，不具有统计意义，笔者只好舍弃这些变量的研究。值得注意的是，这些变量均源自《2011年诈骗案件解释》，在司法实践中却遭遇了束之高阁的命运，那么司法解释的普适性和科学性如何体现？如何才能切实发挥其指引定罪量刑活动的作用？这些问题需要进一步研究和思考。

（四）分析工具

建立数据库之后，笔者将采用SPSS软件进行量化分析。事实上，量化分析是当今社会科学研究的重要方向，根据哈佛大学多伊奇等人对1900年至1965年世界社会科学的重大进展的研究，定量的问题或发现（或者兼有）占全部重大进展的2/3。[2]同时，量化分析也是实证研究的重要步骤和关键环节，它通过对司法判决进行经验归纳和数学运算，从大量个案中得出一般性认识，反映法官群体长期职业行为背后所具有的规律性，并用数量语言加以描述。虽不一定能解决问题，却可以发现问题，而发现问题是解决问题的前提和基础；虽不一定能构建"看上去很美"的改革方案，却可以检验其现实可行性，从而降低甚至避免改革所面临的风险。[3]

运用SPSS软件进行运算的种类较多，下面选择本书使用最多的几个种类进行解释：

---

[1] 《最高人民法院关于人民法院在互联网公布裁判文书的规定》（法释〔2016〕19号）第10条第1款。

[2] 白建军：《公正底线——刑事司法公正性实证研究》，北京大学出版社2008年版，第10页。

[3] 郭云忠："法律实证研究中的伦理问题——以刑事法为视角"，载《法学研究》2010年第6期。

回归分析：用来检测自变量对因变量的影响力。其中逻辑回归分析用于检验多个自变量对定类因变量的作用，如多个犯罪情节对是否适用有期徒刑缓刑、是否减轻处罚的影响。具体来说，主要观察 P 值、Exp（B）和非标准化回归系数 Beta 值。$P \leq 0.05$，说明差异显著，该自变量对因变量有明显的作用力。Exp（B）表示在其他变量不变的情况下，自变量每上升一个单位，因变量结果出现的机会是原来的多少倍。逻辑回归分析没有提供标准化的回归系数，因此不同自变量的发生比之间不可比，其相对作用的大小不能直接比较，而是需要用非标准化回归系数 B 值×标准差÷1.8138，计算标准化回归系数，才能用于表示自变量与因变量的相关程度，前面的正号表示正相关，负号表示负相关。[1] 多元线性回归分析用于检验多个自变量对定距因变量的作用，如多个犯罪情节的共同作用对有期徒刑刑期、罚金数额的影响。具体来说，主要观察 P 值和标准化回归系数 Beta 值。判断规则同上。本书用回归分析来考察各因素对每一种量刑结果的影响力。

相关性分析：主要是检验两个变量之间相伴随的趋势和程度。相关不一定是因果关系，相关系数取值在 $-1 \sim 1$ 之间，绝对值越大，说明相关程度越大，正值表示正相关，负值表示负相关。[2] 本书用相关分析研究主刑时长与缓刑时长、诈骗数额与主刑刑期的关系等。

单因素方差分析：是指对单因素试验结果进行分析，检验因素对试验结果有无显著性影响的方法。它是两个样本平均数比较的引申，用来检验多个平均数之间的差异，从而确定因素对试验结果有无显著性影响。如在本书中，用来研究各省份有期徒刑刑期均值、罚金数额均值是否存在显著差异，以及在各省份中，各量刑影响因素分别对刑罚裁量是否具有显著影响。

---

[1] 白建军：《法律实证研究方法》，北京大学出版社 2014 年版，第 182~186 页。
[2] 白建军：《法律实证研究方法》，北京大学出版社 2014 年版，第 265 页。

第一章 诈骗罪量刑经验考察

诈骗罪量刑在整体上呈现何种特点？法官在量刑时是否达成某种共识？本章通过对全样本量刑情况进行整体考察、对有期徒刑、罚金、剥夺政治权利适用情况进行量化分析，试图揭开诈骗罪量刑的面纱，呈现真实的诈骗罪量刑现状，进而得出一些规律性认识。

第一节 研究设计

一、研究目标

量刑均衡是量刑规范化改革的重要目标。而量刑均衡的一个重要表现就是法官在长期的量刑实践中对法律的理解和适用较为一致，形成了一定的共识，从而使得刑罚裁量活动呈现一定的规律性。如果这种规律性背后的量刑经验能够为人们所认识、掌握并推广，那么对于实现量刑统一、防止量刑畸轻畸重具有重要意义。

事实上，关于量刑活动的经验性研究一直是学者们关注的热点话题。赵书鸿博士对法定刑幅度内的实际刑罚裁量经验进行研究探索，发现尽管刑法规定的量刑幅度很宽泛，但是在量刑实践中，法定量刑幅度内却形成了一个有限的聚集区，刑罚裁量主要聚集在这个有限的区域内频繁活动。该结论从对其他国家的量刑实证研究中也可以得到证明。[1]白建军老师则是致力于研究刑罚裁量与法定刑中线的关系。在该研究中，其提出了"裸刑均值"的概念。所谓裸刑均值，是指在一定的法定幅度内，没有任何法定情节的若干案件宣告刑的平均值。[2]结果发现，尽管理论上可以等于甚至高于法定刑中线，但七万多个样本中的裸刑均值的确普遍低于法定刑中线，于法有"距"。也就是说，当具体案件没有任何法定量刑情节时，法官实际上是围绕着低于法定刑中线的这个基点上下浮动其宣告刑的。进一步看，由于法定情节的适用又是以基本构成事实的

---

[1] 赵书鸿："论刑罚裁量的简洁化——量刑活动的经验性研究结论"，载《中外法学》2014年第6期。
[2] 白建军："裸刑均值的意义"，载《法学研究》2010年第6期。

刑罚为参照物从轻或从重,所以,当具体案件出现法定情节时,裸刑均值又是法定量刑情节事实上基准的基准。[1]文姬教授对罚金刑的裁量规则进行量化,其以盗窃罪为切入点,发现了盗窃罪罚金刑裁量公式的两种形式,即盗窃罪罚金刑的涉案金额公式和自由刑公式。单处罚金刑时,运用涉案金额公式计算罚金刑;并处罚金刑时,运用自由刑公式计算罚金刑。[2]这些研究显示了法官在量刑时无形之中会形成一些集中趋势,而探索和总结这种集中趋势又反过来可以为法官量刑提供同行的普遍性做法作参考,因而具有明显的实践价值。

那么诈骗罪量刑活动存在哪些经验性做法呢?本章的任务就是通过实证研究,归纳法官群体长期以来量刑实践的集中趋势,探索法官长期职业行为背后所具有的规律性。我们进行量刑规范化改革,并不是要改变这种量刑活动所形成的集中趋势和背后规律,而是要使更多的个案量刑接近大量判决的平均水平,缩小离散性偏差。而控制离散性偏差,主要体现为极端个案的减少,从而在整体上实现量刑的统一。[3]我们相信,随着量刑被纳入法庭审理程序而变得更加公开透明,如果法官在实体上能够自觉调整刑量的大小并关注刑量的一致,那么量刑自由裁量权的规范就指日可待了。

二、研究方案

本章先抛开影响量刑的诈骗数额及情节不谈,单从量刑结果本身出发,对整体量刑情况以及各刑种的具体适用情况进行量化分析和规律性总结。

(一) 研究内容

1. 诈骗罪整体量刑情况的经验性分析。一是对全样本量刑结果进行量化分析,根据量刑结果分布情况,总结诈骗罪量刑实践的特点;二是针对全样本中减轻处罚的情况进行量化分析,包括法定刑为3年以上10年以下有期徒刑的减轻处罚,以及法定刑为10年以上有期徒刑或者无期徒刑的减轻处罚,通过分析减轻处罚后的刑种、刑期分布,了解实践中法官如何把握减轻处罚幅度,是否存在在法定刑的下两个量刑幅度裁判刑罚的情况。

2. 对具体刑种适用情况的经验性分析。

(1) 对有期徒刑适用情况进行经验性分析。其中有期徒刑实刑方面,重点是发现3年以下有期徒刑、3年以上10年以下有期徒刑以及10年以上有期徒刑3个幅度的刑罚量均值,以及是否存在量刑聚集区;有期徒刑缓刑方面,主要是考察有期

---

[1] 白建军:《刑法规律与量刑实践 刑法现象的大样本考察》,北京大学出版社2011年版。
[2] 文姬:"盗窃罪中罚金刑裁量规则研究",载《南大法学》2021年第4期。
[3] 白建军:《法律实证研究方法》,北京大学出版社2014年版,第86页。

徒刑刑期与是否适用缓刑之间有无关联、主刑刑期与缓刑刑期之间存在何种关系。

（2）对罚金刑适用情况进行经验性分析。一是罚金刑的适用方式，即单处罚金和并处罚金的适用率分别是怎样的？法官在何种情形之下会对犯罪人适用单处罚金？二是罚金刑的数额确定，主要是探寻其与主刑刑种存在何种关系、与主刑刑期存在何种关系，进而验证实践中法官对罚金刑的裁量是否符合《最高人民法院关于适用财产刑若干问题的规定》的相关要求。

（3）对剥夺政治权利适用情况进行经验性分析。对于被判处无期徒刑的诈骗罪被告人，应当附加剥夺政治权利终身是没有疑问的。然而，被判处其他刑罚的诈骗罪被告人，能否附加剥夺一定期限的政治权利呢？通过对实践中法官适用剥夺政治权利情况进行统计分析，了解法官对这一问题的做法。

（二）研究框架

本章中每一个部分均采用定性分析与定量分析相结合的方法，因为量化分析不是漫无目的的泛泛而谈，也不是众多实证数据的简单堆砌，而是有目的、有重点、有针对性地去发现问题、检验结论。它从理论中走来，围绕理论中的热点、难点展开；它向理论中走去，致力于发现但是又不能止步于发现，而是要将有意义、有价值的发现上升到理论层面去解释、去反思，从而更好地指导实践。

基于此，每一部分的具体框架如下：首先，提出研究目标——拟对该主题的哪些问题进行探索，从而为量化研究指明了方向、确立了重点。其次，开展经验性分析——以数据为基础，通过 SPSS 软件对相关问题进行统计。该过程强调实事求是，还原真实的量刑情况。最后，对量化分析的结果进行思考和评价——结合刑法学相关理论，深入发掘数据背后的价值，提升研究的深度。

（三）研究价值

通过对整体量刑情况以及各刑种的具体适用情况进行量化分析，结合宽严相济的刑事政策，以及关于诈骗罪的法律、司法解释及规范性文件，总结诈骗罪量刑实践的总体特点，提炼量刑经验，并对量刑的规范化水平予以评价。

第二节　整体量刑情况的经验性分析

一、诈骗罪量刑概况

在司法实践中，就主刑而言，诈骗罪的量刑结果共有以下 10 种情况：免予刑事处罚、单处罚金、管制、拘役、3 年以下有期徒刑、3 年以上 10 年以下有期徒刑、10 年以上有期徒刑、无期徒刑、拘役缓刑、有期徒刑缓刑。其中 3 年以上

10年以下有期徒刑适用比例最高,其次为3年以下有期徒刑。适用比例最低的是管制,其次是免予刑事处罚、单处罚金、无期徒刑。具体分布如下:

表1-1 诈骗罪全样本量刑结果分布情况

量刑结果		人数(单位:人)	百分比(%)	有效百分比(%)	累积百分比(%)
有效	免予刑事处罚	6	0.3	0.3	0.3
	单处罚金	7	0.35	0.35	0.65
	管制	1	0.05	0.05	0.7
	拘役	30	1.5	1.5	2.2
	3年以下有期徒刑	556	27.7	27.7	29.9
	3年以上10年以下有期徒刑	818	40.7	40.7	70.6
	10年以上有期徒刑	333	16.6	16.6	87.2
	无期徒刑	29	1.4	1.4	88.6
	拘役缓刑	35	1.7	1.7	90.3
	有期徒刑缓刑	195	9.7	9.7	100.0
	合计	2010	100.0	100.0	

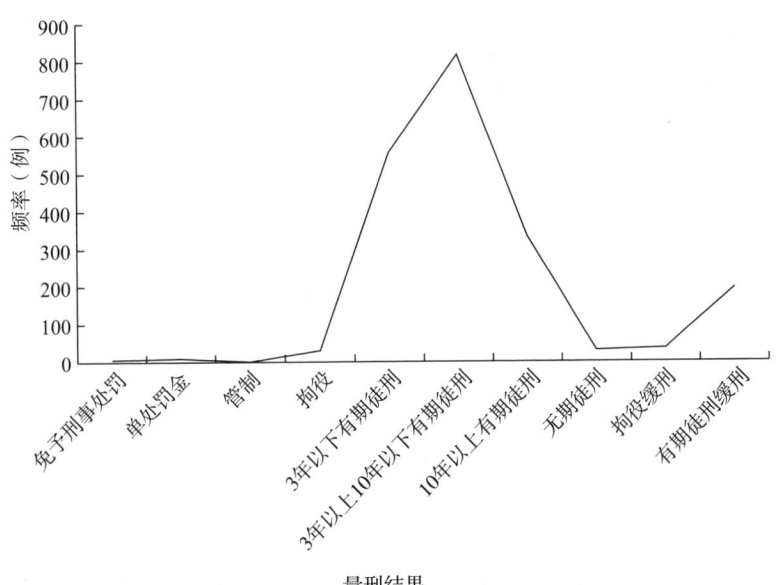

图1-1 诈骗罪全样本量刑结果分布情况

由上述图表可以看出，诈骗罪全样本量刑分布呈现如下特点：

第一，各种法定刑的适用在实践中存在较大差异。有期徒刑实刑数量最多，达1707人，占全样本的84.93%，有期徒刑缓刑共195人，占全样本的9.70%，二者合计所占比例为94.63%，说明有期徒刑是诈骗罪量刑中适用的主要刑种；而管制、拘役、无期徒刑的适用比例分别是0.05%、3.23%、1.44%，处于较低的水平。具体而言：判处无期徒刑的案件，犯罪数额特别巨大或者情节特别严重，造成了极为恶劣的社会影响，几乎没有任何从宽处罚情节，这种情况在实践中较为少见，因此出现的概率较低；而样本中仅有1人适用管制，远少于比其更轻的单处罚金和比其更重的拘役的数量，便印证了学者的概括，"管制刑是很好的执行方法，但是由于种种原因，司法机关很少适用管制"。[1]很长一段时间里，司法机关不用管制刑，是因为国家没有建立监督管制执行的专门机构与人员，使管制的执行往往流于形式。[2]但是2011年《中华人民共和国刑法修正案（八）》为了强化管制的执行效果，专门规定了禁止令和社区矫正，且《中华人民共和国社区矫正法》已于2020年7月开始实施，社区矫正工作得以进一步规范，但是管制刑被虚置的现状仍然没有明显改善，至少2017年至2021年的司法实践是这样。

第二，全样本的量刑结果整体较轻。据统计，全样本2010名被告人中，6人免予刑事处罚，7人被单处罚金，1人被判处管制，30人被判处拘役，35人被判处拘役缓刑，195人被判处有期徒刑缓刑，此外，1707名被判处有期徒刑实刑的被告人中，有556人是3年以下有期徒刑。上述几种量刑结果共计830人，占全部被告人的41.29%。这说明全样本中有超过四成的被告人被判处了较轻的刑罚。此外，959名被判处拘役和3年以下有期徒刑的被告人中，有230人被判处缓刑，缓刑适用率达24%。这些都是量刑结果整体较轻的体现。

二、诈骗罪减轻处罚适用情况考察

（一）研究目标

减轻处罚，是犯罪分子具有刑法规定的减轻处罚情节时，在法定刑以下判处刑罚。根据《刑法》第63条的规定，减轻处罚分为两种情况：一是被告人具有法定减轻处罚情节时，应当减轻处罚。在我国，除了"造成损害的中止犯""避免特别严重后果发生的坦白"等极少数情节仅规定了"减轻"处罚这一个功能之外，绝大多数量刑情节均为多功能情节，法官可根据案件具体情况决定选择是否予以减轻处罚。而一旦决定减轻处罚，法官在裁量刑罚时直接处理即

---

[1] 张明楷：《刑法学》（上），法律出版社2016年版，第524页。
[2] 张明楷：《刑法学》，法律出版社2010年版，第409页。

可,不需要经过任何特别的请示程序。二是被告人不具有法定减轻处罚情节时,根据案件的特殊情况,如法官认为需要减轻处罚的,需要经最高人民法院核准。

司法实践中,关于减轻处罚,涉及两个关键性问题:一是是否减轻,二是如何减轻。关于第一个问题,究竟哪些情节对是否减轻处罚具有影响力、分别具有多大的影响力,将在后面的章节进行检验。本章主要求证第二个问题——法官如何减轻处罚?根据《刑法》第63条,有数个量刑幅度的,应当在法定量刑幅度的下一个量刑幅度内判处刑罚。这是否意味着法律层面对减轻处罚的幅度进行了严格的限制?司法实践中法官又是如何把握减轻处罚幅度的?是否存在法官在法定刑的下两个量刑幅度裁判刑罚的情况?如果存在,是否意味着法官自由裁量权的滥用?为了便于研究,本章对法定刑为3年以上10年以下有期徒刑的被告人,以及法定刑为10年以上有期徒刑、无期徒刑的被告人的减轻处罚情况,分别展开讨论。

(二)减轻处罚适用情况量化分析

在笔者收集的样本中,共有681例减轻处罚的情况,占全部被告人的33.88%。全样本中法定刑为3年以上10年以下有期徒刑的被告人共有759人,其中减轻处罚的有267人,所占比例为35.18%;全样本法定刑为10年以上有期徒刑、无期徒刑的被告人共有780人,其中减轻处罚的有414人,所占比例为53.08%。可见,法定刑为10年以上有期徒刑、无期徒刑的减轻处罚比例远远高于法定刑为3年以上10年以下有期徒刑减轻处罚比例,这也说明在惩治严重诈骗犯罪时,注重严中有宽、宽以济严,充分考虑这类犯罪中的从宽处罚情节,依法应当或可以从宽处罚的,均在量刑上予以体现。

1. 法定刑为3年以上10年以下有期徒刑的减轻处罚。法定刑为3年以上10年以下的减轻处罚共有267例,样本中减轻处罚之后有3种结果:3年以下有期徒刑、有期徒刑缓刑和单处罚金。具体分布如下:

表1-2 法定刑为3年以上10年以下有期徒刑的样本减轻处罚情况

	量刑结果	频率(例)	百分比(%)	有效百分比(%)	累积百分比(%)
有效	单处罚金	2	0.75	0.75	0.75
	3年以下有期徒刑	227	85.02	85.02	85.77
	有期徒刑缓刑	38	14.23	14.23	100.00
	合计	267	100.00	100.00	

接下来笔者将统计减轻处罚之后的刑期分布，从而研究司法实践中减轻处罚的幅度。

表1-3 法定刑为3年以上10年以下有期徒刑的样本减轻处罚后的刑期分布

刑期分布				
刑期（单位：月）	频率（例）	百分比（%）	有效百分比（%）	累积百分比（%）
有效	0	2	0.75	0.75	0.75
	9	1	0.37	0.37	1.12
	10	4	1.50	1.50	2.62
	11	3	1.12	1.12	3.75
	12	20	7.49	7.49	11.24
	13	5	1.87	1.87	13.11
	14	6	2.25	2.25	15.36
	15	10	3.75	3.75	19.10
	16	6	2.25	2.25	21.35
	17	13	4.87	4.87	26.22
	18	24	8.99	8.99	35.21
	19	6	2.25	2.25	37.45
	20	3	1.12	1.12	38.58
	21	14	5.24	5.24	43.82
	22	11	4.12	4.12	47.94
	24	54	20.22	20.22	68.16
	25	3	1.12	1.12	69.29
	26	3	1.12	1.12	70.41
	27	11	4.12	4.12	74.53
	28	4	1.50	1.50	76.03
	29	4	1.50	1.50	77.53
	30	38	14.23	14.23	91.76
	31	4	1.50	1.50	93.26

续表

刑期分布				
刑期（单位：月）		频率（例）	百分比（%）	有效百分比（%）	累积百分比（%）
有效	32	4	1.50	1.50	94.76
	33	6	2.25	2.25	97.00
	34	8	3.00	3.00	100.00
合计		267	100.00	100.00	

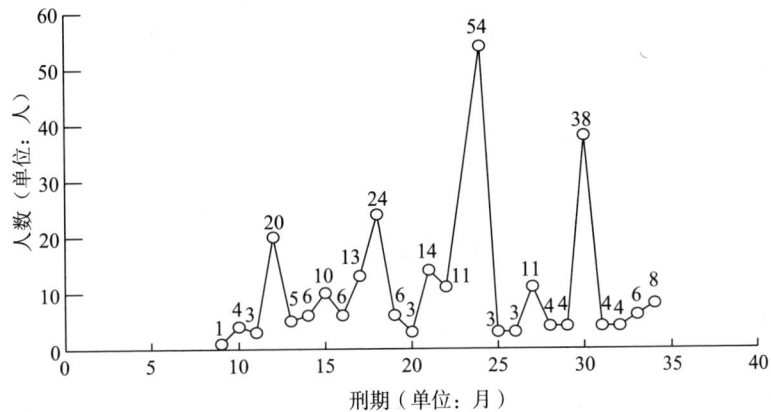

图1-2 法定刑为3年以上10年以下有期徒刑的样本减轻处罚后的刑期分布

根据图表，法定刑为3年以上10年以下有期徒刑减轻处罚后宣告刑情况分布如下：除了2例单处罚金之外，刑期最小值为9个月，最大值为34个月，均值为21.4个月，[1]中值是21个月，[2]众数刑期是24个月。[3]减刑后刑期分布呈现几个明显的波峰，分别为24个月、30个月、18个月、12个月，所占比例分别为20.22%、14.23%、8.99%、7.49%。根据这些数据，笔者得出以下三个结论：

（1）法定刑为3年以上10年以下有期徒刑的，减轻处罚的幅度较小。除去2例减为单处罚金之外，减为1年以下有期徒刑的，仅有8例，减为1年以上不满2年有期徒刑的，有118例，减为2年以上不满3年有期徒刑的，有

---

[1] 均值是算术平均数，是一组数据中所有数据之和除以这组数据的个数。
[2] 中值是指将统计总体当中的各个变量值按照大小顺序排列起来，形成一个数列，处于变量数列中间位置的变量值。
[3] 众数是指一组数据中出现次数最多的数值。

139例，所占比例分别为3.00%、44.19%、52.06%。也就是说，法官在对法定刑3年以上10年以下有期徒刑减轻处罚时，一半以上概率在2年以上3年以下区间内进行裁量。此外，减轻处罚后宣告刑高于3年以下有期徒刑中线（21个月）的共有164人，所占比例高达61.42%，宣告刑均值刑期为21.4个月，同样高于3年以下有期徒刑中线（21个月）。这些数据都说明法定刑为3年以上10年以下有期徒刑的，其减轻处罚的幅度较小，法官倾向于在3年以下有期徒刑的较高刑期区间裁量刑罚。

（2）法定刑为3年以上10年以下有期徒刑的，减轻处罚后缓刑适用率较低。在被减轻处罚为3年以下有期徒刑的265名被告人中，适用缓刑的有38人，所占比例为14.34%。这说明法官不仅对法定刑为3年以上10年以下有期徒刑的减轻处罚的幅度较小，而且适用缓刑的情况也不多，说明对于减轻处罚是宽中有严，严格掌握从宽的尺度。

（3）法定刑为3年以上10年以下有期徒刑的，减轻处罚后整数性刑期适用率较高。如上表所示，共有20人减为有期徒刑12个月，24人减为有期徒刑18个月，54人减为有期徒刑24个月，38人减为有期徒刑30个月，累计百分比为50.94%，说明法官在对减轻处罚的被告人裁量刑罚时，倾向于选择半年或整年这种整数性刑期。

2. 法定刑为10年以上有期徒刑、无期徒刑的减轻处罚。法定刑为10年以上有期徒刑、无期徒刑的减轻处罚共有414例，减轻处罚之后有三种结果：3年以下有期徒刑、3年以上10年以下有期徒刑、有期徒刑缓刑。其中有期徒刑缓刑既包括被判处3年有期徒刑并适用缓刑的情况，也包括被判处3年以下有期徒刑并适用缓刑的情况。具体分布如下：

表1-4 法定刑为10年以上有期徒刑、无期徒刑的样本减轻处罚情况

	量刑结果	频率（例）	百分比（%）	有效百分比（%）	累积百分比（%）
有效	3年以下有期徒刑	30	7.25	7.25	7.25
	3年以上10年以下有期徒刑	357	86.23	86.23	93.48
	有期徒刑缓刑	27	6.52	6.52	100.00
	合计	414	100.00	100.00	

以上三种结果有的是在法定量刑幅度的下一个幅度内判处刑罚，有的则是

在法定量刑幅度的基础上下降两个量刑幅度。接下来笔者将统计减轻处罚之后的刑期分布，从而研究司法实践中减轻处罚的规律。

表1-5 法定刑为10年以上有期徒刑、无期徒刑的样本减轻处罚后刑期分布

	刑期分布			
刑期（单位：月）	频率（例）	百分比（%）	有效百分比（%）	累积百分比（%）
有效	6	1	0.24	0.24	0.24
	8	3	0.72	0.72	0.97
	8.5	2	0.48	0.48	1.45
	10	3	0.72	0.72	2.17
	12	2	0.48	0.48	2.66
	15	2	0.48	0.48	3.14
	18	7	1.69	1.69	4.83
	21	2	0.48	0.48	5.31
	22	1	0.24	0.24	5.56
	24	8	1.93	1.93	7.49
	26	2	0.48	0.48	7.97
	27	1	0.24	0.24	8.21
	30	1	0.24	0.24	8.45
	36	80	19.32	19.32	27.78
	37	1	0.24	0.24	28.08
	38	1	0.24	0.24	28.26
	39	2	0.48	0.48	28.74
	40	2	0.48	0.48	29.23
	41	4	0.97	0.97	30.19
	42	22	5.31	5.31	35.51
	43	1	0.24	0.24	35.75
	45	11	2.66	2.66	38.41

续表

刑期分布					
刑期（单位：月）		频率（例）	百分比（%）	有效百分比（%）	累积百分比（%）
有效	46	3	0.72	0.72	39.19
	48	37	8.94	8.94	48.07
	49	1	0.24	0.24	48.31
	50	1	0.24	0.24	48.55
	51	6	1.45	1.45	50.00
	52	4	0.97	0.97	50.97
	54	15	3.62	3.62	54.59
	56	1	0.24	0.24	54.83
	57	3	0.72	0.72	55.56
	58	1	0.24	0.24	55.80
	60	42	10.14	10.14	65.94
	63	2	0.48	0.48	66.43
	66	21	5.07	5.07	71.50
	69	2	0.48	0.48	71.98
	70	2	0.48	0.48	72.46
	72	40	9.66	9.66	82.13
	73	1	0.24	0.24	82.37
	75	1	0.24	0.24	82.61
	78	10	2.42	2.42	85.02
	84	20	4.83	4.83	89.86
	90	5	1.21	1.21	91.06
	96	18	4.35	4.35	95.41
	102	1	0.24	0.24	95.65
	108	17	4.11	4.11	99.76
	111	1	0.24	0.24	100.00
	合计	414	100.00	100.00	

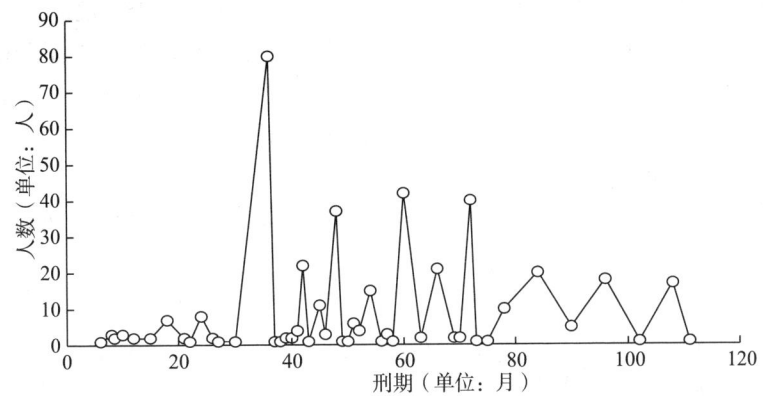

图 1-3　法定刑为 10 年以上有期徒刑、无期徒刑的样本减轻处罚后的刑期分布

根据图表，法定刑为 10 年以上有期徒刑、无期徒刑的，减轻处罚后宣告刑情况分布如下：刑期最小值为 6 个月，最大值为 111 个月，均值为 49.5 个月，中值是 48 个月，众数刑期是 36 个月。减轻处罚后的刑期分布存在几个明显的波峰：分别为 36 个月、48 个月、60 个月、72 个月，所占比例分别为 19.32%、8.94%、10.14%、9.66%。根据这些数据，可以得出以下两个结论：

（1）法定刑为 10 年以上有期徒刑、无期徒刑的，减轻处罚幅度较大。诈骗罪共有 3 个量刑幅度，有 35 人经过减轻处罚在第一个量刑幅度内宣告刑罚；379 人在第二个量刑幅度内宣告刑罚。而在后者中，刑期低于 3 年以上 10 年以下有期徒刑中线（78 个月）的共有 317 人，占比 83.64%。此外，减轻处罚后的宣告刑均值为 49.5 个月，远低于 78 个月，这说明法定刑为 10 年以上有期徒刑、无期徒刑的，减轻处罚的幅度较大，除了少数情况会下降两个量刑幅度裁量刑罚之外，法官倾向于在 3 年以上 10 年以下有期徒刑的较低刑期区间量刑，体现了严中有宽、宽以济严的刑事政策。

（2）法定刑为 10 年以上有期徒刑的减轻处罚后整数性刑期适用率较高。如上表所示，被减为 36 个月、48 个月、60 个月、72 个月、84 个月、96 个月的，分别有 80 人、37 人、42 人、40 人、20 人、18 人，累计百分比为 57.25%，说明法官在对减轻处罚的被告人裁量刑罚时，倾向于选择整年这种整数性刑期。

（三）关于减轻处罚幅度的思考

根据前面的量化分析结果，笔者发现了减轻处罚的量刑经验：法定刑为 3 年以下 10 年以上有期徒刑的，减轻处罚的幅度较小，法官倾向于在下一个量刑幅度的较高刑期区间量刑，且较少适用缓刑；而法定刑为 10 年以上有期徒刑、无期徒刑的，减轻处罚幅度大，法官倾向于在下一个量刑幅度的较低刑期量刑，甚至突破下一个量刑幅度，直接下降两个量刑幅度裁量刑罚。那么，有下列问题需要思考：一是如何评价这种"轻罪少减、重罪多减"现象？二是能否突破下一个量刑幅度裁量减刑？法定刑为10年以上有期徒刑、无期徒刑的，能否减为3年以下有期徒刑？

1. 对"轻罪少减、重罪多减"现象的评价。

（1）对于"轻罪少减、重罪多减"现象，笔者认为，该现象所体现出来的法官群体的减轻处罚意识值得肯定。张明楷教授曾指出，"我国的司法机关常常只是对轻罪减轻处罚，对重罪仅从轻处罚。这种做法不妥当。罪行严重并不等于特殊预防必要性大；自首、立功、坦白的规定并不是只适用于轻罪，同样适用于重罪。以罪行重为由不得减轻处罚的做法，并不符合刑法规定"。[1] 结合本章量化分析得出的结论，笔者认为张明楷教授的上述论断是脱离客观实际的，至少就诈骗罪量刑实践而言是不公允的。实证数据表明，法官对于减轻处罚情节予以高度重视，充分发挥了量刑情节的减轻处罚功能，不论罪重罪轻，都能做到根据量刑情节调整基准刑，充分尊重和保障被告人的合法权利。姑且不论减轻处罚的幅度是否妥当，法官能够形成减轻处罚的意识、敢于适用减轻处罚制度，对于被告人乃至社会公众而言，都是一种福音，毕竟我国的刑罚结构呈现重刑主义特征，通过减轻处罚制度予以调节，有助于做到罪责刑相适应、贯彻宽严相济的刑事政策。

（2）对于"轻罪少减、重罪多减"现象，应当透过现象看本质，分析为什么会呈现这样一种状态。总体而言，诈骗罪作为一种典型的数额犯，犯罪数额对于刑罚量的高低具有决定性作用，其他量刑情节仅起到辅助性调节作用。因此，笔者以681例减轻处罚的样本为基础，剔除其中属于"有其他严重情节""有其他特别严重情节"的75例情节犯，参照北京市高级人民法院制定的《北京市高级人民法院"关于常见犯罪的量刑指导意见"实施细则》，对诈骗数额均值、量刑标准进行了如下梳理：

表1-6 减轻处罚样本中诈骗数额均值及相关量刑标准

	法定刑为3年以上10年以下有期徒刑的减轻处罚		法定刑为10年以上有期徒刑、无期徒刑的减轻处罚
诈骗数额均值	传统诈骗 26万元	电信网络诈骗 18万元	464万元

---

[1] 张明楷：《刑法学》（上），法律出版社2016年版，第580页。

续表

	法定刑为3年以上10年以下有期徒刑的减轻处罚		法定刑为10年以上有期徒刑、无期徒刑的减轻处罚
法定量刑幅度的数额门槛	10万元	3万元	50万元
量刑起点	3年6个月至4年		10年6个月至12年
基准刑	犯罪数额每增加6千元,增加1个月刑期		犯罪数额每增加6万元,增加1个月刑期

根据上表的诈骗数额均值及相关规定,可以计算出法定刑为3年以上10年以下有期徒刑的减轻处罚中,传统诈骗的基准刑是69~75个月,电信网络诈骗的基准刑是67~73个月;法定刑为10年以上有期徒刑、无期徒刑的减轻处罚中,基准刑是194~213个月。假定每一个样本中的量刑情节经同向相加、逆向相减,最终的调节比例均为减少基准刑的50%,那么,由此计算出法定刑为3年以上10年以下有期徒刑的减轻处罚中,传统诈骗的调节结果是34.5~37.5个月,电信网络诈骗的调节结果是33.5~36.5个月。二者均游离于该法定刑幅度的最低点(36个月)周围;而法定刑为10年以上有期徒刑、无期徒刑的减轻处罚中,调节结果是97~106个月,远低于该法定刑幅度的最低点(120个月)。因此,以诈骗数额均值为例展开运算,可以发现诈骗罪减轻处罚活动中,法定刑为3年以上10年以下有期徒刑的,减轻处罚幅度较小,而法定刑为10年以上有期徒刑、无期徒刑的,减轻处罚幅度较大。

此外,笔者又对减轻处罚样本中的诈骗数额进一步量化分析,统计诈骗数额小于相应均值的情况:

表1-7 减轻处罚样本中诈骗数额分布

	法定刑为3年以上10年以下有期徒刑的减轻处罚		法定刑为10年以上有期徒刑、无期徒刑的减轻处罚	合计
	传统诈骗	电信网络诈骗		
诈骗数额小于均值的样本数量(例)	37	92	265	394
样本总数(例)	72	158	376	606
比例	51%	58%	70%	65%

注:本表中数据为所有减轻处罚的样本(共681例)中剔除属于"情节严重""情节特别严重"的75例情节犯的情况。

根据该表，法定刑为 3 年以上 10 年以下有期徒刑的减轻处罚样本中，不论是传统诈骗还是电信网络诈骗，诈骗数额小于相应均值的占比均约为 50%，而法定刑为 10 年以上有期徒刑、无期徒刑的减轻处罚样本中，诈骗数额小于相应均值的比重高达 70%。这说明法定刑为 10 年以上有期徒刑、无期徒刑的减轻处罚样本中，实际犯罪严重程度低于前述平均状况（诈骗 464 万元）的被告人较多，相应的，实际刑罚量低于前述调节结果（97～106 个月）的情况也较多。从而进一步解释了样本呈现的"轻罪少减、重罪多减"现象。这种现象并非法官恣意裁断的结果，而是由犯罪事实本身所决定的。

2. 法官能否突破下一个量刑幅度予以减轻处罚？根据《刑法》第 63 条的规定，有数个量刑幅度的，应当在法定量刑幅度的下一个量刑幅度内判处刑罚。[1] 从字面意思来看，该规定对减轻处罚的幅度进行了明确的限制，以此来约束法官的自由裁量权。但是，从实质解释角度来看，如果对案件中各种量刑情节的数量、功能不加以区分，均局限在下一个量刑幅度内判处刑罚且不得突破，其实是一种立法的不公平。因为量刑情节直接体现着犯罪的客观危害或者犯罪人的主观恶性，它们与案件构成事实共同决定了罪行的轻重以及刑事责任的大小，法官在裁量刑罚时将这些情节纳入考量范围并在刑量中有所体现，是罪责刑相适应原则的基本要求。因此，同一案件中，减轻处罚情节数量和内容不同，所判处的刑罚也应当有所区别。如果法定刑的下一个量刑幅度内不足以体现这种区别，那么下降两个量刑幅度裁量刑罚，才能更好地实现罪刑均衡，贯彻罪责刑相适应的基本原则。正如张明楷教授所言，《刑法》第 63 条第 1 款后半段是以被告人具有一个法定的减轻处罚情节为模式所作的规定，并没有包含数个减轻处罚情节的情形；[2] 同样，如果案件涉及的情节兼具减轻和免除处罚功能，法官便有权根据案件具体情况在免除和减轻处罚之间进行自由裁量。二者相比，很显然，免除处罚的权力更大，既然法官有权决定对犯罪人免除处罚，那么其当然有权决定对其下降两个幅度减轻处罚。这是举重以明轻的当然解释原理在量刑活动中的题中之意。[3] 相反，如果对《刑法》第 63 条第 1 款后半段仅仅按照字面意思解读，那么对于具有应当（可以）减轻或免除处罚情节的被告人，有数个量刑幅度的，要么免除处罚、要么下降一个量刑幅度减轻处罚，只能在二者之间进行选择，而不能取两者之间——在法定量刑幅度的下两个量刑幅度内判处刑罚，显然是不合逻辑的。[4] 对

---

[1] 《刑法》第 63 条第 1 款后半段的规定。
[2] 张明楷：《刑法学》（上），法律出版社 2016 年版，第 582 页。
[3] 张明楷：《刑法学》（上），法律出版社 2016 年版，第 582 页。
[4] 范冬明、魏海："刑法第六十三条减轻处罚的正确适用"，载《人民司法》2020 年第 26 期。

此，我国最高司法机关编著的《刑法修正案（八）条文及配套司法解释理解与适用》中也指出：如果只有一个减轻处罚情节，只能下一格处罚。但如果是减轻或者免除处罚情节，或者被告人有两个以上减轻处罚情节，则可以不受此限。[1]

对照本书收集的案例，35 个法定刑为 10 年以上有期徒刑、无期徒刑并突破下一个量刑幅度予以减轻处罚的样本中均具有从犯情节，除此之外，不同样本还涉及自首、立功、未成年人、坦白、认罪等情节。根据《刑法》的规定，从犯这一情节具有从轻、减轻和免除处罚功能。因此，理论上讲，仅根据从犯这一个情节，法官不仅有权决定对犯罪人免除处罚还是减轻处罚，同样也有权决定对犯罪人下降一格减轻处罚还是下降两格减轻处罚。更何况，有的案件同时拥有 2 个、甚至 3 个减轻处罚情节。因此，这一部分样本中，法官下降两个量刑幅度予以减轻处罚，并非对自由裁量权的滥用。

第三节 有期徒刑适用的经验性分析

全样本共有 1902 人被判处有期徒刑，其中 1707 人为有期徒刑实刑，195 人为有期徒刑缓刑。本书将分别研究其量刑情况，总结其量刑经验。

一、有期徒刑实刑适用的经验性分析

（一）研究目标

有期徒刑是诈骗罪量刑实践中适用最多的刑种，其适用情况理应成为本书的研究重点。在这一部分，笔者将分别考察 3 年以下有期徒刑、3 年以上 10 年以下有期徒刑、10 年以上有期徒刑 3 个幅度内的量刑聚集区[2]和刑罚量均值。

量刑聚集区方面，刑法规定的有期徒刑法定刑幅度非常宽泛，但是实践中被告人在各刑期区间内并非均衡分布，而是集中于某一个或几个区域。有学者曾以抢劫罪、强奸罪、故意伤害罪为样本进行量刑实证研究，发现在 3 年以上 10 年以下有期徒刑这个幅度内，刑罚裁量主要集中在 36~72 个月这个有限区域内，而在 10 年以上有期徒刑这个幅度内，则主要集中在 120~132 个月以及 156~168 个月这两个有限区域内。据此认为刑罚裁量活动的范围非常有限，主要聚集在法定量刑幅度的有限区域内频繁活动。[3]有鉴于此，笔者试图验证诈骗罪是否确实

---

[1] 最高人民法院研究室、最高人民法院"刑法、刑事诉讼法"修改工作小组办公室编著：《刑法修正案（八）条文及配套司法解释理解与适用》，人民法院出版社 2011 年版，第 57~58 页。

[2] 量刑聚集区，是宣告刑集中分布的区域。

[3] 赵书鸿："论刑罚裁量的简洁化 量刑活动的经验性研究结论"，载《中外法学》2014 年第 6 期。

存在量刑聚集区，上述学者得出的结论在诈骗罪量刑实践中是否成立。

刑罚量均值方面，[1]白建军教授曾提出过"裸刑均值"的概念，通过实证研究，其认为裸刑均值普遍低于法定刑中线，即具体案件没有任何法定情节时，法官实际上是围绕着低于法定刑中线这个基点上下浮动其宣告刑的。其中，诈骗罪基本构成的有期徒刑法定刑中线为 21 个月，而调查中 714 个一般诈骗案件的裸刑均值为 14.7 个月；诈骗罪加重构成的有期徒刑法定刑中线为 78 个月。而调查中 476 个加重诈骗案件的裸刑均值为 57.6 个月；诈骗罪再加重构成的有期徒刑法定刑中线为 150 个月。而调查中 492 个再加重诈骗案件的裸刑均值为 141.1 个月。[2]事实上，随着刑法的不断修改完善及量刑指导文件的颁布实施，越来越多的酌定量刑情节转化为法定量刑情节，实践中没有任何法定情节的案件少之又少，绝大多数案件具有一个或多个法定情节，因此很难找到足够的案例作样本开展"裸刑均值"研究，只能转而研究宣告刑的刑罚量均值。均值虽然无法直接反映量刑的离散趋势，但却是观察离散趋势的一个重要参照。通过计算诈骗罪每一个量刑幅度内的宣告刑均值，并与法定刑中线进行比较，以验证刑罚量均值是否和裸刑均值一样，遵循普遍低于法定刑中线的基本规律。

量刑聚集区和刑罚量均值是反映宣告刑集中趋势的重要指标，体现了法官群体在量刑实践中的平均选择和集体理性。笔者在本章研究量刑聚集区和刑罚量均值，并不仅仅是为了验证之前学者研究结论的真伪，更重要的是发现诈骗罪的量刑趋势：是呈现轻刑化趋势还是重刑化趋势？抑或是不同量刑幅度内呈现不同的量刑趋势？在此基础上对有期徒刑的适用规律进行宏观上的理解与把握。

（二）有期徒刑实刑适用情况的全样本考察

全样本共有 1707 人被判有期徒刑实刑，其中 3 年以下有期徒刑、3 年以上 10 年以下有期徒刑、10 年以上有期徒刑分别为 556 人、818 人、333 人，所占比重分别为 32.57%、47.92%、19.51%。为了直观地反映有期徒刑量刑的轻重，仍需对刑期分布作具体描述。

表 1-8　全样本中有期徒刑实刑的刑期分布情况

有期徒刑时长		频率（例）	百分比（%）	有效百分比（%）	累积百分比（%）
有效	1 年以下	114	6.68	6.68	6.68

---

[1] 刑罚量均值，是每一个量刑幅度内所有宣告刑刑罚量总和与被告人人数的比值。
[2] 白建军："裸刑均值的意义"，载《法学研究》2010 年第 6 期。

续表

	有期徒刑时长				
		频率（例）	百分比（%）	有效百分比（%）	累积百分比（%）
有效	1年以上2年以下	262	15.35	15.35	22.03
	2年以上3年以下	180	10.54	10.54	32.57
	3年以上4年以下	324	18.98	18.98	51.55
	4年以上5年以下	188	11.01	11.01	62.57
	5年以上6年以下	123	7.21	7.21	69.77
	6年以上7年以下	82	4.80	4.80	74.58
	7年以上8年以下	49	2.87	2.87	77.45
	8年以上9年以下	31	1.82	1.82	79.26
	9年以上10年以下	21	1.23	1.23	80.49
	10年以上11年以下	124	7.26	7.26	87.76
	11年以上12年以下	76	4.45	4.45	92.21
	12年以上13年以下	44	2.58	2.58	94.79
	13年以上14年以下	40	2.34	2.34	97.13
	14年以上15年以下	29	1.70	1.70	98.83
	15年	20	1.17	1.17	100.00
	合计	1707	100.00	100.00	

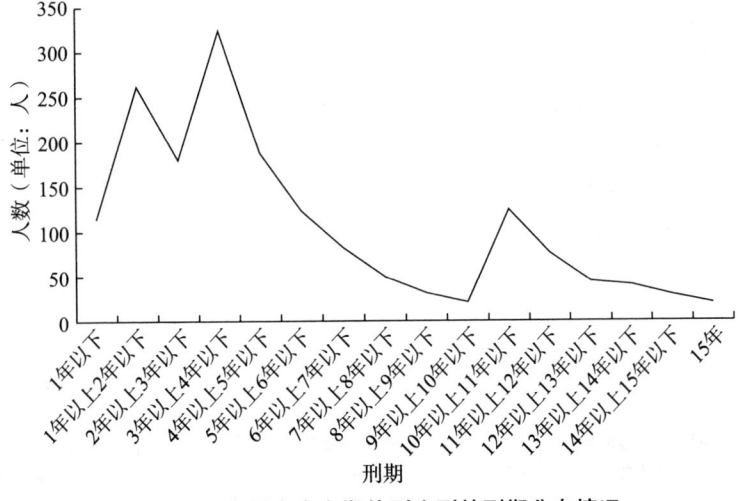

图1-4 全样本中有期徒刑实刑的刑期分布情况

通过上述图表可以看出，各刑期的被告人分布存在较大差异。

1. 总体而言，有期徒刑的适用呈现一定的轻刑化趋势：被判短刑期的被告人数量较多，被判长刑期的被告人数量较少。具体而言，被告人分布最为集中的是 3 年以上 4 年以下有期徒刑，其次是 1 年以上 2 年以下有期徒刑、4 年以上 5 年以下有期徒刑、2 年以上 3 年以下有期徒刑；被告人分布最少的是 15 年有期徒刑，其次是 9 年以上 10 年以下有期徒刑、14 年以上 15 年以下有期徒刑、8 年以上 9 年以下有期徒刑。此外，被判 6 年以下有期徒刑的被告人，累计占比 69.77%，而 6 年以上量刑区间被告人数量较少且分布较为分散。

2. 有期徒刑的适用呈现一定的聚集特征。由上述图表可见，刑期分布呈现三个明显的波峰：分别是 1 年以上两年以下有期徒刑、3 年以上 4 年以下有期徒刑、10 年以上 11 年以下有期徒刑，3 者分别对应诈骗罪的 3 个量刑幅度，初步说明每个宣告刑幅度内的被告人都在有限的区域内聚集，法官的量刑活动在特定刑期区间内比较频繁。

（三）不同宣告刑幅度内的刑期分布情况考察

1. 宣告刑为 3 年以下有期徒刑的刑期分布情况考察。全样本中共 556 人被判处 3 年以下有期徒刑，其中刑罚量最大值是 34 个月，最小值是 6 个月，众数刑期是 24 个月，中位数刑期是 18 个月，刑罚量均值为 18.6 个月，小于该量刑幅度中线——21 个月有期徒刑，略大于该量刑幅度的 1/3 线——16 个月有期徒刑。从而印证了前述白建军教授的研究发现，说明法官裁量刑罚时，无形之中遵循着宣告刑均值低于相应量刑幅度中线这一规律。

量刑聚集区方面，该量刑幅度中线（21 个月）及以下适用频数为 348 人，所占比例为 62.59%，略高于该量刑幅度中线的 24 个月以下适用频数为 442 人，所占比重为 79.50%。整个 3 年以下有期徒刑的量刑分布偏度[1]为 0.147，说明小于均值的数据较多，数据分布呈右偏，较高刑期区域的离散程度强；同时峰度[2]为 -0.97，说明数据分布与正态分布相比较为平坦。从下图可以看出，3 年以下有期徒刑量刑幅度内形成了特定的聚集区，法官主要在两年以下这个区域内裁量刑罚。

---

[1] 偏度描述的是总体取值的分布对称性的特征统计量。偏度为 0 表示数据分布形态与正态分布的偏斜程度相同；偏度大于 0 表示数据分布形态与正态分布相比为右偏，数据右端有较多的极端值；偏度小于 0 表示数据分布形态与正态分布相比为左偏，数据左端有较多的极端值。

[2] 峰度描述的是总体中所有取值分布形态陡缓程度的统计量，直观来看，峰度反映了峰部的尖度。峰度为 0 表示总体数据分布与正态分布的陡缓程度相同；峰度大于 0 表示数据分布与正态分布相比较为陡峭，为尖顶峰；峰度小于 0 表示数据分布与正态分布相比较为平坦，为平顶峰。

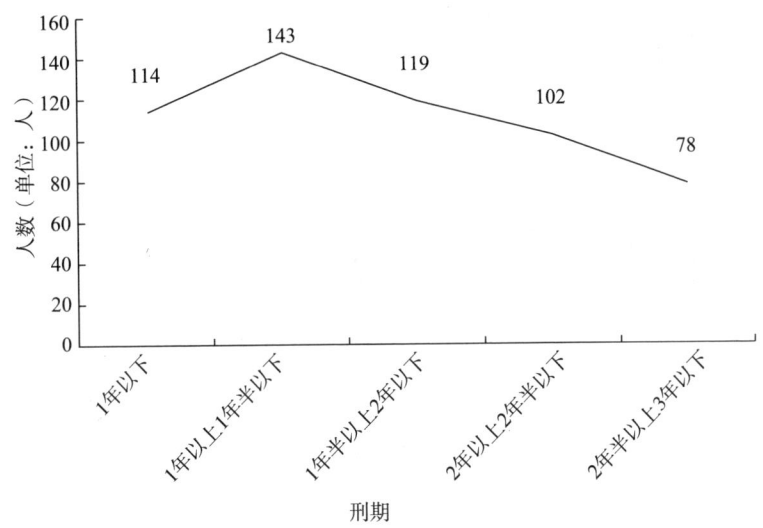

图 1-5　宣告刑为 3 年以下有期徒刑的刑期分布情况

2. 宣告刑为 3 年以上 10 年以下有期徒刑的刑期分布情况考察。全样本中共 818 人被判处 3 年以上 10 年以下有期徒刑,其中刑罚量最大值是 111 个月,最小值是 36 个月,众数刑期是 36 个月,中位数刑期是 48 个月,刑罚量均值为 55.56 个月,小于该量刑幅度的中线——78 个月有期徒刑,同时也小于该量刑幅度的 1/3 线——64 个月有期徒刑。从而印证了前述白建军教授的研究发现,说明法官裁量刑罚时,无形之中遵循着宣告刑均值低于相应量刑幅度中线这一规律。

量刑聚集区方面,从下图可以清晰地看出,以年为单位将 3 年以上 10 年以下这一量刑幅度分为 7 个区域,刑期越短的区间,被告人数量越多。该量刑幅度 1/2（78 个月）及以下适用频数为 714 人,所占比例为 87.29%,略低于该量刑幅度 1/2 的 72 个月及以下适用频数为 693 人,所占比重为 84.72%。因此,3 年以上 10 年以下有期徒刑量刑幅度内形成了特定的聚集区,法官在 3 年以上 6 年以下这个区间内的刑罚裁量活动比较频繁。

3. 宣告刑为 10 年以上有期徒刑的刑期分布情况考察。全样本共有 333 人被判处 10 年以上有期徒刑。其中刑罚量最大值是 180 个月,最小值是 120 个月,众数刑期是 120 个月,中位数刑期是 132 个月,刑罚量均值为 139.78 个月,小于该量刑幅度中线——150 个月有期徒刑,同时也略小于该量刑幅度的 1/3 线——140 个月有期徒刑。从而印证了前述白建军教授的研究发现,说明法官裁量刑罚时,无形之中遵循着宣告刑均值低于相应量刑幅度中线这一规律。

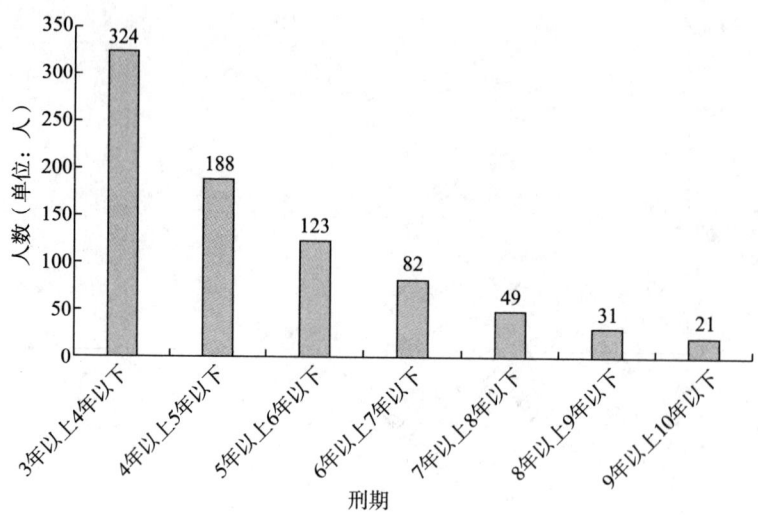

图1-6　宣告刑为3年以上10年以下有期徒刑的刑期分布情况

量刑聚集区方面，从下图可以清晰地看出，以年为单位将10年以上这一量刑幅度分为6个区间，刑期越短的区间，被告人数量越多。该量刑幅度1/2（150个月）及以下适用频数为244人，所占比例为73.27%，略高于该量刑幅度1/2的156个月及以下适用频数为279人，所占比重为83.78%。因此，10年以上有期徒刑量刑幅度内形成了特定的聚集区，法官在10年以上13年以下这个区间内的刑罚裁量活动比较频繁。

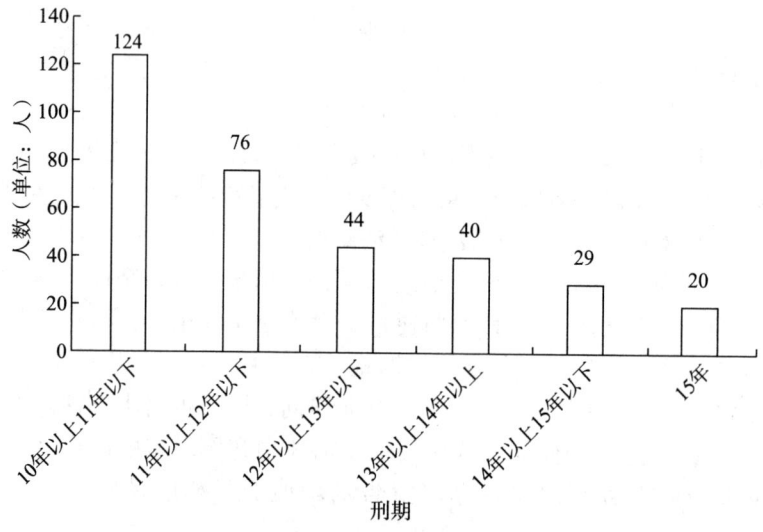

图1-7　宣告刑为10年以上有期徒刑的刑期分布情况

(四) 有期徒刑适用的经验总结

本节通过考察3年以下有期徒刑、3年以上10年以下有期徒刑、10年以上有期徒刑3个幅度内的刑罚量均值和量刑聚集区，总结出以下经验性认识：

1. 刑罚量均值体现了一定的规律性。首先，刑罚量均值与裸刑均值的关系方面，白建军教授曾计算出诈骗罪基本构成、加重构成、再加重构成的宣告刑裸刑均值分别为14.7个月、57.6个月、141.1个月，[1]笔者计算出的3个不同量刑幅度的宣告刑均值分别为18.6个月、55.56个月、139.78个月，这说明司法实践中实际刑罚量均值略高或略低于"裸刑均值"，差别不大；其次，在刑罚量均值与相应量刑幅度中线的关系方面，3年以上10年以下有期徒刑、10年以上有期徒刑的刑罚量均值略低于相应量刑幅度的1/3线，3年以下有期徒刑的刑罚量均值略高于相应量刑幅度的1/3线，但是3者的共同点是刑罚量均值都是低于相应量刑幅度中线的。因此，低于相应量刑幅度中线裁量刑罚，是法官在长期量刑实践中形成的平均选择。

2. 3个宣告刑幅度均存在明显的量刑聚集区。3年以下有期徒刑的量刑聚集区为半年以上两年以下区间；3年以上10年以下有期徒刑的量刑聚集区为3年以上6年以下区域；10年以上有期徒刑的量刑聚集区为10年以上13年以下区域。这说明实践中法官的刑罚裁量活动主要聚集在相应量刑幅度的特定区域之内。

3. 有期徒刑量刑呈现一定的轻刑化特征。无论是对有期徒刑适用的全样本考察，还是对单个量刑幅度的刑罚量分析，都可以看出法官在判处刑罚时，实际上倾向于选择较短的刑期。特别是在3年以上10年以下有期徒刑，以及10年以上有期徒刑幅度内，刑期长短与被告人人数成反比状态，说明我国宽严相济的刑事政策中"宽"的一面在诈骗罪量刑实践中得到了有力地贯彻。

二、有期徒刑缓刑适用的经验性分析

(一) 研究目标

全样本共有195名被告人被判处有期徒刑缓刑，占全部被告人的9.70%。在我国，只有被判处3年以下（含3年）有期徒刑的犯罪人才会作为适用有期徒刑缓刑的对象，因此，考察缓刑的适用率不能以全样本犯罪人为基数，而是要以被判处3年以下（含3年）有期徒刑的犯罪人（共计894人）为基数，因而计算出有期徒刑缓刑率为21.81%。最高人民法院、最高人民检察院于2021

---

[1] 白建军："裸刑均值的意义"，载《法学研究》2010年第6期。

年6月印发的《〈关于常见犯罪的量刑指导意见（试行）〉的通知》中要求，各高级人民法院、省级人民检察院要在总结司法实践经验的基础上，按照规范、实用、符合司法实际的原则要求，共同研究制定《量刑指导意见》实施细则，重点细化常见量刑情节的适用、常见犯罪的量刑以及罚金、缓刑的适用，确保实施细则符合相关规定，符合量刑实际，符合罪责刑相适应原则，具有较强的实用性和可操作性。[1]为了落实该要求，有必要对缓刑的适用情况进行量化分析，提炼出经验性做法，从而为制定更加精细的实施细则提供参考。

有期徒刑缓刑主要涉及主刑刑期和缓刑刑期，探索有期徒刑缓刑的适用规律，主要是考察有期徒刑刑期与是否适用缓刑之间有无关联、主刑刑期与缓刑刑期之间存在何种关系。本书将通过交叉列表、卡方检验、相关性分析对上述问题进行研究。

（二）有期徒刑缓刑的适用情况考察

1. 有期徒刑刑期与是否缓刑有无关联？894个被判处3年以下（含3年）有期徒刑的样本中，最小值是6个月，最大值是36个月，均值是21.7个月，中位数刑期是21个月，众数刑期是36个月；而195个有期徒刑缓刑样本中，主刑刑期最小值为6个月，最大值为36个月，平均值是20个月，中位数刑期是15个月，众数刑期是36个月。用两条折线分别表示，如图1-8所示，全部3年以下有期徒刑样本的刑期集中在6个月、12个月、18个月、24个月、36个月等整数性刑期，与有期徒刑缓刑的主刑时长分布趋势大致相同。即有期徒

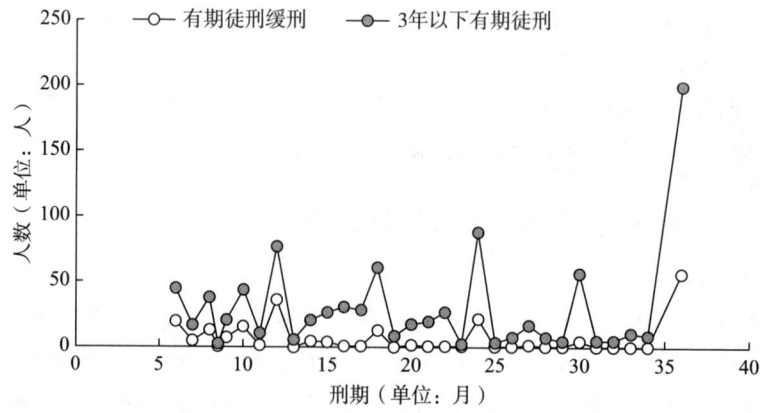

图1-8　有期徒刑缓刑样本以及3年（含）以下有期徒刑样本的（主刑）刑期分布

---

[1]　最高人民法院、最高人民检察院于2021年6月印发的《〈关于常见犯罪的量刑指导意见（试行）〉的通知》第2条。

刑样本数量多的刑期，适用缓刑的数量也相对较多。此外，每个主刑时长的有期徒刑样本中，适用缓刑的比率差别很大，即便是 6 个月、12 个月、18 个月、24 个月、36 个月这几个整数性刑期内，缓刑适用率也不尽相同，分别是 43.18%、46.05%、20%、24.14%、28.14%。

那么，有期徒刑刑期对缓刑与否究竟是否存在影响呢？是否整数性刑期更容易适用缓刑呢？为此，笔者进行了卡方检验。检验结果显示，渐进 Sig（双侧）概率为 0.000，说明有期徒刑刑期在是否适用缓刑上存在显著差异。这恰好印证了折线图所反映的情况：有期徒刑刑期对是否适用缓刑具有显著性影响。

表 1-9　3 年（含）以下有期徒刑样本中主刑时长与是否缓刑卡方检验

	值	df	渐进 Sig.（双侧）
Pearson 卡方	112.844[a]	30	0.000
似然比	144.887	30	0.000
线性和线性组合	7.355	1	0.007
有效案例中的 N	894		

2. 主刑刑期与缓刑刑期之间存在何种关系？195 个被判处有期徒刑缓刑的样本中，缓刑时长最大值为 60 个月，最小值为 12 个月，均值为 25.17 个月，中位数刑期是 24 个月，众数刑期是 12 个月。其中被告人最为集中的缓刑刑期是 12 个月，其次是 24 个月、36 个月、48 个月、60 个月，分别为 80 人、41 人、40 人、14 人、12 人，累计百分比为 96%。可见在对有期徒刑缓刑的缓刑刑期进行裁量时，法官倾向于选择整数性刑期，且整数性刑期越短，在司法实践中的适用率越高。

根据《刑法》第 73 条的规定，有期徒刑的缓刑考验期限为原判刑期以上 5 年以下，但是不能少于 1 年。[1]也就是说，缓刑时长应该比主刑时长要长，但是二者之间是否具有关联，如果有，究竟存在何种关系，需要进一步验证。

表 1-10　有期徒刑缓刑样本中主刑时长与缓刑时长相关性检验

		主刑刑期	缓刑刑期
主刑刑期	Pearson 相关性	1	0.906[**]
	显著性（双侧）		0.000
	N	195	195

---

[1]《刑法》第 73 条第 2 款。

续表

		主刑刑期	缓刑刑期
缓刑刑期	Pearson 相关性	0.906**	1
	显著性（双侧）	0.000	
	N	195	195

**. 在 0.01 水平（双侧）上显著相关。

笔者首先进行了相关性检验。检验结果表明：主刑时长与缓刑时长之间的相关系数为 0.906，主刑时长与缓刑时长之间存在线性正相关关系；且系数绝对值大于 0.8，两者之间存在高度相关关系。可见在有期徒刑缓刑中，主刑时长和缓刑时长高度关联。那么在确定了主刑时长之后，究竟应当在何种范围内裁量缓刑时长呢？缓刑时长应当是主刑时长的多少倍呢？为了回答这个问题，笔者专门对主刑时长和缓刑时长的对应关系进行了研究，具体情况见下表：

表 1-11　主刑时长与缓刑时长对应关系

主刑时长（月）	缓刑时长（月）	频数（例）	对比率
6	12	19	0.5
7	12	4	0.6
8	12	12	0.7
9	12	7	0.8
10	12	14	0.8
	18	1	0.6
11	12	1	0.9
12	12	22	1.0
	14	2	0.9
	18	3	0.7
	24	8	0.5
14	24	4	0.6
15	15	1	1.0
	24	2	0.6
18	18	1	1.0
	24	11	0.8

续表

主刑时长（月）	缓刑时长（月）	频数（例）	对比率
20	24	1	0.8
24	24	16	1.0
	36	5	0.7
27	36	1	0.8
30	36	4	0.8
36	36	30	1.0
	48	14	0.7
	60	12	0.6

说明：对比率＝主刑时长/缓刑时长

通过该表可以直观地看出，主刑时长与缓刑时长的对比率最小为 0.5，最大为 1.0。这说明在全部的有期徒刑缓刑样本中，缓刑时长在主刑时长的本数以上 2 倍以下确定，同时不能少于 1 年，不能多于 5 年。

（三）有期徒刑缓刑适用的经验总结

本节通过考察有期徒刑缓刑样本的主刑刑期和缓刑刑期，总结出以下经验性认识：

1. 无论是主刑刑期还是缓刑刑期，法官均倾向于选择半年、一年这样的整数性刑期，非整数性刑期适用率极低。这种做法在法律规范中找不到任何依据，但却是司法实践中法官们的普遍选择。笔者认为，这与中华民族追求完整、完美的社会文化传统密切相关，这种传统在社会生活的很多领域都有所体现。比如大到国家、小到单位、个人，都会比较在意整数性周年纪念；再比如，人们消费购物时，习惯于称重商品时凑整，或者支付货币时减少找零。法官作为社会成员的一分子，同样受到这种文化习俗潜移默化的影响，在裁量刑罚时不自觉地倾向于选择适用整数性刑期。此外，从实用的角度来讲，缓刑要在社区矫正机构执行，一旦出现缓刑考验不合格的情形，由法院撤销缓刑。说明缓刑的执行涉及社区矫正机构、法院等多个部门，整数性刑期便于计算和记忆，在一定程度上降低出错的可能性。

2. 刑法规定有期徒刑的缓刑考验期限为原判刑期以上 5 年以下，但是不能少于 1 年。但是本书通过量化分析，进一步发现实践中缓刑时长一般为主刑时长的本数以上 2 倍以下。这一结论对于今后各省完善各自的《量刑指导意见》实施细则、细化缓刑的适用具有一定的参考价值。

第四节 罚金刑适用的经验性分析

一、研究目标

《刑法》第266条为诈骗罪设置了罚金刑。就规定方式而言，基本犯是并处或者单处罚金，加重犯和特别加重犯是并处罚金。这里的并处，指的是必并科罚金。即在判处主刑的情况下，必须附加一定的罚金刑；就罚金数额的确定方式而言，是无限额制，即罚金的数额由法官进行自行裁量。关于裁量方法，《刑法》第52条进行了原则性规定，[1]《最高人民法院关于适用财产刑若干问题的规定》也概括性地要求以犯罪情节为依据，兼顾犯罪人的缴纳能力。那么司法实践中，法官在对诈骗罪犯罪人裁量刑罚时，是如何适用罚金刑的呢？能否契合"以犯罪情节为依据，兼顾犯罪人的缴纳能力"这一基本要求呢？这是本节所要研究的问题。具体而言，包括以下几方面的内容：

第一，罚金刑的适用方式。对于诈骗数额较大的，刑法规定了"并处或者单处罚金"。那么单处罚金和并处罚金的适用率分别是怎样的？法官在何种情形之下会对犯罪人适用单处罚金？

第二，罚金的数额。《最高人民法院关于适用财产刑若干问题的规定》要求：人民法院应当根据犯罪情节，如违法所得数额、造成损失的大小等，并综合考虑犯罪分子缴纳罚金的能力，依法判处罚金。刑法没有明确规定罚金数额标准的，罚金的最低数额不能少于1000元。[2]实践中法官的罚金刑的裁量是否符合该规定的要求？罚金数额是否与犯罪行为的轻重密切相关？是否将犯罪人的缴纳能力纳入了考量范围？

二、罚金刑适用情况的总体考察

全样本2010名被告人中，除了29人适用没收财产、6人免予刑事处罚之外，其余1975人均被判处罚金。说明罚金刑在诈骗罪量刑中适用率极高，这与《刑法》第266条的必并科罚金制的规定是密切相关的。也就是说，对于罚金的数额，法官可以自由裁量。但是，对于是否罚金，则几乎是没有选择空间的。当然，是否有必要对所有的诈骗罪都适用罚金刑，本身是值得反思的。

就罚金数额而言，其最小值为1000元（符合《最高人民法院关于适用财

---

[1]《刑法》第52条规定，判处罚金，应当根据犯罪情节决定罚金数额。
[2]《最高人民法院关于适用财产刑若干问题的规定》第2条第1款。

产刑若干问题的规定》的要求),最大值为500万元,差距悬殊。为了便于直观了解全样本罚金数额情况,笔者将其分为1000元以上不满5000元、5000元以上不满1万元、1万元以上不满5万元、5万元以上不满10万元、10万元以上不满20万元、20万元以上不满50万元、50万元以上这几个区间进行统计,结果发现各区间被告人分布非常不均衡,1万元以上不满5万元区间人数最多,占全部被告人的41.9%,其次为1000元以上不满5000元、5000元以上不满1万元两个区间,分别占全部被告人的17.6%和12.8%,三者的累计百分比为72.3%。而被告人数量最少的是50万元以上区间,仅有25人,所占比例为1.3%。可见绝大多数被告人被判处的罚金数额位于5万元以下,5万元以上各区间的被告人数量呈递减趋势分布。

表1-12 全样本罚金数额分布表

	罚金数额分布			
罚金数额区间(元)	频率(例)	百分比(%)	有效百分比(%)	累积百分比(%)
有效 1000以上不满5000	348	17.6	17.6	17.6
5000以上不满1万	252	12.8	12.8	30.4
1万以上不满5万	828	41.9	41.9	72.3
5万以上不满10万	241	12.2	12.2	84.5
10万以上不满20万	231	11.7	11.7	96.2
20万以上不满50万	50	2.5	2.5	98.7
50万以上	25	1.3	1.3	100.0
合计	1975	100.0	100.0	

根据上图所示的罚金数额,需要追问的一个问题是,罚金刑的处罚力度如何?其会对犯罪人的生活产生何种影响?每个犯罪人的财产状况不同,对于罚金刑严厉程度的感受也不尽相同。在这里,我们以国家统计局公布的全国居民人均可支配收入为参照,与相应年份的罚金数额均值进行比较,考察罚金刑对犯罪人生活的平均影响程度,发现罚金数额均值大致相当于全国居民人均可支配收入的1.4~2.1倍。也就是说,实施了诈骗犯罪行为,不仅要付出自由的代价,而且意味着一到两年内的经济收入付诸东流。

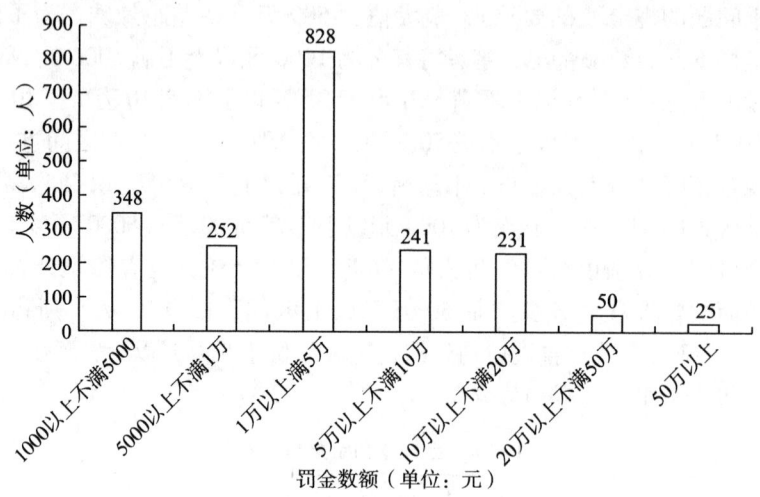

图1-9 全样本罚金数额分布柱状图

表1-13 罚金数额均值与全国居民人均可支配收入比值

年份	罚金数额均值（单位：元）	全国居民人均可支配收入（单位：元）	占比（%）
2017年	35 514	25 974	1.4
2018年	39 932	28 228	1.4
2019年	63 682	30 733	2.1
2020年	59 531	32 189	1.8

注：全国居民人均可支配收入数据摘自国家统计局网站。

三、罚金刑适用方式考察

1975名被适用罚金刑的犯罪人中，7人单处罚金，1968人并处罚金刑，单处罚金的适用率极低，罚金刑更多的是作为补充，附加于管制、拘役、有期徒刑之后。

（一）单处罚金的适用

表1-14 单处罚金样本具体情况

序号	诈骗类型	罚金数额	犯罪构成事实	情节
1	传统诈骗	10 000元	诈骗13 000元	坦白、被害人谅解、全部退赃退赔
2	传统诈骗	10 000元	诈骗80 000元	自首、被害人谅解、全部退赃退赔、诈骗近亲属财物

续表

序号	诈骗类型	罚金数额	犯罪构成事实	情节
3	传统诈骗	5000元	诈骗29 500元	坦白、被害人谅解、全部退赃退赔、认罪认罚
4	电信网络诈骗	2000元	诈骗4860元	自首、从犯、全部退赃退赔
5	电信网络诈骗	2000元	诈骗4790元	自首、从犯、全部退赃退赔
6	电信网络诈骗	10 000元	发送诈骗短信28 766条	立功、坦白、未遂、全部退赃且主动缴纳罚金
7	电信网络诈骗	10 000元	发送诈骗短信28 766条	坦白、未遂、全部退赃且主动缴纳罚金

《最高人民法院关于适用财产刑若干问题的规定》第4条规定，犯罪情节较轻，适用单处罚金不致再危害社会并具有下列情形之一的，可以依法单处罚金：①偶犯或者初犯；②自首或者有立功表现的；③犯罪时不满18周岁的；④犯罪预备、中止或者未遂的；⑤被胁迫参加犯罪的；⑥全部退赃并有悔罪表现的；⑦其他可以依法单处罚金的情形。对照该规定，考察上述7例被单处罚金的情况可以发现，犯罪构成事实方面还是比较轻的，有的是数额较大，有的虽然情节严重但是并未造成任何实际财产损失，属于犯罪未遂；而量刑情节方面，每一例均有多个从宽量刑情节，且不存在从重量刑情节。每一例都含有全部退赔退赃情节，该情节一方面体现了犯罪人的悔罪态度，另一方面也为被害人挽回了财产损失，大大降低了犯罪的客观危害。因此，这7例单处罚金的适用符合相关司法解释的要求，是法官正确行使自由裁量权的结果。

（二）并处罚金的适用

在司法实践中，诈骗罪的量刑结果共有以下十种情况：免予刑事处罚、单处罚金、管制、拘役、3年以下有期徒刑、3年以上10年以下有期徒刑、10年以上有期徒刑、无期徒刑、拘役缓刑、有期徒刑缓刑。其中主刑为管制、拘役、3年以下有期徒刑、3年以上10年以下有期徒刑、10年以上有期徒刑、拘役缓刑、有期徒刑缓刑的，涉及并处罚金的适用。那么这种情况下罚金数额的多少与量刑结果之间是否具有某种关联，罚金数额是否因量刑结果的不同而存在显著差异呢？为此，笔者对各种量刑结果的罚金数额均值进行了统计，结果如下：

表1-15 各量刑结果对应的罚金数额均值统计表（单位：元）

	N	均值	标准差	标准误	均值的95%置信区间		极小值	极大值
					下限	上限		
管制	1	1000.00					1000	1000
拘役	30	3333.33	3043.742	555.709	2196.78	4469.89	1000	10 000
3年以下有期徒刑	556	11 069.24	9606.171	407.392	10 269.03	11 869.46	1000	90 000
3年以上10年以下有期徒刑	818	44 422.98	46 745.51	1636.420	41 258.49	47 682.68	2000	400 000
10年以上有期徒刑	333	163 795.80	346 694.3	18 998.73	126 422.7	201 168.9	10 000	5 000 000
拘役缓刑	35	3285.71	2295.410	387.995	2497.21	4074.22	1000	10 000
有期徒刑缓刑	195	11 969.23	14 873.32	1065.100	9868.57	14 069.89	1000	150 000

由下表可以看出，不同量刑结果对应的罚金数额均值存在一定差异。其中罚金数额均值最高的是10年以上有期徒刑，为163 795.80元，最低的管制为1000元，管制、拘役、拘役缓刑对应的罚金数额均值在1万元以下，3年以下有期徒刑、有期徒刑缓刑对应的罚金数额均值为1万元以上略高。拘役缓刑与拘役实刑的罚金数额均值非常接近，有期徒刑缓刑与3年以下有期徒刑实刑的罚金数额均值非常接近。就管制、拘役、有期徒刑几种主刑对应的罚金数额来看，呈现出罚金刑的轻重与主刑的轻重成正比的关系。主刑的轻重是由犯罪事实和情节决定的，既然罚金刑的轻重与主刑刑种的轻重相一致，说明法官裁量罚金刑最主要的依据也是犯罪行为的严重程度。这与前述《刑法》第52条以及《最高人民法院关于适用财产刑若干问题的规定》的相关要求是相匹配的。

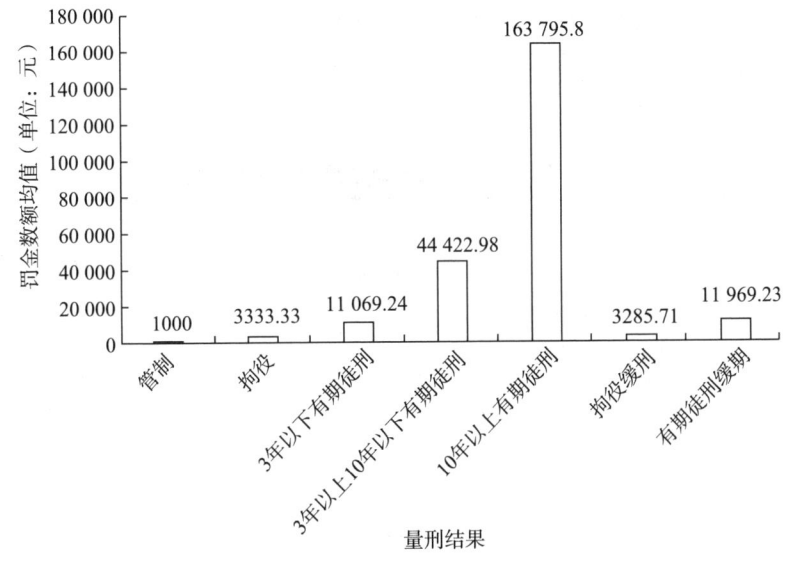

图1-10 各量刑结果对应的罚金数额均值柱状图

四、罚金数额考察

如前所述，罚金刑的轻重与主刑刑种的轻重成正比。接下来需要考察的是，在某种主刑内部，罚金数额与刑期呈何种关系，从而进一步验证罚金数额是否与犯罪行为的轻重密切相关？《刑法》第52条的规定是否得到有力地贯彻？

（一）罚金数额与拘役刑期的关系

全样本共有65例拘役刑，其中实刑30例，缓刑35例，刑期分为2个月、3个月、4个月、5个月、6个月共五种情况，每一例拘役刑均附加适用了罚金刑。那么罚金数额是否随着拘役刑期的增加而增加呢？为了回答这一问题，笔

者对每个拘役刑期所对应的罚金数额均值进行了统计:

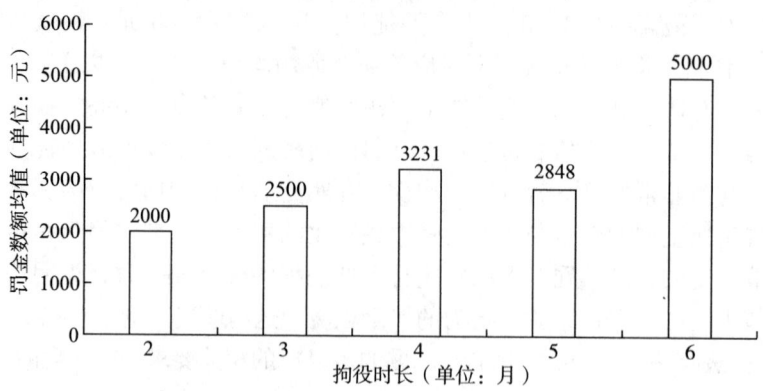

图1-11 拘役时长与罚金数额均值对应关系图

如图所示,罚金数额与拘役时长之间没有明显的规律。笔者进行了相关性检验,P>0.05,说明二者无相关性。

表1-16 拘役时长与罚金数额相关性检验

		相关性	
		主刑刑期(月数)	罚金数额(元)
主刑刑期 (月数)	Pearson 相关性	1	0.234
	显著性(双侧)		0.061
	N	65	65
罚金数额	Pearson 相关性	0.234	1
	显著性(双侧)	0.061	
	N	65	65

(二)罚金数额与有期徒刑刑期的关系

全样本共有1902例有期徒刑,其中实刑1707例,缓刑195例,刑期从6个月至15年不等,每一例有期徒刑均附加适用了罚金刑。那么罚金数额与有期徒刑刑期是否存在某种关系呢?为了求证这一问题,笔者对每个有期徒刑刑期区间所对应的罚金数额均值进行了统计,结果发现罚金数额均值随着刑期的增加而增加,具体情况可见如下图表:

表1-17 有期徒刑刑期与罚金数额均值对应关系列表

有期徒刑主刑时长	罚金数额均值(单位:元)
半年以上1年以下	5308

续表

有期徒刑主刑时长	罚金数额均值（单位：元）
1年以上2年以下	9866
2年以上3年以下	15 850
3年以上4年以下	26 089
4年以上5年以下	44 074
5年以上6年以下	57 537
6年以上7年以下	61 256
7年以上8年以下	65 653
8年以上9年以下	77 355
9年以上10年以下	76 476
10年以上11年以下	104 863
11年以上12年以下	112 421
12年以上13年以下	120 682
13年以上14年以下	157 900
14年以上15年以下	318 138
15年	607 250

用折线图可以更加清晰地表示这种规律：

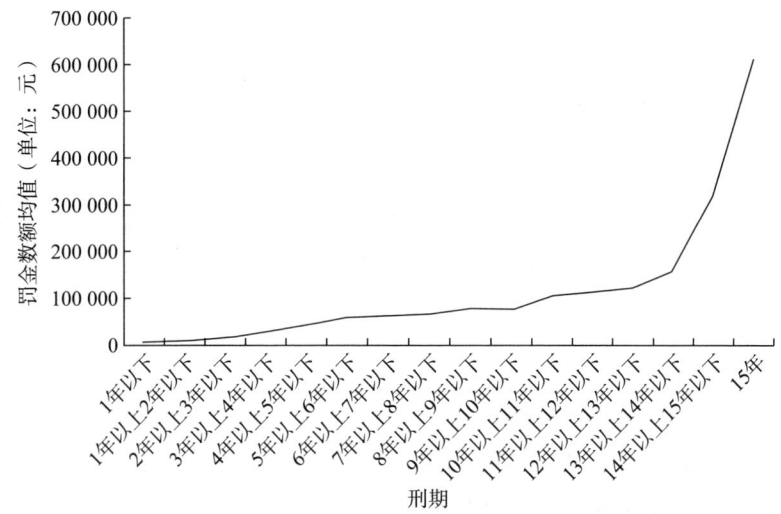

图1-12 有期徒刑刑期与罚金数额均值对应关系图

笔者进行了相关性研究，P<0.05，表明有期徒刑时长与罚金数额均值显著相关。而相关系数为0.383，说明二者关系并非特别密切。具体到每一个刑期内部而非刑期区间，罚金数额并非总是能够与刑期成正比例关系。

表1-18 有期徒刑刑期与罚金数额均值相关性检验

		相关性	
		主刑刑期	罚金数额
主刑刑期	Pearson 相关性	1	0.383**
	显著性（双侧）		0.000
	N	1902	1902
罚金数额	Pearson 相关性	0.383**	1
	显著性（双侧）	0.000	
	N	1902	1902

**. 在0.01水平（双侧）上显著相关。

综上，罚金数额与拘役刑期不存在相关性，与有期徒刑的刑期存在相关性，只不过这种相关程度并不如想象中的那么密切。由于拘役样本所占比重较少，所以从总体来看，罚金数额与主刑一样，基本上是由罪行轻重所决定的。这说明《刑法》第52条"根据犯罪情节决定罚金数额"的要求在实践中大体上得到了实现。

五、关于罚金刑适用的经验总结

通过上述量化分析，可以总结出诈骗罪量刑实践中罚金刑的适用经验如下：罚金刑适用率极高，除免予刑事处罚和被判无期徒刑的情况外，罚金刑无一例外地适用于诈骗犯罪的被告人；单处罚金很少适用，实践中主要是适用并处罚金；每一年的罚金数额均值大致相当于当年全国居民人均可支配收入的1.4~2.1倍；此外，罚金刑的轻重与刑种的轻重、主刑刑期的轻重成正比，说明罚金刑的裁量基本上是以罪行轻重为依据的。对于这些量刑经验，笔者结合罚金刑的功能进行了进一步的反思：罚金刑是否有必要适用于几乎所有的诈骗罪被告人？罚金刑应当与自由刑存在何种关系——并驾齐驱还是此消彼长？罚金刑的裁量除了考量被告人的犯罪情节之外，应否将缴纳能力纳入考察范围？而回答这些问题，需要厘清罚金刑的根本问题——罚金刑的正当化根据是什么？其应当具有什么样的功能定位？

（一）罚金刑的正当化根据

围绕刑罚的正当化根据，存在报应论与预防论的对立，并以此为基础演绎出报应论、目的论、并合论与分配理论等学说。[1]具体到罚金刑，其正当化根据同样存在报应论与预防论之争，而且长期以来，无论是立法还是司法中，占据上风的都是预防论。根据其观点，配置罚金刑的主要根据是预防和剥夺，即针对贪利性犯罪罚没财物，抑制其犯罪动机，剥夺犯罪能力。[2]在该理论的支配下，刑事立法对于一些犯罪设置了无限额罚金，且必须与自由刑并科适用。相应地，在司法实践中，罚金刑被广泛地、不加区分地适用于所有的犯罪人，且罚金刑并不能抵消自由刑。而事实上，罚金刑能否起到预防犯罪的作用呢？正如阮齐林教授所言："在设置了罚金刑的犯罪中，刑法分则第四章规定的盗窃、抢劫、诈骗等侵财型犯罪占实际发案的90%以上。而这些犯罪人正是因为没钱或者没有稳定的职业才去偷、去抢、去骗的。这些犯罪本来就是无本买卖，因此期望通过罚金剥夺其犯罪能力、抑制其犯罪动机的理由其实是虚构的。"况且，罚金刑剥夺的是犯罪人的合法财产，而这正是犯罪人所短缺的，高额的罚金往往与其实际的经济状况相去甚远，当罚金超出犯罪人的受罚能力后，就出现"执行难"的局面，罚金刑的预防功能更是无从谈起。[3]由此，以预防作为罚金刑的正当化根据，是站不住脚的。

接下来需要思考的是，罚金刑能否以报应为根据呢？笔者认为，剥夺犯罪人的合法财产，与剥夺其人身自由一样，都会让其产生一种强烈的受罚联系，因为财产也是犯罪人通过长期体力、脑力劳动获取、积累的，对财产的剥夺同样会对其生活产生一定的不利影响，财产刑与自由刑都会给犯罪人带来一定的痛苦，二者只是程度上的差异。因此，对于一些轻微犯罪，可以通过剥夺其一定数额的合法财产的方式让其为自己的行为付出代价。同样，对于一些严重犯罪，也可以以财产刑易科自由刑的方式实现惩罚。至于犯罪人贫富不均、罚金刑无法做到实质公平的担忧，笔者认为是没有必要的。任何一种刑罚方式都难以做到实质公平，罚金刑不能，自由刑同样不能。同样是判处5年有期徒刑，对无家可归的流浪汉和国家机关工作人员造成的生理、心理冲击以及潜在的影响必定是截然不同的。综上，以报应作为罚金刑存在的正当化根据，是具有合

---

[1] 刘晓山："报应论与预防论的融合与分配——刑罚正当化根据新论"，载《法学评论》2011年第1期。

[2] 阮齐林："再论财产刑的正当理由及其改革"，载《法学家》2006年第1期。

[3] 王衍松、吴优："罚金刑适用研究——高适用率与低实执率之二律背反"，载《中国刑事法杂志》2013年第6期。

理性的。确定了正当化根据,才能对诈骗罪中罚金刑的适用进行反思和评价。

(二)对罚金刑适用情况的反思

罚金刑的正当化基础是报应,因此,对于犯罪行为比较轻微的犯罪,便可以罚金刑替代短期自由刑进行追责,一方面可以避免短期自由刑交叉感染带来的弊端,另一方面可以实现刑罚的轻缓化,改善我国的刑罚结构。也就是说,作为短期自由刑的替代措施,是罚金刑的功能定位,通过罚金刑的扩大适用,来实现刑罚的轻缓化。由此反观诈骗罪量刑实践,2010个样本中,单处罚金的仅有7例,适用率极低,说明对于一些轻微犯罪,法官还没有形成判处单处罚金的意识。正如张明楷教授所言:"罚金刑对于任何犯罪人来说,都是其生活质量的一种可感知的损失。在法定刑规定了可以单处罚金时,法官应尽可能单处罚金。"[1]

另外,罚金刑的正当化基础是报应,那么罚金刑和自由刑应当作为一个整体,与犯罪人所犯罪行及应承担的刑事责任相适应。那么在罚金刑和自由刑内部,应当是此消彼长的关系,如果剥夺的人身自由足以实现刑法对犯罪人的惩罚功能,那么就没有必要再剥夺其合法财产。由此反观诈骗罪的立法及司法:立法规定实行必并科罚金制,且对罚金数额不加限制,从而具有双重处罚且处罚不受罪行限制的嫌疑。司法中罚金刑无一例外适用于免予刑事处罚、被判无期徒刑以外的每一个犯罪人,且罚金刑的轻重与自由刑的轻重成正比,其实是罚上加罚、所带来的后果是刑罚苛重。更何况罚金均值相当于1~2年的收入,对于失去人身自由与经济来源的犯罪人而言是一个不小的负担,所以有些犯罪人宁可牢底坐穿,也决不交钱,从而造成了罚金空判、执行难的局面。从这个角度,没有必要不加区分地对所有犯罪人都施以罚金刑,必并制应改为得并制,由法官根据犯罪情节和犯罪人的经济状况决定是否判处罚金刑,使得自由刑与罚金刑此消彼长、共同发力,从不同方面对犯罪人进行惩罚,真正实现罪责刑相适应,同时也有助于消解罚金刑执行难的问题。

第五节 剥夺政治权利适用的经验性分析

一、研究目标

关于剥夺政治权利,刑法规定了独立适用和附加适用两种方式。其中附加适用,包括应当附加和可以附加两种情况。《刑法》第57条规定,被判处死

---

[1] 张明楷:《刑法学》(上),法律出版社2016年版,第536页。

刑、无期徒刑的犯罪分子，应当剥夺政治权利终身。[1]因此，对于被判处无期徒刑的诈骗罪被告人，应当附加剥夺政治权利终身是没有疑问的。然而，被判处其他刑罚的诈骗罪被告人，能否附加剥夺一定期限的政治权利呢？《刑法》第56条规定，对于故意杀人、强奸、放火、爆炸、投毒、抢劫等严重破坏社会秩序的犯罪分子，可以附加剥夺政治权利。[2]那么，"故意杀人、强奸、放火、爆炸、投毒、抢劫等严重破坏社会秩序的犯罪分子"应作何种理解？诈骗罪是否属于严重破坏社会秩序的犯罪呢？本节将用数据说话，掌握法官对该问题的看法。如果法官对此持肯定意见，还要进一步探讨法官如何对诈骗罪适用附加剥夺政治权利？比如在哪些刑种之后附加适用资格刑？资格刑的轻重与主刑的轻重呈现何种关系？也就是说，对于诈骗罪，法官是否适用资格刑以及如何适用资格刑，是本节的研究任务和目标。

二、剥夺政治权利的适用情况考察

（一）诈骗罪是否适用剥夺政治权利

在笔者收集的样本中，共有309名被告人被附加剥夺政治权利。其中29例系被判处剥夺政治权利终身的情况，这与29人被判处无期徒刑的情况是吻合的；其余280例全部附加于有期徒刑而适用，剥夺政治权利的期限分别是1年、2年、3年、4年、5年，对应的人数分别是57人、158人、62人、2人、1人。被附加剥夺政治权利的被告人在全部被告人中所占的比例为15.37%，可见其在诈骗罪司法实践中适用率相对较高，且主要是附加于有期徒刑、无期徒刑而适用。

笔者进一步对这些有期徒刑附加剥夺政治权利的样本进行观察，发现除其中5例发生在河南，其余275例全都发生在北京。这说明在是否附加适用剥夺政治权利这个问题上，不同省份的法官是存在明显分歧的。北京地区的法官倾向于对该罪附加适用剥夺政治权利，而广州、河南、四川则普遍认为对该罪不宜附加剥夺政治权利。从应然层面上讲，究竟能否根据《刑法》第56条的规定，对诈骗罪犯罪人判处有期徒刑的同时裁量适用剥夺政治权利，是从实证研究中发现的一个需要厘清的理论问题。

（二）诈骗罪如何适用剥夺政治权利

剥夺政治权利终身只能附加于被判处无期徒刑的情况，属法律的硬性规定，没有自由裁量的空间，这里不再研究。接下来笔者以280例剥夺一定期限政治权利的被告人为样本，研究剥夺政治权利与有期徒刑的关系。这里首先要

---

[1]《刑法》第57条第1款。
[2]《刑法》第56条第1款后半段。

厘清的问题是，法官判处的有期徒刑刑期处于何种区间时，才会考虑附加剥夺政治权利，附加剥夺政治权利的期限是否随着有期徒刑刑期的增加而增加？为此，笔者将剥夺政治权利期限与有期徒刑刑期进行交叉统计，结果如下：

表1-19 剥夺政治权利期限（年数）＊有期徒刑期限（年数）交叉制表

单位：例

		剥权期限（年）					合计
		1年	2年	3年	4年	5年	
有期徒刑期限	7年以上8年以下	23	0	0	0	0	23
	8年以上9年以下	21	0	0	0	0	21
	9年以上10年以下	8	2	0	0	0	10
	10年以上11年以下	5	69	2	0	0	76
	11年以上12年以下	0	40	6	0	0	46
	12年以上13年以下	0	34	5	0	0	39
	13年以上14年以下	0	8	16	1	0	25
	14年以上15年以下	0	5	15	1	0	21
	15年	0	0	18	0	1	19

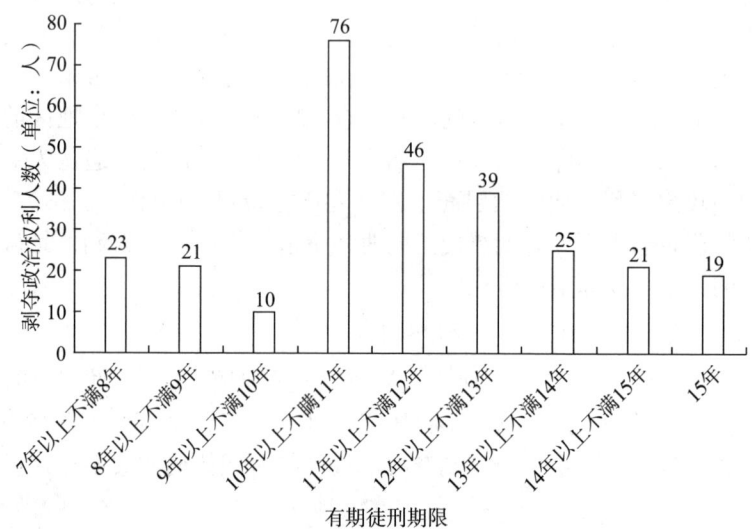

图1-13 剥夺政治权利人数分布图

由上述图表可以看出，法官在判处 7 年以上有期徒刑时才考虑附加适用剥夺政治权利，剥夺政治权利的适用集中于 10 年以上有期徒刑幅度内。为了了解剥夺政治权利与主刑刑期的关系，笔者对各剥权期限所对应的主刑刑期均值进行了统计，发现剥夺政治权利期限越长，对应的主刑刑期均值越长，二者成正比关系。

表 1-20　剥夺政治权利期限（年数）对应的有期徒刑期限均值统计表

剥权期限	N	主刑刑期（月数）					极小值	极大值
		均值	标准差	标准误	均值的 95% 置信区间			
					下限	上限		
1 年	57	95.544	11.5512	1.5300	92.479	98.609	84.0	126.0
2 年	158	133.532	12.8899	1.0255	131.506	135.557	108.0	174.0
3 年	62	161.984	16.6078	2.1092	157.766	166.201	120.0	180.0
4 年	2	162.000	8.4853	6.0000	85.763	238.237	156.0	168.0
5 年	1	180.000					180.0	180.0

笔者对有期徒刑刑期和剥夺政治权利期限进行了相关性检验，$P = 0.000$，且相关系数为 0.725，说明二者高度相关。

表 1-21　有期徒刑刑期和剥夺政治权利期限相关性检验

相关性		主刑刑期	剥权期限
主刑刑期	Pearson 相关性	1	0.725**
	显著性（双侧）		0.000
	N	2010	2010
剥权期限	Pearson 相关性	0.725**	1
	显著性（双侧）	0.000	
	N	2010	2010

**．在 0.01 水平（双侧）上显著相关。

三、关于剥夺政治权利适用的思考

通过上述实证分析，可以总结出诈骗罪中适用剥夺政治权利的量刑经验：

全国范围内对于对被判有期徒刑的诈骗罪犯罪人是否适用剥夺政治权利,存在巨大的分歧。就目前适用剥夺政治权利的案例来看,法官在判处7年以上有期徒刑时才对此予以考虑,且主要是在10年以上有期徒刑幅度内适用。也就是说,附加适用剥夺政治权利的条件是"罪重刑高"。除此之外,剥夺政治权利的轻重与主刑的轻重高度相关,二者成正比例关系。

《刑法》第56条规定,对于故意杀人、强奸、放火、爆炸、投毒、抢劫等严重破坏社会秩序的犯罪分子,可以附加剥夺政治权利。[1]针对实践中的分歧,需要讨论的是,诈骗罪是否属于上述严重破坏社会秩序的犯罪?可以剥夺政治权利的适用范围究竟如何界定?笔者认为,既然刑法对于可以附加剥夺政治权利的情形进行了专门性规定,就说明应当对其适用范围予以限制性解释,不能适用于所有的犯罪;至于限制到何种程度,其实是存在争议的,而争议的焦点在于"等"字如何理解。如果将其理解为兜底性规定,那么可以剥夺政治权利的适用范围就不限于法条规定的特定6种罪名,也包括其他严重破坏社会秩序的犯罪;如果将其理解为煞尾调节语气的助词,那么按照罪刑法定原则,只有法条规定的6种罪名才可以附加剥夺政治权利。[2]事实上,根据其他法条中带有"等"字的规定,以及汉语中关于"等"字的使用习惯,将其理解为列举未尽的兜底性规定更能为司法工作者以及社会公众所接受。而且只要我们将"严重破坏社会秩序"的含义予以明确化,那么该种理解与罪刑法定原则并不矛盾。

什么是严重破坏社会秩序呢?首先,"社会秩序"一词在刑法分则中出现的次数不多,包括《刑法》分则第三章的组织、领导传销活动罪,《刑法》第四章的侮辱罪、诽谤罪,以及《刑法》第六章的聚众扰乱社会秩序罪,组织、资助非法聚集罪,投放虚假危险物质罪,编造、故意传播虚假恐怖信息罪,编造、故意传播虚假信息罪,聚众斗殴罪,寻衅滋事罪,非法集会、游行示威罪。由此,"社会秩序"并不等同于"社会管理秩序",前者的范围大于后者。而《刑法》第56条列举的6种破坏社会秩序的犯罪,均非《刑法》分则第六章的罪名,而是涉及第二章危害公共安全的犯罪、第四章侵犯公民人身权利的犯罪以及第五章侵犯财产的犯罪,进一步说明刑法中的"社会秩序",其实是一个非常模糊的词语,我们很难给其下一个明确的定义,或者简单地以犯罪客体来界定其含义。因此有学者提倡对严重经济犯罪分子、严重的贪污受贿犯罪分

---

[1] 《刑法》第56条第1款后半段。
[2] 最高人民法院刑事审判第一庭编:《现行刑事法律司法解释及其理解与适用》(上册),人民出版社2010年版,第338页。

子、严重的渎职犯罪分子，也可以附加剥夺政治权利，因为《刑法》56 条的"社会秩序"不是狭义的社会秩序，也包括经济秩序、国家机关工作秩序。[1]其次，"严重"二字是对"破坏社会秩序"的修饰，表示对社会秩序的破坏达到了一定的程度，而不是轻微的影响。根据罪责刑相适应原则，严重破坏社会秩序的行为，必然表现为严厉的刑罚。因此，可以用刑罚的轻重来对"严重破坏社会秩序"的行为予以进一步地界定。对此，学界也有不同的观点：有的认为应当排除被判处有期徒刑以下刑罚或者短期有期徒刑的犯罪分子；也有的认为应当是指被判处 10 年以上有期徒刑的犯罪分子。[2]从有利于被告人的原则出发，应严格限制可以剥夺政治权利的适用范围，将其解读为被判处 10 年以上有期徒刑的犯罪分子。毕竟，被判 10 年以下有期徒刑的行为，与被判处 10 年以上有期徒刑的犯罪行为相比，只能算"不太严重"。

综上，什么是"严重破坏社会秩序的犯罪"，在罪名上不易确定范围，在刑罚上表现为被判处 10 年以上有期徒刑。事实上，考察刑法条文中此类先列举再以"等"字兜底的规定，可以发现通常情况下的"等"并非没有边界的"其余全部"，而是与所列举的行为、罪名具有同质性或者相当性。所以，判断能否对某个被告人附加剥夺政治权利，就要分析其实施的行为是否与故意杀人、强奸、放火、爆炸、投毒、抢劫并且被判重刑的行为具有相当性。就诈骗而言，其与抢劫有相同之处，二者同属于侵财型犯罪，所不同的是，抢劫罪在侵犯财产权利的同时也侵犯了他人的人身权利，与单纯侵犯财产权利的诈骗罪相比，其社会危害性更为严重，对社会秩序和公民安全感的冲击更为剧烈。但是，需要注意的是，一些严重的诈骗犯罪，特别是近年来日益猖獗的电信网络诈骗犯罪，组织严密、分工细致，诈骗手段隐蔽、专业，被害人数众多，严重侵犯了公民的财产安全、败坏了社会风气、影响了人民群众的正常生活、造成了一定的社会恐慌。因此，对于这些实施了严重诈骗行为并被判重刑的犯罪人，是可以理解为《刑法》第 56 条规定的"严重破坏社会秩序的犯罪分子"，进而适用附加剥夺政治权利的。当然，这里仅仅是"可以"适用，并非"应当""必须"，是否适用，由法官根据案件的具体情况进行裁量。

由此对照诈骗罪量刑实践，对于被判处有期徒刑的犯罪人能否附加剥夺政治权利，各省份有不同的主张和做法，但其实都属于法官自由裁量权范围之内的选择。只是北京地区对被判处 7 年以上 10 年以下的犯罪人附加适用剥夺政

---

[1] 张明楷：《刑法学》（上），法律出版社 2016 年版，第 539 页。
[2] 孟庆华："剥夺政治权利的适用范围若干问题探讨"，载《信阳师范学院学报（哲学社会科学版）》2009 年第 3 期。

治权利其实是欠妥当的，因为其尚未达到严重破坏社会秩序的程度。

第六节　诈骗罪量刑经验总结

本章主要是对全样本量刑情况以及各刑种的适用情况进行量化分析，重点在于发现法官于日常审判活动中形成的经验性做法，验证之前学者就量刑经验提出的结论性观点，并结合刑法相关理论对其中的争议性问题进行反思和评价。

一、诈骗罪量刑经验梳理

（一）总体经验

诈骗罪量刑呈现轻缓化特征，突出表现为以下几个方面：全样本中有超过四成的被告人被判处了3年以下有期徒刑、管制、拘役、单处罚金或者免予刑事处罚；缓刑适用率接近1/4；34%的被告人被减轻处罚，特别是法定刑为10年以上有期徒刑、无期徒刑的被告人中，减轻处罚比例高达53%，且法官倾向于在下一个量刑幅度的较低刑期量刑；适用有期徒刑的样本中，被判短刑期的被告人数量较多，被判长刑期的被告人数量较少。此外，在单个量刑幅度内部，法官实际上也倾向于选择较短的刑期。特别是在3年以上10年以下有期徒刑以及10年以上有期徒刑幅度内，这种状况更加明显。

（二）减轻处罚量刑经验

法定刑为3年以下10年以上有期徒刑的，减轻处罚的幅度较小，法官倾向于在下一个量刑幅度的较高刑期区间量刑，且较少适用缓刑；而法定刑为10年以上有期徒刑、无期徒刑的，减轻处罚幅度大，法官倾向于在下一个量刑幅度的较低刑期量刑，甚至突破下一个量刑幅度，直接下降两个量刑幅度裁量刑罚。

（三）有期徒刑适用经验

有期徒刑实刑适用方面，每个量刑幅度的宣告刑均值低于相应幅度的中线，法官倾向于在某一量刑幅度的中线以下裁量刑罚；每个量刑幅度均存在明显的量刑聚集区，且均为该幅度之内较低的区域，说明法官的刑罚裁量活动主要聚集在某一量刑幅度的特定区域之内。

有期徒刑缓刑适用方面，无论是主刑刑期还是缓刑刑期，法官均倾向于选择半年、一年这样的整数性刑期，非整数性刑期适用率极低。主刑时长和缓刑时长高度关联，实践中缓刑时长一般为主刑时长的本数以上2倍以下。

（四）罚金刑适用经验

罚金刑适用率极高，除免予刑事处罚和被判无期徒刑的情况外，罚金刑无一例外地适用于诈骗犯罪的被告人。单处罚金很少适用,主要是并处罚金。每一年的罚金数额均值大致相当于当年全国居民人均可支配收入的 1.4~2.1 倍。此外,罚金刑的轻重与刑种的轻重、主刑刑期的轻重成正比,说明罚金刑的裁量基本上是以罪行轻重为依据的。

(五)剥夺政治权利适用经验

全国范围内对被判有期徒刑的诈骗罪犯罪人是否适用剥夺政治权利,存在巨大的分歧。就适用剥夺政治权利的案例来看,法官在判处 7 年以上有期徒刑时才对此予以考虑,且主要是在 10 年以上有期徒刑幅度内适用。除此之外,剥夺政治权利的轻重与主刑的轻重高度相关,二者成正比例关系。

二、诈骗罪量刑疑难问题反思

(一)对减轻处罚的反思

1. 对"轻罪少减、重罪多减"现象进行深入剖析。对于法定刑为 3 年以下 10 年以上有期徒刑的减轻处罚样本,以及法定刑为 10 年以上有期徒刑、无期徒刑的减轻处罚样本,分别统计其相应的诈骗数额均值,按照《量刑指导意见》规定的量刑步骤进行计算,发现二者在减轻处罚幅度方面确实存在差异。在此基础上,又进一步统计了两种样本中诈骗数额小于相应诈骗数额均值的数量,得出"轻罪少减、重罪多减"现象并非法官恣意裁断的结果,而是由犯罪本身的构成事实和量刑情节所共同决定的。

2. 对法官能否突破下一个量刑幅度予以减轻处罚进行探讨。经过分析,认为法官在裁量减轻处罚时,不能机械理解和适用《刑法》第 63 条的规定,而是应对案件中各种量刑情节的数量、功能加以区分。如果案件中含有两个或者两个以上减轻处罚情节,或者案件涉及的情节兼具减轻和免除处罚功能,那么法官在必要的时候可下降两个量刑幅度裁量刑罚,从而更好地实现罪刑均衡,贯彻罪责刑相适应原则。

(二)对罚金刑适用的反思

根据实证分析结果,对下列问题进一步追问:罚金刑是否有必要适用于几乎所有的诈骗罪被告人?罚金刑应当与自由刑存在何种关系——并驾齐驱还是此消彼长?罚金刑的裁量除了考量被告人的犯罪情节之外,应否将财产能力纳入考察范围?通过研究罚金刑的正当化根据,得出结论:罚金刑的正当化基础是报应,通过剥夺其合法财产使犯罪人感到痛苦,为其犯罪行为付出代价。因此,对于犯罪行为比较轻微的犯罪,应扩大单处罚金的适用,作为短期自由刑的替代措施,实现刑罚的轻缓化;另外,罚金刑和自由刑应当作为一个整体,与犯罪人所犯罪行及应承担的刑事责任相适应。那么在罚金刑和自由刑内部，应当是此消彼长的关系，如果剥夺的人身自由足以实现刑法对犯罪人的惩罚功能，就没有必要再剥夺其合法财产。因此，建议必并制改为得并制，由法官根据犯罪情节和犯罪人的经济状况决定是否判处罚金刑。

（三）对剥夺政治权利适用的反思

对被判处有期徒刑的诈骗罪被告人是否附加剥夺政治权利，不同省份有着不同的做法，法官之间存在巨大的分歧。因此，本书专门对该问题进行了学理分析。《刑法》第56条规定的"严重破坏社会秩序的犯罪"，在罪名上不易确定范围，在刑罚上表现为被判处10年以上有期徒刑。判断能否对某个被告人附加剥夺政治权利，就要分析其实施的行为是否与故意杀人、强奸、放火、爆炸、投毒、抢劫并且被判重刑的行为具有相当性。对于实施了严重诈骗行为并被判重刑的犯罪人，是可以理解为"严重破坏社会秩序的犯罪分子"，进而适用附加剥夺政治权利的。当然，这里仅仅是"可以"适用，并非"应当""必须"，是否适用，由法官根据案件的具体情况进行裁量。但是，从有利于被告人原则出发，应将附加适用剥夺政治权利的主刑刑期限定在10年以上有期徒刑，才足以体现"严重破坏社会秩序的犯罪"之"严重性"。

三、诈骗罪量刑经验考察的意义

我国刑法规定的法定刑分档过粗、幅度过大，法官在量刑方面拥有较大的自由裁量权。尽管最高人民法院出台的《量刑指导意见》及各省的实施细则致力于对量刑工作予以规范和细化，但是，无论是量刑起点的确定、还是量刑情节对基准刑的调节，都是以幅度的形式呈现的，也就是说，同一案件由不同的法官裁量刑罚，依然可能存在较大的差异。这其中可能是法官对某一法律问题有着不同的理解所致，也有可能受法官个人生活经验、偏好等因素的影响。然而，如果将目光从个别案件移至大样本，借助大范围、可重复性强的普遍法律实践，便可最小化个体经验、主观潜见、偏好、局限甚至私利等主体性因素对法律适用的影响，使其消解在普遍法律实践的一般性中，[1]进而发现大量司法工作者长期执业行为背后所具有的规律性，即实践理性。[2]这种实践理性代表了法官职业群体对法律的理解、对公正的追求，值得重视和尊重。我们进行量刑规范化改革，并不是要改变这种量刑活动的

---

〔1〕 白建军："论刑法教义学与实证研究"，载《法学研究》2021年第3期。
〔2〕 白建军：《公正底线——刑事司法公正性实证研究》，北京大学出版社2008年版，第1页。

背后规律性，而是要使更多的个案量刑接近大量判决的平均水平、接近实践理性。从这个意义上讲，对某一犯罪的量刑经验进行发现和梳理，可以为今后法官的刑罚裁量活动提供更加具体、更加具有可操作性的参考。同时，对缓刑、罚金刑、剥夺政治权利的适用进行量化和总结，也有助于今后此类刑罚的规范化。

第二章 诈骗数额研究

诈骗罪是非常典型的数额犯,数额是决定犯罪成立与否的必要条件,同时也是影响法定刑是否升格的重要因子,对于行为人是否构成犯罪、在何种法定刑幅度内判处刑罚具有决定性意义。然而,在司法实践中,数额对于量刑所起的作用是否确实如同预期的这般重要呢?诈骗数额对刑种的选择、主刑刑期的长短、罚金刑的轻重究竟产生多大的影响呢?本章将对上述问题进行探讨。

第一节 研究设计

一、研究目标

1. 立法者以"数额较大""数额巨大""数额特别巨大"为诈骗罪定罪量刑的标准,同时又规定了"有其他严重情节""有其他特别严重情节"也可以作为法定刑升格的条件。就量刑而言,第一个法定刑幅度以"数额"为唯一标准,而第二、三个法定刑幅度则是以"数额"和"情节"作为共同标准。当然,这里的"情节"并非通常意义上的各种法定或酌定量刑情节,如自首、立功、累犯、从犯等,而是诈骗罪所特有的、相关司法解释所规定的、能够上下调整法定刑幅度的情节。比如,诈骗数额达到了"数额巨大"标准的80%以上但是仍然处于"数额较大"区间,但是行为人"在境外实施电信网络诈骗"的,属于"有其他严重情节",可以将原本由数额确定的量刑幅度上调一档。司法实践中以"情节"量刑的案件是否常见?"情节"与"数额"在量刑中的地位如何?这是本章所要探讨的一个问题。

2. 在纯数额犯的情况下,数额是法官定罪量刑的重要依据。但是,司法实践中,数额究竟在多大程度上影响法官的量刑决定呢?本章主要从三个方面展开研究:①在量刑结果的选择上,法官是否严格按照数额的大小来决定对被告人免予刑事处罚、单处罚金亦或判处从轻到重不同的刑种呢?特别是免予刑事处罚、单处罚金、管制、拘役这几种量刑结果之间并没有泾渭分明的量刑标准,法官将如何行使其自由裁量权?②在主刑刑期的确定上,诈骗数额所产生的影响也是值得探索的。从理论上来说,诈骗数额应当是与刑期成正比的,也就是"骗得越多,判得越长"。但是实际上诈骗数额与刑期却不可能总是如此对应的,因为一些量刑情节的存在会对单纯由"数额"确定的基准刑起到调节作用,特别是一些减轻处罚情节的存在,会使得法官在法定刑以下一档甚至两档判处刑罚。另外,"数额特别巨大"没有上限标准,而刑罚却是有限的,所以数额达到一定程度之后,刑罚其实并不可能产生实质性差别,这在一定程度上也会冲淡诈骗数额与主刑刑期的相关性。基于此,本章将对"数额较大""数额巨大""数额特别巨大"3个区间内的数额与刑期的关系分别进行探讨;③在罚金数额的裁量上,《最高人民法院关于适用财产刑若干问题的规定》指出:判处罚金刑,应当以犯罪情节为根据,并综合考虑被告人缴纳罚金的能力,依法决定罚金数额。[1]据此,法官在裁量罚金数额时,诈骗数额是一个重要的考量因素,因为其直接决定了罪行的轻重。那么,诈骗数额与罚金数额究竟存在何种关系?二者之间是否存在一定的比例关系?文姬教授计算出在盗窃罪中,单处罚金刑时,基准罚金刑 = 872.13 + 0.32 × 盗窃数额;并处罚金刑时,基准罚金刑 = 120 + 568 × 自由刑月数。[2]其计算方法未必科学,但是其对实现罚金刑量刑规范化所作的努力是值得学习和肯定的。

二、研究方案

(一) 研究内容

1. 诈骗罪中的"情节"与"数额"的关系。一是梳理相关法律法规中以"情节"作为量刑标准的规定;二是整理样本中以"情节"作为量刑标准的具体情况;三是深入思考作为诈骗罪第二档、第三档法定刑条件的"数额"和"情节"的关系。

2. 诈骗数额与量刑结果的关系。一是对诈骗数额与量刑结果进行相关性检验,以科学数据判断二者是否相关以及相关程度如何;二是分别计算每一种量刑结果的诈骗数额均值,进一步描述二者之间的关系;三是对量化分析结果进行深入解读,了解诈骗数额究竟对量刑结果的选择具有何种程度的影响。

3. 诈骗数额与主刑刑期的关系。区分"数额较大""数额巨大""数额特别巨大"3个不同区间,分别对诈骗数额与主刑刑期进行相关性检验,并对3个检验结果进行理论层面的分析和探讨。

4. 诈骗数额与罚金数额的关系。同样是区分"数额较大""数额巨大""数额特别巨大"3个不同区间,分别描述每个区间内的罚金数额分布、对罚

---

[1] 《最高人民法院关于适用财产刑若干问题的规定》第2条第1款。
[2] 文姬:"盗窃罪中罚金刑裁量规则研究",载《南大法学》2021年第4期。

金数额与诈骗数额进行相关性分析，统计罚金数额占诈骗数额的比例情况，并对罚金数额的确定方法进行反思。

(二) 研究框架

本章中每一个部分均采用"假设—检验"的分析模式，即以观测到的事实来证实、证否或者部分证实、证否变量之间可能存在某种关系的推测的研究过程：[1]第一步，提出研究假设。基于对法律文本的反复观察、感悟以及学术积累，就研究主题提出一定的理论假设；第二步，采用实证分析方法对数据进行统计分析，从而验证假设是否成立；第三步，不管假设被实证研究所证实还是证否，都需要从理论的高度对量化分析结果进行深入分析和思考，从而使研究成果得到升华。

(三) 研究价值

提到诈骗罪，很多人想当然地认为诈骗数额对量刑具有绝对的决定性作用。然而事实确实如此么？诈骗数额对于刑种、刑期究竟产生何种影响？这种影响是否因数额区间、诈骗方式的不同而呈现不同的状态？本章试图通过对上述问题进行量化研究，更加精准、精细地了解量刑实践，发现量刑过程中存在的问题，并在此基础上对诈骗罪立法模式进行反思。

三、关于诈骗数额的说明

本书选取的样本分为两部分：一部分是北京地区 2017 年至 2021 年的传统诈骗案件，根据北京市高级人民法院、北京市人民检察院、北京市公安局、北京市司法局《关于盗窃等六种侵犯财产犯罪处罚标准的若干规定》（已失效），诈骗数额较大、数额巨大、数额特别巨大的标准分别是 5000 元、10 万元、50 万元；另一部分是北京、广东、河南、四川共 4 个省份 2017 年~2021 年的电信网络诈骗案件，根据《2016 年电信网络诈骗案件意见》，诈骗公私财物价值 3000 元以上、3 万元以上、50 万元以上的，应当分别认定为刑法第 266 条规定的"数额较大""数额巨大""数额特别巨大"。由此可见，在样本中，传统诈骗和电信网络诈骗之"数额特别巨大"的标准是一致的，都是 50 万元，但是在"数额较大""数额巨大"方面存在一定差别，这样就出现了诈骗相同数额的财物，却因诈骗方式的不同而处理结果各异的局面。因此，本书在分析诈骗数额与量刑的关系时，根据需要可能会对两种诈骗方式分别进行统计分析，确保得出的结论符合实际情况。

---

[1] 白建军：《法律实证研究方法》，北京大学出版社 2014 年版，第 213~214 页。

第二节 诈骗罪中"情节"与"数额"的关系

一、研究假设

根据《刑法》第266条的规定,"数额"和"情节"均可作为诈骗罪第二档、第三档法定刑的量刑标准,二者是并列关系。然而,什么情形下属于"有其他严重情节"或者"有其他特别严重情节"呢?《2011年诈骗案件解释》对此作出了具体规定:①诈骗数额接近数额巨大、数额特别巨大的标准,具有利用发送短信、拨打电话、互联网等电信技术手段对不特定多数人实施诈骗的;诈骗救灾、抢险、防汛、优抚、扶贫、移民、救济、医疗款的;以赈灾募捐名义实施诈骗的;诈骗残疾人、老年人或者丧失劳动能力人的财物的;造成被害人自杀、精神失常或者其他严重后果等情节,或者属于诈骗集团首要分子的,则应当分别认定为"其他严重情节"或者"其他特别严重情节"。[1]这些情节使得诈骗罪法定刑升格,从而区别于诈骗数额所对应的量刑幅度。②诈骗数额难以查证,利用发送短信、拨打电话、互联网等电信技术手段对不特定多数人实施诈骗,发送诈骗信息或者拨打诈骗电话达到特定数量的,应当认定为《刑法》第266条规定的"其他严重情节"或者"其他特别严重情节",以诈骗罪(未遂)定罪处罚。[2]③利用发送短信、拨打电话、互联网等电信技术手段对不特定多数人实施诈骗,发送诈骗信息或者拨打诈骗电话达到特定数量,实际诈骗数额难以查证,只是查证了一部分诈骗数额的,属于既有既遂,又有未遂,分别达到不同量刑幅度的,依照处罚较重的规定处罚;达到同一量刑幅度的,以诈骗罪既遂处罚。[3]由此可见,能够作为法定刑升格条件的"情节"其实非常有限,《2011年诈骗案件解释》和《2016年电信网络诈骗案件意见》加起来共规定了十几个。那么这十几个具体情节在司法实践中究竟能够发挥多少作用呢?

在录入数据的过程中,笔者直观感受到最终认定为"其他严重情节"或者"其他特别严重情节"的样本所占数量不多。通过对"数额难以查证""数额较大""数额巨大""数额特别巨大"的情形进行统计,进一步印证了这种印象:

---

[1] 参见《2011年诈骗案件解释》第2条第2款;《2016年电信网络诈骗案件意见》第2条第3项。

[2] 参见《2011年诈骗案件解释》第5条第2款、第3款;《2016年电信网络诈骗案件意见》第2条第4项。

[3] 参见《2011年诈骗案件解释》第6条;《2016年电信网络诈骗案件意见》第2条第5项。

表 2-1 诈骗罪数额特征情况

单位：人

诈骗数额特征	第一档法定刑幅度	第二档法定刑幅度	第三档法定刑幅度	合计
数额难以查证	0	35	28	63
数额较大	470	18	2	490
数额巨大	0	709	12	721
数额特别巨大	0	0	736	736
合计	470	762	778	2010

理论上，诈骗数额较大、数额巨大、数额特别巨大的，分别对应第一档次、第二档次、第三档次的量刑幅度。然而，根据该表，诈骗数额特征和法定刑幅度并不是完全对应的，部分数额较大、数额巨大的样本所对应的法定量刑幅度与预期存在差别，而差别的原因就在于存在以"情节"作为量刑根据的情形，在一定程度上冲抵了"数额"对量刑的影响。但是，上表数据反映，数额特征与法定刑幅度出现错位的样本比较少，据此，笔者推测，"情节"对量刑的影响远远小于"数额"。

二、诈骗罪中"情节"与"数额"关系的实证检验

全样本中共有 96 例以"情节"作为量刑标准的情况，其特点是对法定量刑幅度起决定作用的是"情节"，诈骗数额不起作用或者作用非常微小。

表 2-2 诈骗罪中以"情节"作为量刑标准的具体情况

数额特征	犯罪事实	频数(例)
数额无法查证	利用发送短信、拨打电话、互联网等电信技术手段对不特定多数人实施诈骗，发送诈骗信息或者拨打诈骗电话达到特定数量，应认定为具有"其他严重情节"或者"其他特别严重情节"	63
数额较大	利用发送短信、拨打电话、互联网等电信技术手段对不特定多数人实施诈骗，发送诈骗信息或者拨打诈骗电话达到特定数量，应认定为具有"其他严重情节"或者"其他特别严重情节"	7
	诈骗数额接近数额巨大，具备法定情形之一的，应认定为具有"其他严重情节"	13

续表

数额特征	犯罪事实	频数（例）
数额巨大	利用发送短信、拨打电话、互联网等电信技术手段对不特定多数人实施诈骗，发送诈骗信息或者拨打诈骗电话达到特定数量，应认定为具有"其他严重情节"或者"其他特别严重情节"	7
	诈骗数额接近数额特别巨大，具备法定情形之一的，应认定为具有"其他特别严重情节"	6

通过上表可以看出，实践中以"情节"作为量刑标准的案件呈现以下特点：①案件数量少。全样本仅96例，占比4.78%。②各"情节"适用不均衡。96例样本中，具有"利用发送短信、拨打电话、互联网等电信技术手段对不特定多数人实施诈骗，发送诈骗信息或者拨打诈骗电话达到特定数量"情节的共有78例，所占比例高达81.25%，而适用其他几种"情节"的仅有18例。进一步考察这18例所适用的"情节"，其中16例是具有"诈骗残疾人、老年人、未成年人、在校学生、丧失劳动能力人的财物或者诈骗重病患者及其亲属财物"情节，1例同时具有"诈骗残疾人、老年人、未成年人、在校学生、丧失劳动能力人的财物或者诈骗重病患者及其亲属财物""造成被害人死亡等严重后果""冒充司法机关等国家机关工作人员实施诈骗"3个情节，1例只是笼统地认定"具有其他特别严重情节"，而对"情节"本身语焉不详。[1]

三、关于诈骗罪中"情节"与"数额"关系的思考

诈骗罪以"数额较大"为入罪条件，以"数额"和"情节"为法定刑升格的标准。其中，以"数额"为量刑标准，一方面，可以为司法人员提供明确的操作指南，最大限度地约束自由裁量权，从而有助于减少量刑偏差、实现罪刑均衡。另一方面，该判断标准单一、机械，无法全面、准确反映犯罪行为的社会危害性。因为社会危害性是由多种因素决定的。衡量社会危害性是大是小，不能只看一种因素，而是要全面综合考察各种主客观情况。比如行为侵犯的客体，行为的手段、后果、时间、地点，行为人的情况及其主观因素。[2]因此，"情节"因素的出现恰好能够弥补单一

---

[1] 参见裁判文书（2020）京03刑终628号。
[2] 高铭暄、马克昌主编：《刑法学》，北京大学出版社、高等教育出版社2017年版，第46～47页。

"数额"标准的缺陷,赋予法官一定的自由裁量空间,更加准确地反映诈骗行为的社会危害程度,应对纷繁复杂的犯罪现象,真正做到实质公平。而且在理论上,"数额"是"情节"的一种,只不过是我国特别重视"数额",才将其从"情节"之中独立出来自成标准,从而形成了刑事立法中的"数额犯"。

然而,通过前面分析,笔者先前的假设得到了证实——"情节"在诈骗罪量刑中实际发挥的作用却非常有限:司法实践中真正以"情节"量刑的案件非常少见,"情节"根本没有达到与"数额"平起平坐、分庭抗礼的程度,"数额"在诈骗罪量刑中占据绝对的主导地位。原因是多方面的,笔者试图从以下几个方面加以分析:一是"情节"标准发挥作用受制于"数额"标准。根据司法解释的规定,"诈骗老年人、残疾人或者丧失劳动能力人的财物",或者"属于诈骗集团首要分子"等情节并不能直接调整法定刑幅度,还必须要求诈骗数额达到一定的程度,否则其只能在相应数额内部作为普通的从重处罚情节。二是关于"情节"的规定脱离实践。《刑法》第266条规定的是"抽象情节",而《2011年诈骗案件解释》和《2016年电信网络诈骗案件意见》将法律层面的"抽象情节"予以具体化(直接列举,没有兜底性概括性条款),此外各省出台的实施细则也都对这些具体化了的情节加以确认。但是实践中,这些"具体情节"出现的概率很低,特别是"诈骗救灾、抢险、防汛、优抚、扶贫、移民、救济、医疗款物""以赈灾募捐名义实施诈骗""造成被害人自杀、精神失常或者其他严重后果"等情节较为罕见,在一定程度上制约了"情节"发挥其应有的作用。三是司法工作者对"情节"缺乏正确认识。以裁判文书(2018)川3424刑初字81号为例,该案涉及多个被告人共同实施电信网络诈骗,其中何某某诈骗金额为29300元,同时曾因电信网络诈骗犯罪受过刑事处罚。根据《2016年电信网络诈骗案件意见》,何某某属于诈骗"数额较大"但是接近"数额巨大",且具有特定"情节"——曾因电信网络诈骗受过刑事处罚,应当认定为具有"其他严重情节",判决书在写明这些内容之后,给出的结论竟然是"何某某的犯罪数额应当认定为数额巨大",令人百思不得其解。通过该案可以看出,一些法官固执地将诈骗罪理解为纯数额犯,没有认识到"情节"本身也可以作为量刑标准,将原本属于"有其他严重情节"的情况牵强地解读成"数额巨大",这也从侧面反映了"数额"相对于"情节"在量刑中不可撼动的地位。

第三节　诈骗数额与量刑结果的关系

一、研究假设

根据《刑法》第266条规定的法定刑幅度，诈骗罪量刑实践中可能出现的结果共有10种情况，分别是：免予刑事处罚、单处罚金、管制、拘役、3年以下有期徒刑、3年以上10年以下有期徒刑、10年以上有期徒刑、无期徒刑、拘役缓刑、有期徒刑缓刑。那么诈骗数额与量刑结果是否存在关系、或者说存在何种关系呢？

1. 从学理上讲，纯数额犯情形下，诈骗数额直接决定了法定量刑幅度，对量刑结果起着根本性作用，因此，量刑结果的轻重与诈骗数额均值的大小应当是高度相关并且成正比例关系的。具体而言，免予刑事处罚、单处罚金、管制、拘役、3年以下有期徒刑、3年以上10年以下有期徒刑、10年以上有期徒刑、无期徒刑这几种量刑结果所对应的诈骗数额均值是依次增加的。

2. 值得注意的是，最高人民法院《量刑指导意见》规定诈骗罪"达到数额较大起点的，在一年以下有期徒刑、拘役幅度内确定量刑起点"，北京、广东、河南、四川四省份制定的实施细则中，有的还将量刑起点进一步具体化为"三个月拘役至六个月有期徒刑"。由此可见，诈骗罪中拘役、有期徒刑的适用有着较为明确的规范，法官按照相关的数额标准确定量刑起点及基准刑。然而，拘役以下的量刑结果——包括免予刑事处罚、单处罚金、管制，都应当属于"数额较大"情形下可能判处的量刑结果，但是彼此之间却没有泾渭分明的界限。所以，这几种量刑结果与诈骗数额之间是否呈现正相关关系，则是非常令人怀疑的。

3. 就缓刑适用而言，根据《刑法》第72条，对于被判处拘役、3年以下有期徒刑的犯罪人，如果同时符合犯罪情节较轻、有悔罪表现、没有再犯罪危险、宣告缓刑对所居住社区没有重大不良影响的条件的，考虑适用缓刑。[1]更进一步讲，缓刑本质上是附条件地不执行刑罚，被判缓刑的犯罪分子，其所犯罪行理应比被判处相应实刑的犯罪分子更轻，因此，在拘役、有期徒刑的适用中，缓刑对应的诈骗数额均值应当低于相应实刑对应的诈骗数额均值。

综上，笔者提出以下假设：诈骗罪中，诈骗数额与量刑结果总体上呈现相

---

[1]　参见《刑法》第72条第1款。

关性,但是免予刑事处罚、单处罚金、管制、甚至拘役这几种量刑结果的适用缺乏明确的界限,留给法官的自由裁量空间比较大;另外,根据常理,缓刑对应的诈骗数额均值低于相应实刑对应的诈骗数额均值。实践中,纯数额犯情形下诈骗数额与量刑结果的关系是否符合上述假设呢?诈骗数额对于法官的量刑活动产生多大的影响呢?这是本节需要探讨的问题。

二、诈骗数额与量刑结果关系的实证检验

笔者首先对全样本中量刑结果与诈骗数额的关系进行了相关性检验,结果显示,$P<0.05$,$r=0.114$,二者确实是相关的,只是相关程度比较低,属于弱相关。

通过上一节分析可知,以"情节"作为量刑标准的样本中,绝大多数"数额难以查证",因此,接下来的研究将忽略这一部分样本,研究纯数额犯情形下数额与量刑的关系。剔除以"情节"作为量刑标准的情形之后,全样本共有855位传统诈骗被告人,1059位电信网络诈骗被告人。二者的诈骗数额分布如下:

表2-3 传统诈骗案件的诈骗数额分布

数额特征	频数(例)	均值(元)	最小值(元)	最大值(元)
数额较大	307	32 937.7	5000	98 000
数额巨大	287	252 163.9	100 000	491 000
数额特别巨大	261	6 553 159.6	500 000	85 000 000

表2-4 电信网络诈骗案件的诈骗数额分布

数额特征	频数(例)	均值(元)	最小值(元)	最大值(元)
数额较大	163	13 754	3200	29 600
数额巨大	421	184 811	30 208	496 500
数额特别巨大	475	5 261 263.8	500 000	33 030 732

鉴于传统诈骗和电信网络诈骗的数额标准存在较大差别,为了避免不必要的混乱,本节将对这两种诈骗类型分别研究。

(一)传统诈骗中诈骗数额与量刑结果的关系

为了明确量刑结果与诈骗数额的相关关系,笔者对每一种量刑结果对应的诈骗数额均值做了统计:

表2-5 传统诈骗中各量刑结果对应的诈骗数额（单位：元）

诈骗数额	N	均值	标准差	标准误	均值的95%置信区间		极小值	极大值
					下限	上限		
免予刑事处罚	2	350 000	212 132	150 000	-1 555 931	2 255 931	200 000	500 000
单处罚金	3	40 833	34 908	20 154	-45 883	127 550	13 000	80 000
管制	1	20 354					20 354	20 354
拘役	27	9158	7439	1432	6215	12 101	5000	40 368
3年以下有期徒刑	273	139 767	688 632	41 678	57 715	221 819	5000	11 272 300
3年以上10年以下有期徒刑	249	899 770	3 165 547	200 608	504 656	1 294 883	100 000	40 000 000
10年以上有期徒刑	171	4 802 356	6 412 105	490 346	3 834 405	5 770 307	500 000	50 000 000
无期徒刑	26	25 058 631	16 763 378	3 287 569	18 287 756	31 829 506	9 430 000	85 000 000
拘役缓刑	18	15 021	10 395	2450	9851	20 190	5000	50 000
有期徒刑缓刑	85	665 538	2 949 853	319 957	29 269	1 301 806	5000	22 000 000
合计	855	2 096 909	6 320 418	216 154	1 672 655	2 521 164	5000	85 000 000

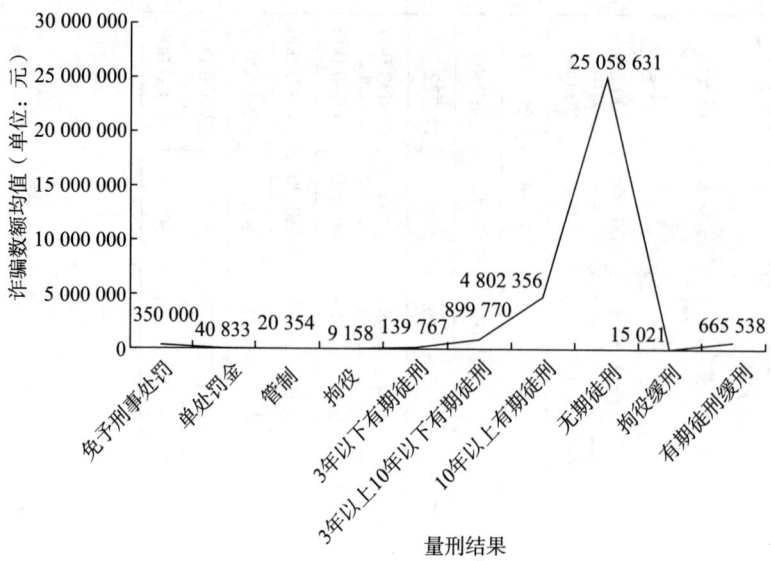

图 2-1　传统诈骗中各量刑结果对应的诈骗数额均值

其后，笔者对传统诈骗中量刑结果与诈骗数额进行了相关性检验，结果表明，P<0.05，说明总体中量刑结果与诈骗数额的相关是显著的。但是相关性系数为0.202，说明二者关联度比较弱。

表 2-6　传统诈骗中量刑结果与诈骗数额的相关性检验

相关性			
		量刑结果	诈骗数额
量刑结果	Pearson 相关性	1	0.202**
	显著性（双侧）		0.000
	N	855	855
诈骗数额	Pearson 相关性	0.202**	1
	显著性（双侧）	0.000	
	N	855	855

**. 在0.01水平（双侧）上显著相关。

（二）电信网络诈骗中诈骗数额与量刑结果的关系

为了明确量刑结果与诈骗数额的相关关系，笔者对每一种量刑结果对应的诈骗数额均值做了统计：

表 2-7　电信网络诈骗中各量刑结果对应的诈骗数额

诈骗数额（元）

	N	均值	标准差	标准误	均值的 95% 置信区间		极小值	极大值
					下限	上限		
免予刑事处罚	4	2 447 869	4 868 106	2 434 053	-5 298 375	10 194 112	3576	9 750 000
单处罚金	2	4825	49	35	4380	5270	4790	4860
拘役	3	6887	1896	1095	2177	11 596	4760	8400
3 年以下有期徒刑	250	648 813	2 064 099	130 545	391 700	905 927	3200	13 052 223
3 年以上 10 年以下有期徒刑	523	2 655 761	5 426 744	237 295	2 189 591	3 121 932	31 880	33 030 732
10 年以上有期徒刑	158	6 028 861	7 254 805	577 161	4 888 858	7 168 864	500 223	33 030 732
无期徒刑	3	9 013 707	7 188 295	4 150 164	-8 843 008	26 870 422	1 041 122	15 000 000
拘役缓刑	17	8453	3188	773	6814	10 092	3400	15 589
有期徒刑缓刑	99	388 027	1 447 528	145 482	99 323	676 732	3840	10 000 000
合计	1059	2 435 456	5 200 573	159 810	2 121 876	2 749 036	3200	33 030 732

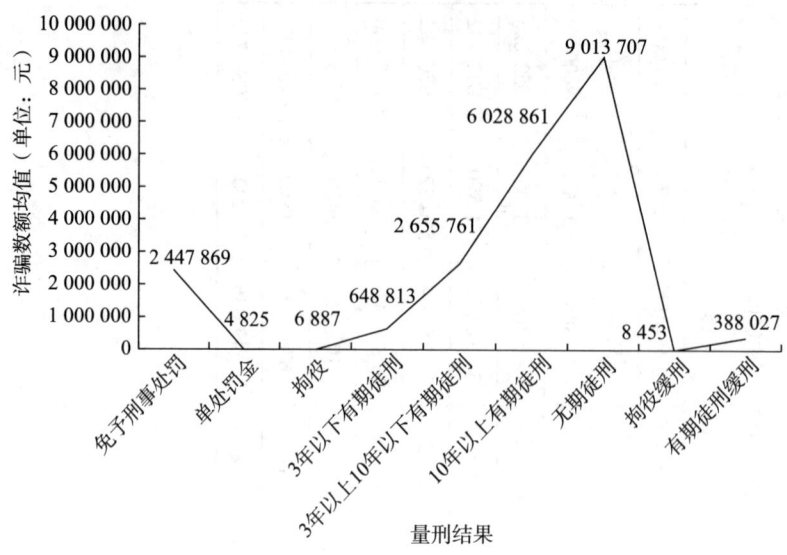

图 2-2 电信网络诈骗中各量刑结果对应的诈骗数额均值

接下来,笔者对电信网络诈骗中量刑结果与诈骗数额进行了相关性检验,结果表明,P>0.05,说明总体中量刑结果与诈骗数额不存在相关性。

表 2-8 电信网络诈骗中量刑结果与诈骗数额的相关性检验

	相关性		
		量刑结果	诈骗数额
量刑结果	Pearson 相关性	1	0.019
	显著性（双侧）		0.531
	N	1 059	1 059
诈骗数额	Pearson 相关性	0.019	1
	显著性（双侧）	0.531	
	N	1 059	1 059

三、关于诈骗数额与量刑结果关系的思考

基于前面关于诈骗数额与量刑结果的量化分析,可以得出以下几点认识:

（一）诈骗数额与量刑结果的相关性与预期不一致

根据长期学习刑法理论所形成的认知,纯数额犯的情况下,诈骗数额决定

着诈骗行为符合该罪的基本构成、加重构成还是再加重构成,进而决定着法定刑幅度。尽管量刑情节在一定程度上影响着量刑结果,以致出现免除或减轻处罚的情况,但是总体上而言,刑罚的轻重应当与诈骗数额的多少成正比。笔者对每一种量刑结果所对应的诈骗数额均值进行计算,也基本证实了这一点,即无论传统诈骗还是电信网络诈骗,拘役、3年以下有期徒刑、3年以上10年以下有期徒刑、10年以上有期徒刑、无期徒刑这几种量刑结果由轻到重依次排列,其对应的诈骗数额均值也由少到多依次增加,二者呈现正比例关系。

然而,根据相关性检验结果,全样本中诈骗数额与量刑结果具有相关性(相关程度比较弱),而剔除以"情节"作为量刑标准的样本之后,传统诈骗中诈骗数额与量刑结果呈现弱相关,电信网络诈骗中诈骗数额与量刑结果却不具有相关性。应该来讲,该结论是超乎笔者预期的。诈骗数额与量刑结果相关性较弱甚至不相关,说明法定刑与宣告刑之间存在较大差距。为此,笔者专门对相关情况进行统计:

表2-9 样本中法定刑和宣告刑情况统计表

(单位:例)

刑罚档次	传统诈骗		电信网络诈骗	
	法定刑	宣告刑	法定刑	宣告刑
第一档次	307	390	163	347
第二档次	287	268	421	551
第三档次	261	197	475	161

该表证实了笔者的推测:传统诈骗中法定刑与宣告刑不一致的样本较少,而电信网络诈骗中法定刑与宣告刑不一致的样本则特别多。电信网络诈骗中,特别是数额特别巨大的电信网络诈骗中,大量减轻处罚情节的运用,冲抵了诈骗数额与量刑结果的固有的单纯的关联,使得诈骗数额与量刑结果的关系变得复杂。

(二)几种较轻量刑结果的适用与预期不一致

1. 免予刑事处罚的诈骗数额均值不符合预期。根据通常理解,定罪免刑是司法实践中最轻的一种处理方式,犯罪分子的自由、财产不会受到任何刑事上的剥夺或限制,相应地,被定罪免刑的犯罪人的犯罪行为也应当是最轻微的,而诈骗数额是诈骗行为罪与非罪、罪轻罪重的决定性因素,所以其所对应的诈骗数额应当是最低的。但是,笔者收集的样本中显示免予刑事处罚的诈骗数额均值高于单处罚金、管制、拘役、拘役缓刑、3年以下有期徒刑的诈骗数额均值,这显然是不合逻辑的。

《刑法》第37条规定,对于犯罪情节轻微不需要判处刑罚的,可以免予刑事处罚。[1]但是如何理解"犯罪情节轻微不需要判处刑罚",并没有统一的立法或司法解释,这就赋予法官较大的自由裁量权。为了判断样本中相关案例是否存在法官滥用自由裁量权的情形,笔者将对6个免予刑事处罚的案例进行逐一分析:

表2-10 免予刑事处罚样本的诈骗数额及情节统计表

序号	诈骗类型	数额特征	犯罪构成事实	情节
1	传统诈骗	数额巨大	诈骗20万元	受过行政处罚;谅解,全部退赔
2	传统诈骗	数额特别巨大	诈骗50万元	赃款全部起获,未造成损失;因恋爱情感纠纷而起
3	电信网络诈骗	数额较大	诈骗5066元	坦白、认罪认罚、从犯、全部退赔、自首
4	电信网络诈骗	数额较大	诈骗3576元	坦白、认罪认罚、从犯、全部退赔
5	电信网络诈骗	数额特别巨大	诈骗975万元	坦白、从犯(在境外电信诈骗集团中负责做饭,无提成)
6	电信网络诈骗	数额巨大	诈骗34 020元,其中既遂32 832元、未遂1188元	坦白、从犯、退缴违法所得

考察这6个案例中适用免予刑事处罚是否得当,需要参照《2011年诈骗案件解释》第3条的规定。根据该规定,适用免予刑事处罚需要具备三个条件:一是诈骗公私财物达到"数额较大"标准;二是行为人认罪、悔罪;三是具备下列情形之一:①具有法定从宽处罚情节的;②一审宣判前全部退赃、退赔的;③没有参与分赃或者获赃较少且不是主犯的;④被害人谅解的;⑤其他情节轻微、危害不大的。[2]其中第①项中的"法定从宽处罚情节",是指《刑法》规定的可以或者应当从轻、减轻或免除处罚的情节,包括自首、立功、坦白、从犯、未遂等;第②项和第④项是最高人民法院《量刑指导意见》中规定的从宽处罚情节;第③项是该司法解释专门规定的免除处罚情节,类似规定也出现在2013年《最高人民法院、最高人民检察院关于办理盗窃刑事案件适用

---

[1]《刑法》第37条前半段。
[2]参见《2011年诈骗案件解释》第3条。

法律若干问题的解释》第7条；第⑤项是兜底条款，根据笔者理解，应当是最高人民法院《量刑指导意见》或者司法解释规定的上述前四项以外的可以从宽处罚的情节，如"诈骗近亲属财物"等。

由此看这六个案例，第三、四个案例，行为人诈骗达到"数额较大"标准，认罪认罚，且具有坦白、从犯、全部退赔、自首等多个从宽处罚情节，完全符合上述司法解释规定的免除处罚条件；第一、二、五、六个案例中，行为人诈骗数额达到了"数额巨大""数额特别巨大"标准，而上述司法解释规定的免予刑事处罚的条件之一是诈骗公私财物达到"数额较大"标准。对诈骗数额巨大、特别巨大的行为人免予刑事处罚，显然是失之过轻的，因为诈骗数额对是否构成犯罪以及罪轻罪重具有决定性作用，诈骗数额巨大、特别巨大的，说明其社会危害性达到了相当严重的程度，即便存在从宽情节，也很难认定为"犯罪情节轻微不需要判处刑罚"，而是应当根据量刑情节分别处理：第五、六个案例中，均有从犯情节，而从犯具有从轻、减轻、免除功能，因此，建议对这两个案例减轻处罚，视情况下降一个甚至两个量刑幅度裁量刑罚；而第一、二个案例中，谅解、退赔、退赃是《量刑指导意见》中规定的从宽处罚情节，仅仅具有从轻处罚功能，涉案赃款全部起获、未给被害人造成实际损失充其量只能是酌定量刑情节，因此，这两个案例只能在相应法定刑幅度内从轻处罚。

值得注意的是，第二个案例案情如下：被告人杨某某与被害人王某1于2015年通过相亲网站结识。2016年2月间，二人在交往过程中被告人杨某某谎称怀孕向王某1索要说法。王某1信以为真遂向杨某某提供的账户内先后两次打款50万元作为堕胎帮助费用。被告人杨某某又以欲将孩子生下，向王某1索要孩子的抚养费、教育费。王某1遂向公安机关报案。[1]本案中，诈骗数额高达50万元，属于数额特别巨大，量刑情节主要是涉案钱款已起获、未造成被害人财产损失，以及由男女恋爱交往过程中的感情纠葛引发，一审法院判处有期徒刑7年。检察机关提起抗诉，认为被告人诈骗数额特别巨大，且没有法定减轻处罚情节，一审法院减轻处罚，属于重罪轻判。令人不解的是，二审法院在一审法院认定的事实和证据的基础上，不但没有接受抗诉意见，反而认为"被告人主观恶性不大，犯罪情节轻微"，改判为免予刑事处罚，可以说在错判的道路上越走越远。根据《2011年诈骗案件解释》第3条的规定，本案既不满足"数额较大"标准，又缺少被告人认罪情节，至于赃款赃物，是办案机关起获而非被告人主动退还，这种情况下二审法院作出免予刑事处罚的判决，超出了法律规范的要求，是滥用自由裁量权的表现。

---

[1] 参见裁判文书（2017）京02刑终585号。

综上，6个免予刑事处罚的案例中，有4个不符合相关规定。因此，才出现了免予刑事处罚的诈骗数额均值畸高的情形。

2. 单处罚金、管制、拘役的诈骗数额均值不符合预期。拘役是短期剥夺犯罪人的人身自由，由公安机关在就近的看守所执行；管制是对罪犯不予关押，只是限制一定的人身自由，实行社区矫正；而单处罚金是自由刑的替代措施，不限制犯罪人的人身自由，只是剥夺其一定数额的财产。三者在严厉程度上有着明显的差别，因此，适用对象也应当有着明显的区分，所对应的诈骗数额均值应当与刑种的严厉程度相一致。然而，在传统诈骗中，单处罚金、管制、拘役所对应的诈骗数额均值却依次降低，令人意外。为了查明原委，笔者将被判处这三种刑罚的样本全部列出进行比较分析：

表2-11 单处罚金、管制、拘役样本的诈骗数额及情节统计表

量刑结果	诈骗数额（元）	情节
单处罚金	13 000	坦白、被害人谅解、全部退赃退赔
单处罚金	80 000	自首、被害人谅解、全部退赃退赔、诈骗近亲属财物
单处罚金	29 500	坦白、被害人谅解、全部退赃退赔、认罪认罚
管制	20 354	自首、被害人谅解、全部退赔退赃
拘役	7200	认罪、被害人谅解、全部退赃退赔
拘役	6474	坦白、受过行政处罚
拘役	7000	坦白、被害人谅解、全部退赃退赔、认罪认罚
拘役	7000	认罪认罚
拘役	40 368	坦白、被害人谅解、全部退赃退赔、认罪
拘役	8000	坦白、被害人谅解、全部退赃退赔、认罪
拘役	7500	坦白、认罪
拘役	11 379	被害人谅解、全部退赃退赔、认罪认罚
拘役	5220	坦白、认罪
拘役	12 451	被害人谅解、全部退赃退赔、认罪认罚
拘役	5750	坦白、认罪认罚、诈骗老年人
拘役	5550	坦白、认罪认罚、诈骗老年人
拘役	5550	坦白、认罪认罚、诈骗老年人
拘役	7993	坦白、认罪认罚、全部退赃退赔、受过行政处罚

续表

量刑结果	诈骗数额（元）	情节
拘役	7993	坦白、认罪认罚
拘役	7993	坦白、认罪认罚
拘役	7993	坦白、认罪认罚
拘役	7993	坦白、认罪认罚
拘役	7993	坦白、认罪认罚
拘役	7993	坦白、认罪认罚
拘役	7993	坦白、认罪认罚
拘役	5000	坦白
拘役	5000	坦白
拘役	6300	坦白、认罪认罚、全部退赃退赔、受过行政处罚
拘役	5600	坦白、被害人谅解、全部退赃退赔、认罪认罚
拘役	5700	坦白、认罪认罚、全部退赃退赔
拘役	26 285	坦白、认罪认罚、累犯、因诈骗受过刑事处罚

通过该表可以看出，被判这三种刑罚的被告人，在诈骗数额与量刑情节方面没有本质的差别，都符合"诈骗数额较大"的标准，都具有至少一个从宽处罚情节。而司法实践中对于这种情况的量刑工作缺乏指导性规范，因此，法官最终选择适用哪一种刑罚作为量刑结果，具有较大的随机性。

（三）缓刑与实刑所对应的诈骗数额均值与预期不一致

根据统计结果，电信网络诈骗中有期徒刑缓刑对应的诈骗数额均值低于有期徒刑实刑，符合理论上的预期。而在传统诈骗中，拘役缓刑与拘役实刑所对应的诈骗数额均值，有期徒刑缓刑与有期徒刑实刑所对应的诈骗数额均值，以及电信网络诈骗中拘役缓刑与拘役实刑所对应的诈骗数额均值，均与笔者的假设相反。为了查清该现象的发生是不是个别案件处理结果畸轻畸重所致，以传统诈骗为例，分别计算了拘役实刑和缓刑在每一个刑期所对应的诈骗数额均值，发现在同一个刑期上，都是缓刑的诈骗数额均值高于实刑。同样，笔者分别计算了3年以下有期徒刑的实刑和缓刑在每一个刑期区间的诈骗数额均值，发现这一现象依然存在。由此可见，在对被判处3年以下有期徒刑、拘役的被告人决定是否判处缓刑时，诈骗数额所起的作用非常有限，法官更多的是考量其他因素，比如有没有悔罪表现，是否具有再犯罪危险，宣告缓刑对所居住社区有无重大不良影响。

表 2-12 传统诈骗中拘役时长对应的诈骗数额均值统计表

拘役刑期（月）	拘役实刑对应的诈骗数额均值（元）	拘役缓刑对应的诈骗数额均值（元）
2	5600	
3	8000	10 000
4	6918	9168
5	9208	15 488
6	13 420	19 960
合计	9158	15 021

表 2-13 传统诈骗中有期徒刑刑期区间对应的诈骗数额均值统计表

有期徒刑刑期	有期徒刑实刑对应的诈骗数额均值（元）	有期徒刑缓刑对应的诈骗数额均值（元）
1 年以下	24 584	26 189
1 年以上 2 年以下	105 273	81 052
2 年以上 3 年以下	328 006	1 336 780
3 年	481 492	2 121 574
合计	189 044	665 538

综上，纯数额犯情形下，诈骗数额与量刑结果之间的关系，与笔者先前的假设相去甚远。根据立法，数额应当对量刑起到决定性作用，量刑结果随着诈骗数额的增加而不断加重。事实上，样本中拘役、3 年以下有期徒刑、3 年以上 10 年以下有期徒刑、10 年以上有期徒刑、无期徒刑这几种量刑结果所对应的诈骗数额均值也确实是依次增加的。但是通过对相关数据进行探微以及深层次挖掘，却发现司法实践中诈骗数额对于量刑结果的影响非常有限。一方面，各种量刑情节，特别是减轻处罚情节的存在，冲抵了诈骗数额对量刑结果的影响，使得电信网络诈骗中诈骗数额与量刑结果之间竟然不存在相关性；在决定是否判处缓刑时，同样是对其他相关因素的考量多于诈骗数额，从而出现相同刑期的缓刑所对应的诈骗数额均值大于实刑的结果；另一方面，对于"数额较大"的轻罪，究竟应当适用何种刑罚、选择何种量刑结果，缺乏明确的规范指引，因而造成了司法的不统一，甚至出现了"免予刑事处罚的诈骗数额均值高

于单处罚金、管制、拘役、拘役缓刑、3年以下有期徒刑的诈骗数额均值,而单处罚金、管制、拘役所对应的诈骗数额均值依次减少"的反常情况,这说明诈骗数额对量刑的作用湮灭在了法官的自由裁量权之中。

第四节 诈骗数额与主刑刑期的关系

一、研究假设

在前一节,经过量化分析发现,全样本中诈骗数额与量刑结果具有相关性(相关程度比较弱),而剔除以"情节"作为量刑标准的样本之后,传统诈骗中诈骗数额与量刑结果呈现弱相关,电信网络诈骗中诈骗数额与量刑结果却不具有相关性。然而,我们对于诈骗数额对量刑影响的研究不能止步于此,还应进一步分析诈骗数额与主刑刑期存在何种关系。由于拘役样本较少,不具有统计学意义,所以,本节的研究样本为被判处有期徒刑实刑以及有期徒刑缓刑的纯数额犯样本,其中传统诈骗共778例,电信网络诈骗共1030例。

原则上,纯数额犯情形下,诈骗数额直接体现了犯罪行为的社会危害性,诈骗数额的多少决定着刑期的长短,二者应当是正相关的。但是,通过前面已经进行的研究可知,因为一些量刑情节的存在,不论是传统诈骗还是电信网络诈骗,都存在法定刑与宣告刑不一致的情形,特别是电信网络诈骗中,这一现象更为突出;此外,法定刑为3年以上10年以下有期徒刑的减轻处罚比例是35.18%,而法定刑为10年以上有期徒刑、无期徒刑的减轻处罚比例高达53.08%。这足以使得实践中诈骗数额对刑的预期影响被打乱,进而与有期徒刑刑期的关系变得错综复杂。

在研究之前,笔者根据经验作出如下假设:尽管一些减轻处罚情节的存在,可能在一定程度上打乱诈骗数额与主刑刑期的固有关系,但是在总体上,诈骗数额对于主刑刑期仍然具有决定性的作用,诈骗罪量刑整体上遵循"骗得越多、刑期越长"的基本规律;另外,数额较大、数额巨大、数额特别巨大三个区间内,诈骗数额对主刑刑期的影响是有区别的。数额较大区间,诈骗数额对主刑刑期的影响较为明显,而数额巨大、数额特别巨大区间,量刑情节大幅度调整基准刑,从而导致诈骗数额对主刑刑期的影响严重削弱了。

当然,笔者的假设是否符合实际,需要通过对相关样本进行相关性检验来求证。同时,为了更加清晰地描述诈骗数额对主刑刑期的影响力,还有必要区分不同的数额特征分别探寻,从而对量刑实践进行深入、全面、细致的探索。

二、实证分析——传统诈骗中诈骗数额与主刑刑期的关系

(一) 诈骗数额与主刑刑期关系的总体性分析

笔者统计了有期徒刑各个刑期区间的诈骗数额均值,结果发现,诈骗数额均值基本上是随着刑期的增加而增加,但是也存在一些异常情况,比如5年以上7年以下这个区间对应的诈骗数额偏高,而4年以上5年以下、10年以上11年以下对应的诈骗数额偏低。

表2-14 传统诈骗中有期徒刑不同刑期区间对应的诈骗数额均值列表

主刑刑期	诈骗数额均值(元)	频数(例)
1年以下	25 061	101
1年以上2年以下	101 337	160
2年以上3年以下	457 336	78
3年以上4年以下	614 928	123
4年以上5年以下	410 390	52
5年以上6年以下	1 711 049	37
6年以上7年以下	3 128 279	17
7年以上8年以下	822 673	17
8年以上9年以下	1 418 835	16
9年以上10年以下	2 366 639	6
10年以上11年以下	2 036 768	52
11年以上12年以下	3 115 079	35
12年以上13年以下	4 560 710	30
13年以上14年以下	6 225 348	18
14年以上15年以下	7 828 385	21
15年	12 865 969	15

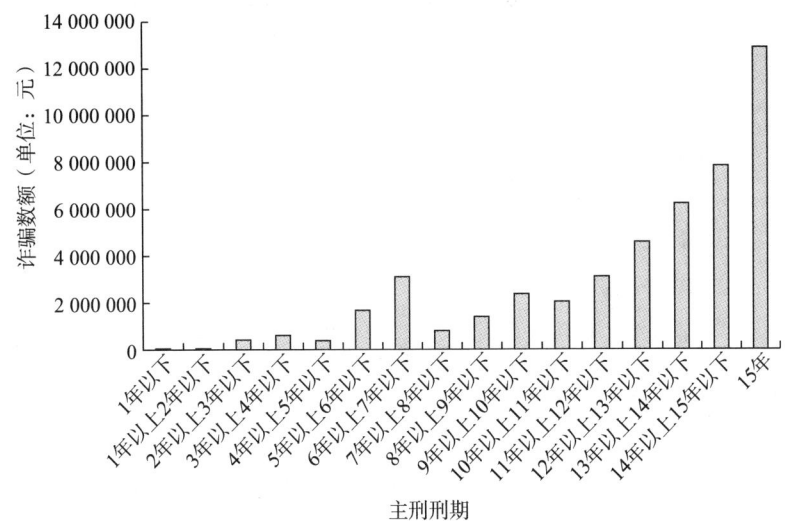

图 2-3　传统诈骗中有期徒刑刑期区间对应的诈骗数额均值柱状图

笔者进行了相关性研究，P＜0.05，表明有期徒刑时长与诈骗数额的相关是显著的。相关系数为 0.494，属于中等程度相关。

表 2-15　传统诈骗中主刑刑期与诈骗数额相关性检验

相关性			
		诈骗数额	主刑刑期
诈骗数额	Pearson 相关性	1	0.494**
	显著性（双侧）		0.000
	N	778	778
主刑刑期	Pearson 相关性	0.494**	1
	显著性（双侧）	0.000	
	N	778	778

**．在 0.01 水平（双侧）上显著相关。

（二）诈骗数额与主刑刑期关系的分区间检验

1. 数额较大区间内诈骗数额与主刑刑期的关系。传统诈骗中，被判处有期徒刑（含缓刑）且诈骗数额较大的样本共有 258 例。在该区间内诈骗数额与主刑刑期是否相关，需要用到相关性检验。

89

表2-16 传统诈骗中数额较大区间内主刑刑期与诈骗数额相关性检验

	相关性	诈骗数额	主刑刑期
诈骗数额	Pearson 相关性	1	0.504**
	显著性（双侧）		0.000
	N	258	258
主刑刑期	Pearson 相关性	0.504**	1
	显著性（双侧）	0.000	
	N	258	258

**. 在 0.01 水平（双侧）上显著相关。

相关性检验结果（r=0.504，p<0.001）表明，在数额较大区间，主刑刑期与犯罪人的诈骗数额之间呈现显著的正相关关系，即诈骗数额越高，所判处的刑期越长。

为进一步描述诈骗数额与刑期的关系，笔者对二者制作了交叉列表，根据列表，诈骗数额5000元以上不满3万元的，主要在1年以下、1年以上2年以下幅度内判处刑罚，且1年以下有期徒刑幅度分布最多；诈骗数额3万元以上不满6万元的，主要在1年以下、1年以上2年以下幅度内判处刑罚，且1年以上2年以下有期徒刑幅度分布最多；诈骗数额6万元以上10万元以下的，主要在2年以上3年以下、1年以上2年以下幅度内判处刑罚，且2年以上3年以下幅度分布最多。说明在数额较大区间内，随着诈骗数额的增长，主刑刑期也相应增加；当然，该规律并不是绝对的，因为每一个具体数额段还有一个刑期的次密集区，且占有相当的比重，表明诈骗数额对量刑刑期的影响受到了其他因素的干扰，法官在确定刑期时对于数额以外的因素也进行了充分的考虑。

表2-17 传统诈骗中数额较大区间内主刑刑期与诈骗数额交叉列表

刑期	诈骗数额5000元以上不满3万元		诈骗数额3万元以上不满6万元		诈骗数额6万元以上不满10万元	
	频数(例)	比例	频数(例)	比例	频数(例)	比例
1年以下	68	55.7%	29	35.4%	4	7.4%
1年以上2年以下	52	42.6%	42	51.2%	22	40.7%
2年以上3年以下	2	1.6%	11	13.4%	28	51.9%
合计	122	100.0%	82	100.0%	54	100.0%

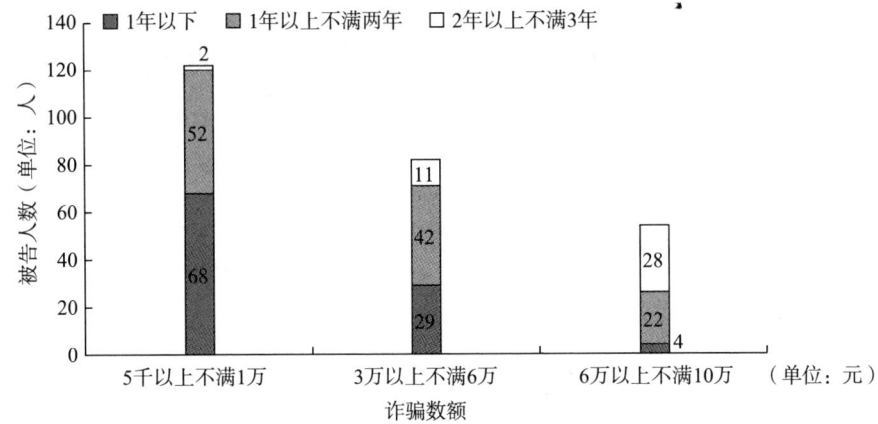

图 2-4　传统诈骗中数额较大区间内主刑刑期与诈骗数额交叉分布图

2. 数额巨大区间内诈骗数额与主刑刑期的关系。传统诈骗中，被判处有期徒刑（含缓刑）且诈骗数额巨大的样本共有 286 例。在该区间内诈骗数额与主刑刑期是否相关，需要用到相关性检验。

表 2-18　传统诈骗中数额巨大区间内主刑刑期与诈骗数额相关性检验

相关性			
		诈骗数额	主刑刑期
诈骗数额	Pearson 相关性	1	0.382**
	显著性（双侧）		0.000
	N	286	286
主刑刑期	Pearson 相关性	0.382**	1
	显著性（双侧）	0.000	
	N	286	286

**．在 0.01 水平（双侧）上显著相关。

相关性检验结果（$r = 0.382$，$p < 0.001$）表明，在数额巨大区间，主刑刑期与犯罪人的诈骗数额之间有显著的正相关关系，即诈骗数额越高，所判处的刑期越长。

为进一步描述诈骗数额与刑期的关系，笔者对二者制作了交叉列表，列表显示：诈骗数额 10 万元以上不满 20 万元的，刑期集中在 3 年以上 4 年以下；诈骗数额 20 万元以上不满 30 万元的，刑期集中在 3 年以上 6 年以下；诈骗数额 30 万元以上不满 50 万元，特别是 40 万元以上不满 50 万元的，刑期分布分散，无集中区域和分布规律。此外，286 个样本中，减轻处罚的为 72 例，所占比例达 1/4 以上。这说明数额巨大区间内，诈骗数额对主刑刑期的影响相比上一个区间，已经明显减弱，特别是诈骗数额 30 万元以上不满 50 万元的，刑期与诈骗数额的相关性已经非常不明显。"数额相似而刑期迥异""数额迥异而刑期相似"，甚至"数额越大、刑期越短"的现象频繁出现。

表 2-19 传统诈骗中数额巨大区间内主刑刑期与诈骗数额交叉列表

（单位：例）

刑期	诈骗数额 10 万元以上不满 20 万元	诈骗数额 20 万元以上不满 30 万元	诈骗数额 30 万元以上不满 40 万元	诈骗数额 40 万元以上不满 50 万元	合计
1 年以上 2 年以下	21	2	13	4	40
2 年以上 3 年以下	9	8	7	8	32
3 年以上 4 年以下	72	18	11	5	106
4 年以上 5 年以下	13	16	8	8	45
5 年以上 6 年以下	1	13	11	2	27
6 年以上 7 年以下	0	0	6	5	11
7 年以上 8 年以下	0	1	7	7	15
8 年以上 9 年以下	0	0	2	6	8
9 年以上 10 年以下	0	0	0	2	2
合计	116	58	65	47	286

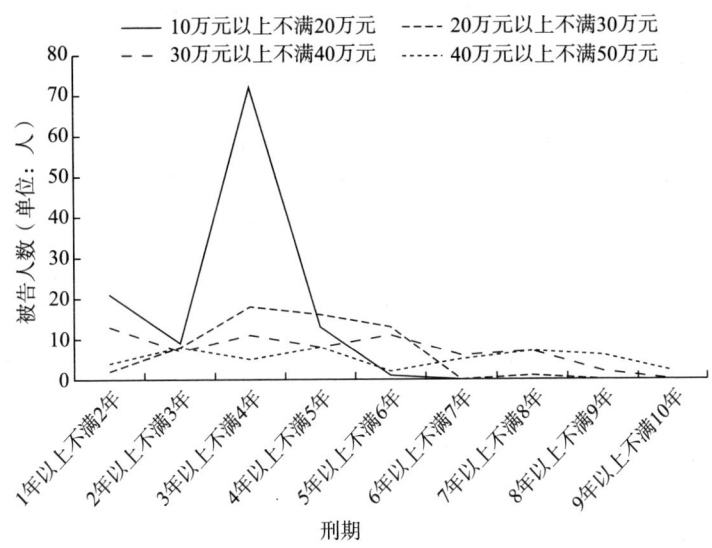

图 2-5 传统诈骗中数额巨大区间内主刑刑期与诈骗数额交叉分布图

3. 数额特别巨大区间内诈骗数额与主刑刑期的关系。传统诈骗中，被判处有期徒刑（含缓刑）且诈骗数额特别巨大的样本共有 234 例。在该区间内诈骗数额与主刑刑期是否相关，需要用到相关性检验。

表 2-20 传统诈骗中数额特别巨大区间内主刑刑期与诈骗数额相关性检验

	相关性		
		诈骗数额	主刑刑期
诈骗数额	Pearson 相关性	1	0.214**
	显著性（双侧）		0.001
	N	234	234
主刑刑期	Pearson 相关性	0.214**	1
	显著性（双侧）	0.001	
	N	234	234

**. 在 0.01 水平（双侧）上显著相关。

相关性检验结果（$r = 0.234$，$p < 0.01$）表明，在数额特别巨大区间，主刑刑期与犯罪人的诈骗数额之间的相关具有显著性，但是由于相关系数较小，所以二者关联程度比较弱。

为进一步描述诈骗数额与刑期的关系，笔者对二者制作了交叉列表，列表显示：诈骗数额 50 万元以上不满 100 万元的，刑期集中于 10 年以上 11 年以下区域；诈骗数额 100 万元以上不满 500 万元的，刑期集中于 10 年以上 13 年以下区域；诈骗数额 500 万元以上的，刑期集中于 13 年以上有期徒刑这个区域。此外，234 个样本中，减轻处罚的有 63 例，占比接近 27%。这些数据说明，数额特别巨大区间内，总体上诈骗数额对主刑刑期有着较大影响，诈骗数额越大，在较重刑期内裁量刑罚的可能性越大。然而，一些量刑情节特别是减轻处罚情节的存在，在一定程度上削弱了诈骗数额对刑期的决定性作用。

表 2-21 传统诈骗中数额特别巨大区间内主刑刑期与诈骗数额交叉列表

（单位：例）

刑期	诈骗数额 50 万元以上不满 100 万元	诈骗数额 100 万元以上不满 500 万元	诈骗数额 500 万元以上	合计
1 年以上 2 年以下	4	0	0	4
2 年以上 3 年以下	3	0	2	5
3 年以上 4 年以下	7	8	2	17
4 年以上 5 年以下	4	3	0	7
5 年以上 6 年以下	4	2	4	10
6 年以上 7 年以下	2	2	2	6
7 年以上 8 年以下	0	2	0	2
8 年以上 9 年以下	3	3	2	8
9 年以上 10 年以下	1	1	2	4
10 年以上 11 年以下	29	19	4	52
11 年以上 12 年以下	9	24	2	35
12 年以上 13 年以下	1	24	5	30
13 年以上 14 年以下	0	10	8	18
14 年以上 15 年以下	0	5	16	21
15 年	0	0	15	15
合计	67	103	64	234

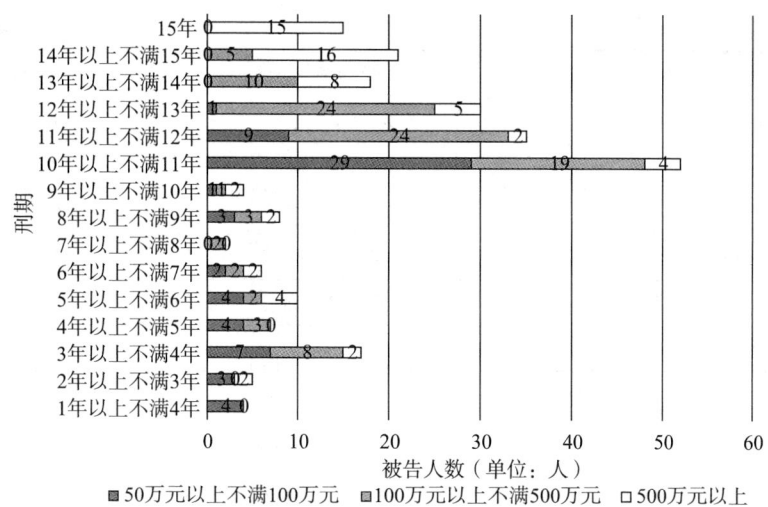

图 2-6 传统诈骗中数额特别巨大区间内主刑刑期与诈骗数额交叉分布图

三、实证分析——电信网络诈骗中诈骗数额与主刑刑期的关系

（一）诈骗数额与主刑刑期关系的总体性分析

笔者统计了有期徒刑各个刑期区间的诈骗数额均值，结果发现，诈骗数额均值基本上是随着刑期的增加而增加，但是也存在一些异常情况，比如5年以上7年以下这个区间对应的诈骗数额偏高，而10年以上12年以下对应的诈骗数额偏低。

表 2-22 电信网络诈骗中有期徒刑不同刑期区间对应的诈骗数额均值列表

主刑刑期	诈骗数额均值（元）	频数（例）
1 年以下	504 754.84	70
1 年以上 2 年以下	453 661.27	132
2 年以上 3 年以下	623 994.08	119
3 年以上 4 年以下	1 643 135.74	232
4 年以上 5 年以下	1 610 823.18	125
5 年以上 6 年以下	3 181 684.06	81
6 年以上 7 年以下	5 536 542.67	60
7 年以上 8 年以下	4 757 306.53	30
8 年以上 9 年以下	4 391 091.55	11
9 年以上 10 年以下	4 718 273.83	12

续表

主刑刑期	诈骗数额均值（元）	频数（例）
10年以上11年以下	3 905 046.26	69
11年以上12年以下	4 380 293.30	40
12年以上13年以下	8 171 262.71	14
13年以上14年以下	8 963 211.59	22
14年以上15年以下	11 020 984.63	8
15年	21 628 780.00	5

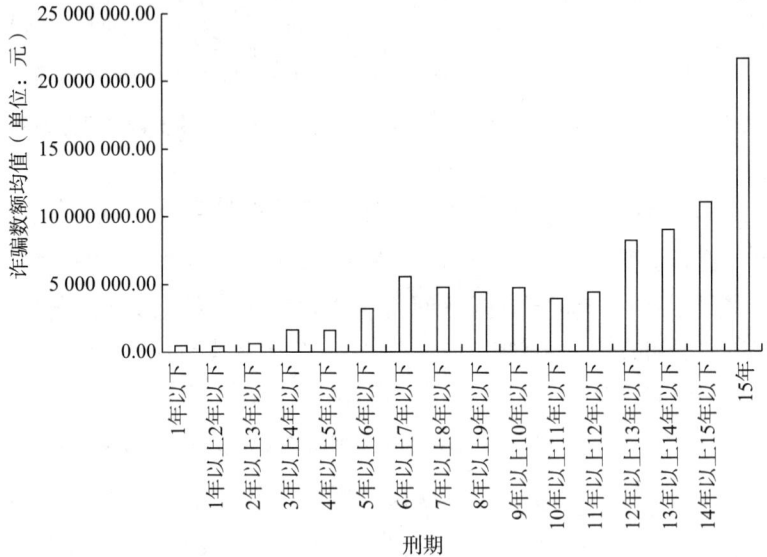

图2-7 电信网络诈骗中有期徒刑不同刑期区间对应的诈骗数额均值柱状图

笔者进行了相关性检验，P<0.05，表明有期徒刑时长与诈骗数额的相关是显著的。相关系数为0.401，属于中等程度相关。

表2-23 电信网络诈骗中主刑刑期与诈骗数额相关性检验

	相关性		
		诈骗数额	主刑刑期
诈骗数额	Pearson相关性	1	0.401**
	显著性（双侧）		0.000
	N	1030	1030

续表

相关性		诈骗数额	主刑刑期
主刑刑期	Pearson 相关性	0.401**	1
	显著性（双侧）	0.000	
	N	1030	1030

**. 在 0.01 水平（双侧）上显著相关。

（二）诈骗数额与主刑刑期关系的分区间检验

1. 数额较大区间内诈骗数额与主刑刑期的关系。电信网络诈骗中，被判处有期徒刑（含缓刑）且诈骗数额较大的样本共有 139 例。在该区间内诈骗数额与主刑刑期是否相关，需要用到相关性检验。

表 2-24　电信网络诈骗中数额较大区间内主刑刑期与诈骗
数额相关性检验

相关性		诈骗数额	主刑刑期
诈骗数额	Pearson 相关性	1	0.538**
	显著性（双侧）		0.000
	N		139
主刑刑期	Pearson 相关性	0.538**	1
	显著性（双侧）	0.000	
	N	139	139

**. 在 0.01 水平（双侧）上显著相关。

相关性检验结果（$r=0.538$，$p<0.001$）表明，在数额较大区间，主刑刑期与犯罪人的诈骗数额之间有显著的正相关关系，即诈骗数额越高，所判处的刑期越长。

为进一步描述诈骗数额与刑期的关系，笔者对二者制作了交叉列表，根据列表，诈骗数额 3000 元以上不满 1 万元的，主要在 1 年以下、1 年以上 2 年以下幅度内判处刑罚，且 1 年以下有期徒刑幅度分布最多；诈骗数额 1 万元以上不满 2 万元的，主要在 1 年以下、1 年以上 2 年以下幅度内判处刑罚,且1年以上2年以下有期徒刑幅度内分布最多;诈骗数额2万元以上不满3万元的,主要在1年以上2年以下、2年以上3年以下幅度内判处刑罚,且1年以上2年以下幅度分布最多。这说明在数额较大区间内,诈骗数额对于主刑刑期确实产生了较大的影响,诈骗数额越大,在较重刑期内判处刑罚的可能性越大。但是,从每个数额段的刑期分布来看,法官在裁量刑期时不仅仅考虑了诈骗数额,其他量刑情节也对最终的量刑结果起到了一定的作用。

表 2-25 电信网络诈骗中数额较大区间内主刑刑期与诈骗数额交叉列表

(单位:例)

刑期	诈骗数额3000元以上不满1万元	诈骗数额1万元以上不满2万元	诈骗数额2万元以上不满3万元	合计
1年以下	26	26	4	56
1年以上不满2年	14	29	26	69
2年以上不满3年	0	1	13	14
合计	40	56	43	139

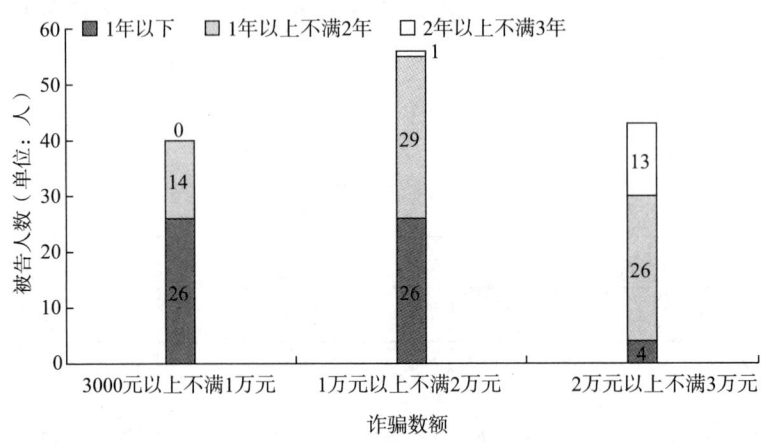

图 2-8 电信网络诈骗中数额较大区间内主刑刑期与诈骗数额交叉分布图

2. 数额巨大区间内诈骗数额与主刑刑期的关系。电信网络诈骗中,被判处有期徒刑(含缓刑)且诈骗数额巨大的样本共有420例。在该区间内诈骗数额与主刑刑期是否相关,需要用到相关性检验。

表 2-26　电信网络诈骗中数额巨大区间内主刑刑期与诈骗数额
相关性检验

相关性			
		诈骗数额	主刑刑期
诈骗数额	Pearson 相关性	1	0.335**
	显著性（双侧）		0.000
	N	420	420
主刑刑期	Pearson 相关性	0.335**	1
	显著性（双侧）	0.000	
	N	420	420

**. 在 0.01 水平（双侧）上显著相关。

相关性检验结果（r=0.335，p<0.001）表明，在数额巨大区间，主刑刑期与犯罪人的诈骗数额之间有显著的正相关关系，即诈骗数额越高，所判处的刑期越长。

为进一步描述诈骗数额与刑期的关系，笔者对二者制作了交叉列表，列表显示：诈骗数额 3 万元以上不满 10 万元的，刑期集中在 3 年以上 4 年以下；诈骗数额 10 万元以上不满 20 万元的，刑期集中在 2 年以上 5 年以下；诈骗数额 20 万元以上不满 30 万元的，刑期集中在 2 年以上 6 年以下；诈骗数额 30 万元以上不满 40 万元的，刑期比较分散，其中 2 年以上 3 年以下区间内人数最为集中；诈骗数额 40 万元以上不满 50 万元的，刑期分散，无集中区域和分布规律。此外，420 个样本中，减轻处罚的为 156 例，所占比例达 37%。这说明数额巨大区间内，诈骗数额对主刑刑期的影响相比上一个区间已经明显减弱，特别是诈骗数额 30 万元以上不满 50 万元的，刑期最为集中的区间竟然位于 3 年以下有期徒刑幅度内，总体量刑比诈骗数额 3 万元以上不满 30 万元还要轻。"数额相似而刑期迥异""数额迥异而刑期相似"、甚至"数额越大、刑期越短"的现象频繁出现。

表 2-27　电信网络诈骗中数额巨大区间内主刑刑期与诈骗数额交叉列表

（单位：例）

刑期	诈骗数额 3 万元以上不满 10 万元	诈骗数额 10 万元以上不满 20 万元	诈骗数额 20 万元以上不满 30 万元	诈骗数额 30 万元以上不满 40 万元	诈骗数额 40 万元以上不满 50 万元	合计
1 年以下	4	0	1	0	0	5

续表

刑期	诈骗数额 3万元以上不满10万元	诈骗数额 10万元以上不满20万元	诈骗数额 20万元以上不满30万元	诈骗数额 30万元以上不满40万元	诈骗数额 40万元以上不满50万元	合计
1年以上2年以下	27	12	8	6	0	53
2年以上3年以下	20	32	19	21	6	98
3年以上4年以下	70	36	17	8	4	135
4年以上5年以下	9	27	21	12	2	71
5年以上6年以下	1	3	16	6	0	26
6年以上7年以下	0	3	2	13	0	18
7年以上8年以下	0	0	4	5	0	9
8年以上9年以下	0	0	2	0	2	4
9年以上10年以下	0	0	0	0	1	1
合计	131	113	90	71	15	420

3. 数额特别巨大区间内诈骗数额与主刑刑期的关系。电信网络诈骗中,被判处有期徒刑(含缓刑)且诈骗数额特别巨大的样本共有471例。在该区间内诈骗数额与主刑刑期是否相关,需要用到相关性检验。

表2-28 电信网络诈骗中数额特别巨大区间内主刑刑期与诈骗数额相关性检验

相关性			
		诈骗数额	主刑刑期
诈骗数额	Pearson 相关性	1	0.175**
	显著性(双侧)		0.000
	N	471	471

续表

相关性		诈骗数额	主刑刑期
主刑刑期	Pearson 相关性	0.175**	1
	显著性（双侧）	0.000	
	N	471	471

**. 在 0.01 水平（双侧）上显著相关。

相关性检验结果（r=0.175，p<0.001）表明，在数额特别巨大区间，主刑刑期与犯罪人的诈骗数额之间的相关具有显著性，但是由于相关系数较小，所以实际上二者关联程度非常微弱。

为进一步描述诈骗数额与刑期的关系，笔者对二者制作了交叉列表，列表显示：诈骗数额 50 万元以上不满 100 万元的，刑期集中于 3 年以上 4 年以下区间，其次是 10 年以上 11 年以下区间；诈骗数额 100 万元以上不满 500 万元的，刑期集中于 3 年以上 6 年以下区间，其次是 10 年以上 11 年以下区间；诈骗数额 500 万元以上的，刑期分散，从 1 年以下有期徒刑到 15 年有期徒刑均有分布，稍微集中一些的区间为 3 年以上 8 年以下，以及 10 年以上 14 年以下。在 471 个样本中，减轻处罚的 313 例，占比 66.5%。这些数据说明，数额特别巨大区间内，诈骗数额与刑期之间的正相关关系已经被减轻处罚情节所打乱，从而呈现出一种复杂、无序的状态。

表 2-29　电信网络诈骗中数额特别巨大区间内主刑刑期与诈骗数额交叉列表

（单位：例）

刑期	诈骗数额 50 万元以上不满 100 万元	诈骗数额 100 万元以上不满 500 万元	诈骗数额 500 万元以上	合计
1 年以下	4	0	5	9
1 年以上 2 年以下	3	1	6	10
2 年以上 3 年以下	2	0	5	7
3 年以上 4 年以下	46	32	19	97
4 年以上 5 年以下	11	35	8	54
5 年以上 6 年以下	6	32	17	55
6 年以上 7 年以下	7	16	19	42

续表

刑期	诈骗数额 50 万元以上不满 100 万元	诈骗数额 100 万元以上不满 500 万元	诈骗数额 500 万元以上	合计
7 年以上 8 年以下	4	7	10	21
8 年以上 9 年以下	1	4	2	7
9 年以上 10 年以下	1	7	3	11
10 年以上 11 年以下	24	31	14	69
11 年以上 12 年以下	15	13	12	40
12 年以上 13 年以下	2	6	6	14
13 年以上 14 年以下	1	6	15	22
14 年以上 15 年以下	1	0	7	8
15 年	1	0	4	5
合计	129	190	152	471

四、实证分析——无法定情节案件中诈骗数额与主刑刑期的关系

根据前面的研究，在纯数额犯的情形下，不论是传统诈骗，还是电信网络诈骗，不论是诈骗数额较大、还是数额巨大、数额特别巨大，诈骗数额对量刑刑期的作用都不同程度地受到量刑情节的削弱。然而，诈骗数额究竟能够对量刑起到多大的作用呢？笔者在 2010 个案例中进行筛选，最终找到 104 个没有任何法定情节的样本（其中传统诈骗 53 个，电信网络诈骗 51 个）。随着越来越多的量刑情节被《量刑指导意见》及各省份实施细则、相关司法解释所吸收，司法实践中完全不存在任何法定从重或从宽情节的案件变得越来越少。这 104 个样本的裁判文书中对相关量刑情节没有记载，严格意义上讲并不意味着不存在量刑情节，也不意味着法官在量刑时只考虑数额，完全不受其他因素的影响。只不过相对于普通样本，这些案例中量刑情节对法官的刑罚裁量活动影响较小，以此为基础展开研究，能够比较真实地探寻诈骗数额与主刑刑期的关系。

（一）无法定情节的传统诈骗样本中数额与刑期的关系

笔者首先对 53 个传统诈骗样本进行了相关性检验：结果（$r = 0.703$，$p < 0.001$）表明，无法定情节的传统诈骗样本中，诈骗数额与主刑刑期具有显著的相关性，相关系数为 0.703，属于强相关。

表 2－30　无法定情节的传统诈骗样本中主刑刑期与诈骗数额相关性检验

		相关性	
		诈骗数额	主刑刑期
诈骗数额	Pearson 相关性	1	0.703**
	显著性（双侧）		0.000
	N	53	53
主刑刑期	Pearson 相关性	0.703**	1
	显著性（双侧）	0.000	
	N	53	53

**．在 0.01 水平（双侧）上显著相关。

为了更加直观地显示二者的关系，笔者以 X 轴为诈骗数额，以 Y 轴为主刑刑期，制作散点图，每一个点对应的是一位被告人的诈骗数额与主刑刑期，剔除一个极端数据之后，可以用方程来描述诈骗数额与有期徒刑刑期之间的关系，如图中黑色实线所示。该情况下，诈骗数额对于主刑刑期的解释率达到 61.64%，也就是说，仅凭诈骗数额，就可以预测主刑刑期的准确率达到 61.64%。这说明诈骗数额对于主刑刑期有较大的影响力。

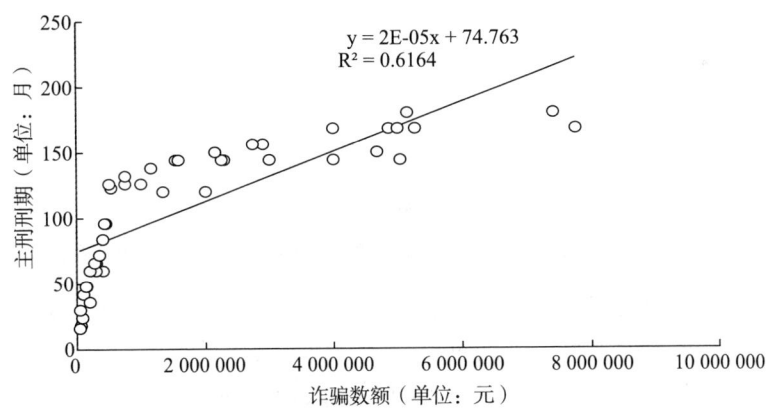

图 2－9　无法定情节的传统诈骗样本中主刑刑期与诈骗数额分布散点图

（二）无法定情节的电信网络诈骗样本中数额与刑期的关系

笔者首先对 51 个电信网络诈骗样本进行了相关性检验：结果（$r = 0.707$，$p < 0.001$）表明，无法定情节的电信网络诈骗样本中，诈骗数额与主刑刑期具有显著的相关性，相关系数为 0.707，属于强相关。

表 2-31　无法定情节的电信网络诈骗样本中主刑刑期与诈骗数额相关性检验

		相关性	
		诈骗数额	主刑刑期
诈骗数额	Pearson 相关性	1	0.707**
	显著性（双侧）		0.000
	N	51	51
主刑刑期	Pearson 相关性	0.707**	1
	显著性（双侧）	0.000	
	N	51	51

**. 在 0.01 水平（双侧）上显著相关。

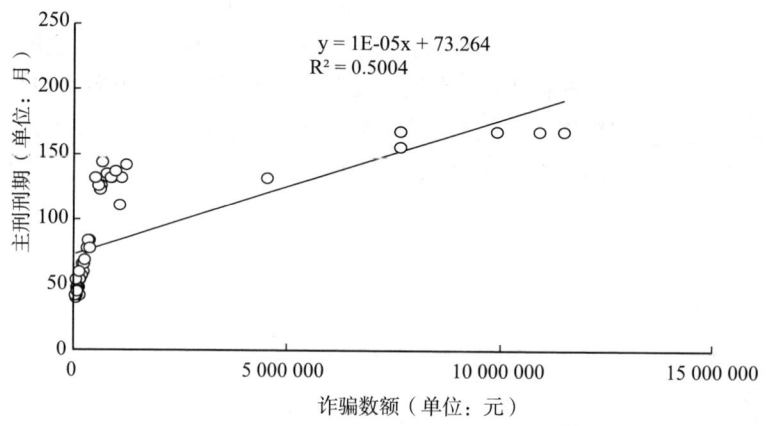

图 2-10　无法定情节的电信网络诈骗样本中主刑刑期与诈骗数额分布散点图

为了更加直观地显示二者的关系，笔者以 X 轴为诈骗数额，以 Y 轴为主刑刑期，制作散点图，每一个点对应的是一位被告人的诈骗数额与主刑刑期，黑色实线表示的是根据二者所计算出的线性公式，即用线性方程描述的诈骗数额与主刑刑期的关系。根据下图，诈骗数额对于主刑刑期的解释率达到 50.04%，也就是说，仅凭诈骗数额，就可以预测主刑刑期的准确率达到 50% 以上。这说明诈骗数额对于主刑刑期有较大的影响力。

五、关于诈骗数额与主刑刑期关系的思考

本节以被判处有期徒刑实刑及缓刑的纯数额犯为样本，探讨诈骗数额与主

刑刑期的关系，求证根据经验法则所形成的基本假设。研究思路包括两部分：一是对相关样本进行总体性分析，分别计算每一个主刑刑期所对应的诈骗数额均值，并对二者进行相关性检验；二是对数额较大、数额巨大、数额特别巨大三个区间的样本进行具体分析，同样也是对诈骗数额与主刑刑期进行相关性检验，并运用交叉列表对二者进行描述。由于传统诈骗和电信网络诈骗中的数额标准不同，因此对两种不同诈骗类型的考察分别展开。最后，从上述样本中筛选出不含任何法定量刑情节的"裸罪"样本，进一步探讨诈骗数额对主刑刑期的影响。通过实证分析，并结合之前提出的假设，可以得出以下结论：

1. 诈骗数额与主刑刑期显著相关。在纯数额犯的情形下，数额是罪行轻重的重要表征，不但决定了对犯罪人适用哪个幅度的法定刑，而且对具体刑期的选择具有重要影响。根据《量刑指导意见》，诈骗数额直接决定了量刑起点的选择和基准刑的确立，因此，对于刑期的计算至关重要。在本节中，通过对传统诈骗和电信网络诈骗中数额与刑期的关系进行相关性检验，发现二者在总体上的相关具有显著性，且相关系数在 0.4 以上；另外，对传统诈骗和电信网络诈骗中的裸罪样本进行相关性检验，发现二者在总体上的相关具有显著性，且相关系数达到 0.7 以上。这两组数据说明，在法官裁量刑期的过程中，诈骗数额扮演着重要的角色。刑期的确定并非法官恣意的结果，而是以数额为标准和依据进行计算所得出的结论。

2. 量刑情节在不同程度上削弱了诈骗数额对刑期的影响。这里的"量刑情节"，不同于前面章节提到的作为诈骗罪量刑标准的"情节"，而是指在犯罪构成事实之外的、对犯罪的社会危害程度和犯罪人的人身危险性具有影响作用的、法院在对犯罪人量刑时需要考虑的各种事实情况。[1]具体来说，既包括累犯、自首、立功、未遂、从犯、认罪认罚、被害人谅解等通用的量刑情节，也包括诈骗罪所特有的量刑情节，如《2011 年诈骗案件解释》规定的"通过发送短信、拨打电话或者利用互联网、广播电视、报刊杂志等发布虚假信息，对不特定多数人实施诈骗""诈骗救灾、抢险、防汛、优抚、扶贫、移民、救济、医疗款物""以赈灾募捐名义实施诈骗""诈骗残疾人、老年人或者丧失劳动能力人的财物""造成被害人自杀、精神失常或者其他严重后果""属于诈骗集团首要分子"等从重情节，以及北京等地量刑实施细则中规定的"多次诈骗""为吸毒、赌博等违法犯罪活动诈骗""确因生活所迫、学习、治病急需而诈骗"等情节。根据《量刑指导意见》，量刑的最后一个步骤，就是根据量刑情节调节基准刑，并综合考虑全案情况，依法确定宣告刑，同时规定了若干

---

[1] 高铭暄、马克昌主编：《刑法学》，北京大学出版社、高等教育出版社 2017 年版，第 254 页。

情节对基准刑的调整幅度。那么依据《量刑指导意见》规定的方法和幅度计算之后，很有可能出现由数额决定的基准刑与由情节调节的宣告刑相去甚远的情形，而且在量刑情节一定的情况下，基准刑越大，其与宣告刑的差距就越大。因此，量刑情节特别是具有减轻处罚功能的量刑情节的存在，在一定程度上打破了诈骗数额与主刑刑期的相关性，使得二者的关系变得复杂、无序。在数额较大、数额巨大、数额特别巨大三个区间之内，基准刑依次增大，相应地，量刑情节发挥调节作用的空间也依次增大，从而使得诈骗数额与主刑刑期的相关程度依次减弱。不论是传统诈骗，还是电信网络诈骗，其三个数额区间内诈骗数额与主刑刑期虽然都具有相关性，但是相关程度依次减弱，就是量刑情节对诈骗数额的作用造成冲击的证明。此外，在笔者筛选出的裸罪样本中，排除了量刑情节的干扰，发现诈骗数额与主刑刑期高度相关，则从反面进一步证明了量刑过程中量刑情节对诈骗数额所起作用的削弱和冲击。

3. 诈骗罪以数额作为量刑标准的立法模式值得反思。纯数额犯情形下，数额是决定量刑起点和基准刑的唯一标尺。根据各省量刑实施细则对诈骗罪量刑所作的具体规定，达到一定数额标准的，在一定幅度内确定量刑起点；在此基础上，每增加一定的诈骗数额，增加一定的刑期。那么在数额特别巨大区间内，由于诈骗数额没有最高限额而有期徒刑刑期有最高限额，所以按照这种计算方式，当数额达到一定程度后，其刑期便不再发生变化。正如学者所言，在数额犯中，犯罪数额越大，刑罚反应的强度反而越接近，刑罚的威慑价值出现断崖式下跌，刑罚供给跟不上犯罪需求。行为人涉案数额越大，获得的隐性犯罪收益也就越大，通俗地讲就是"干得越大、赚得越多"，不利于预防犯罪目的的实现。[1]本节实证分析中数额特别巨大区间的数据也确实存在不少这种情况。立法者寄予厚望的诈骗数额，在司法实践中并未发挥预期的作用，对法官刑罚裁量活动造成影响的，不仅仅只有数额，还有各种量刑情节。立法与司法的脱节，值得对当前以数额作为量刑唯一标准的立法模式进行深刻的反思。

第五节 诈骗数额与罚金刑的关系

一、研究假设

《刑法》第266条采用的是抽象罚金制，即只规定单处或并处罚金，而没

---

[1] 师晓东："罪量要素调适：理念转变和趋势前瞻——以晚近刑法修正案为中心"，载《山西高等学校社会科学学报》2019年第5期。

有规定罚金数额的具体范围或者计算方法,所以法官在确定罚金数额时拥有较大的自由裁量空间。关于如何确定罚金数额,《刑法》第 52 条规定,判处罚金,应当根据犯罪情节决定罚金数额。颁布的《最高人民法院关于适用财产刑若干问题的规定》(法释〔2000〕45 号)进一步规定,人民法院应当根据犯罪情节,如违法所得数额、造成损失的大小等,并综合考虑犯罪分子缴纳罚金的能力,依法判处罚金。这种"以犯罪情节为根据,兼顾犯罪分子的缴纳能力"的原则在最高人民法院、最高人民检察院联合颁布的《关于常见犯罪的量刑指导意见(试行)》(法发〔2021〕21 号)中得以进一步确认。对于诈骗案件而言,犯罪手段、危害后果、财产状况以及其他情节错综复杂、千姿百态,但是诈骗数额却是绝大多数案件中必备的因素。在前文的论证中,笔者曾得出以下规律性认识:罚金数额与有期徒刑时长显著相关,基本上随着有期徒刑刑期的增加而增加;而诈骗数额同样与有期徒刑时长显著相关,总体上看,刑期越长,其所对应的诈骗数额均值越大。说明罚金数额与诈骗数额各自同主刑刑期之间的关系极其相似。那么,它们二者之间是否存在关系,或者存在何种关系呢?

可以肯定的是,法官在裁量罚金数额时,诈骗数额是一个重要的考量因素,因为其直接决定了罪行的轻重。不论主刑还是附加刑,都受到罪责刑相适应原则的制约,体现为重罪重罚,轻罪轻罚。因此,从宏观上看,罚金数额与诈骗数额是正相关的状态。但是,从微观角度,在一个个具体案件中,诈骗数额在多大程度上影响罚金数额呢?对此,笔者认为情况不容乐观。如上一章所分析,就目前我国关于罚金刑的规定来看,立法者更倾向于强调罚金刑预防犯罪的制度功能。体现在数额上,就是设置大量的无限额罚金,不必严格受到罪行严重程度的约束。这样,在一定区间内,诈骗数额相同而罚金数额迥异,或者诈骗数额不同而罚金数额相同,都是完全有可能的,也是完全说得通的。毕竟根据立法原意判处罚金不仅受制于诈骗数额,还要考虑其他量刑情节,以及预防再犯罪的需要。

根据上一节的分析结果,在诈骗数额与主刑刑期的关系中,二者是显著相关的,但是这种相关性水平不高,并且在数额较大、数额巨大、数额特别巨大三个区间内依次减弱。《量刑指导意见》进行严格规范了的主刑尚且如此,那么未予以规范的罚金刑中,诈骗数额影响力的有限性更是可以预见。特别是在数额特别巨大的区间内,诈骗数额的分布跨度极大,犯罪分子的财产能力各不相同,罚金刑的判处更是很难遵循特定的规律。

以上是基于已完成的分析以及对司法实践的了解所作的假设,假设能否成立,还需要用数据说话、用实践检验。全样本中,剔除情节加重犯,以及被判处无期徒刑、免予刑事处罚从而罚金数额为零的情况，共有 1879 例被判处罚金的情况。其中传统诈骗 827 例，电信网络诈骗 1052 例。因二者的诈骗数额标准不同，笔者本来打算分开研究。但是通过将罚金数额分为 1000 元以上不满 5000 元、5000 元以上不满 1 万元、1 万元以上不满 3 万元、3 万元以上不满 5 万元、5 万元以上不满 10 万元、10 万元以上不满 20 万元、20 万元以上不满 50 万元、50 万元以上共计 8 个区间，分别统计两种诈骗类型样本的罚金数额分布情况，发现无论是全样本，还是传统诈骗、电信网络诈骗，罚金数额分布趋势大致相同，都是 1 万元以上 3 万元以下所占比重最高，罚金数额 10 万元以下的累积比重均超过 80%。罚金数额 10 万元以上的较少，50 万元以上的更是个例，因此，决定不再区分诈骗方式，改为统一研究。同时注意调整相关分析内容，避开二者数额标准不同所带来的不利影响。

表 2-32　诈骗罪罚金数额分布列表

罚金数额（元）	传统诈骗		电信网络诈骗		全样本	
	频数（例）	占比	频数（例）	占比	频数（例）	占比
1000 以上不满 5000	175	21.2%	156	14.8%	331	17.6%
5000 以上不满 1 万	91	11.0%	143	13.6%	234	12.5%
1 万以上不满 3 万	214	25.9%	299	28.4%	513	27.3%
3 万以上不满 5 万	118	14.3%	158	15.0%	276	14.7%
5 万以上不满 10 万	78	9.4%	154	14.6%	232	12.3%
10 万以上不满 20 万	132	16.0%	87	8.3%	219	11.7%
20 万以上不满 50 万	14	1.7%	35	3.3%	49	2.6%
50 万以上	5	0.6%	20	1.9%	25	1.3%
合计	827	100.0%	1052	100.0%	1879	100.0%

二、诈骗数额与罚金数额关系的实证检验

（一）全样本中诈骗数额与罚金数额的关系

1879 个样本中，罚金数额最小值是 1000 元，最大值是 500 万元，均值是 51374 元。具体到诈骗数额较大、数额巨大、数额特别巨大三个区间，罚金数额基本情况如下：

表 2-33 不同诈骗数额区间的罚金情况

区间	频数（例）	均值（元）	最大值（元）	最小值（元）
数额较大	468	8117	1000	90 000
数额巨大	706	29 577	1000	200 000
数额特别巨大	705	101 916	2000	5 000 000

通过上表可以看出，总体而言，诈骗数额较大、数额巨大、数额特别巨大三个区间所对应的罚金数额均值是有明显差别并依次增加的。为进一步确定诈骗数额与罚金数额的关系，对二者进行了相关性检验，结果显示，罚金数额与诈骗数额的相关具有显著性，只是相关系数为 0.316，说明二者关联度较弱。

表 2-34 罚金数额与诈骗数额相关性检验

	相关性		
		罚金数额	诈骗数额
罚金数额	Pearson 相关性	1	0.316**
	显著性（双侧）		0.000
	N	1879	1879
诈骗数额	Pearson 相关性	0.316**	1
	显著性（双侧）	0.000	
	N	1879	1879

**. 在 0.01 水平（双侧）上显著相关。

（二）诈骗数额较大样本中诈骗数额与罚金数额的关系

468 个诈骗数额较大样本中，数量最多的样本是罚金 1 万元，所占比例达 1/5，其次为 5000 元、2000 元、2 万元、1000 元、3000 元，上述样本所占比例高达 83%，由此可以看出，法官在量刑实践中倾向于选择几个特定的数额作为罚金刑裁量结果，而对于 6000 元、7000 元、8000 元、1.1 万元、1.2 万元这样的数字却很少适用。

表 2-35 诈骗数额较大区间的罚金情况

罚金数额	频数（例）	占比
1000 元	48	10.3%
2000 元	65	13.9%

续表

罚金数额	频数（例）	占比
3000元	46	9.8%
4000元	18	3.8%
5000元	79	16.9%
6000元	5	1.1%
7000元	6	1.3%
8000元	14	3.0%
9000元	6	1.3%
10 000元	98	20.9%
11 000元	2	0.4%
12 000元	3	0.6%
15 000元	7	1.5%
20 000元	54	11.5%
25 000元	3	0.6%
30 000元	13	2.8%
90 000元	1	0.2%
合计	468	100.0%

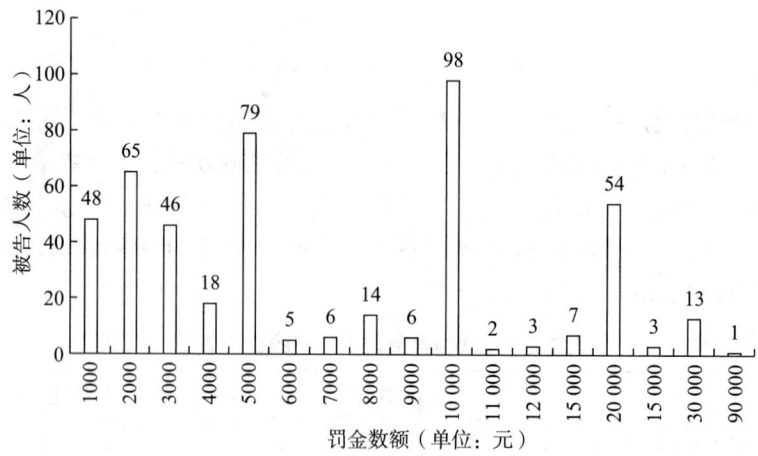

图2-11 诈骗数额较大区间内罚金数额分布直方图

在数额较大区间之内,通过进行相关性检验,考察诈骗数额与罚金数额之间是否相关,结果显示:罚金数额与诈骗数额的相关是显著的,但是相关性系数为 0.341,从而验证了笔者刚才的推断:二者关联度不是太强。

表 2-36　数额较大区间内诈骗数额和罚金数额相关性检验

相关性		罚金数额	诈骗数额
罚金数额	Pearson 相关性	1	0.341**
	显著性(双侧)		0.000
	N	468	468
诈骗数额	Pearson 相关性	0.341**	1
	显著性(双侧)	0.000	
	N	468	468

**. 在 0.01 水平(双侧)上显著相关。

笔者进一步计算每一个样本中罚金数额与诈骗数额的比例关系,发现罚金数额占比最低的为2%,占比最高的为405%,平均值为46.78%。其中在诈骗金额的10%~20%之间裁判罚金的最多,共96人,其次为20%~30%、2%~10%的比例区间。需要强调的是,58.5%的样本中,罚金数额低于诈骗数额的40%以下。同时89.5%的样本中,罚金数额是小于诈骗数额的。

表 2-37　数额较大区间内罚金数额占诈骗数额比例情况统计表

罚金数额占诈骗数额比例	频数(例)	比重
2%~10%	58	12.4%
10%~20%	96	20.5%
20%~30%	70	15.0%
30%~40%	50	10.7%
40%~50%	37	7.9%
50%~60%	37	7.9%
60%~70%	21	4.5%
70%~80%	20	4.3%
80%~90%	20	4.3%

续表

罚金数额占诈骗数额比例	频数（例）	比重
90%~100%	10	2.1%
100%~200%	40	8.5%
200%以上	9	1.9%
合计	468	100.0%

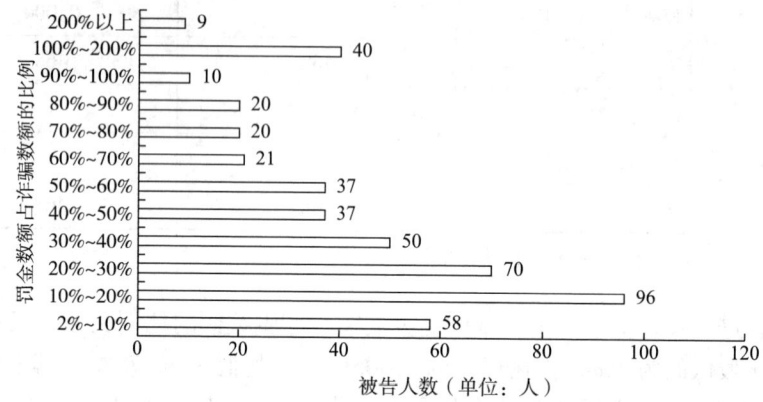

图2-12　数额较大区间内罚金数额占诈骗数额比例柱状图

总体来看，数额较大样本中，诈骗数额与罚金数额是相关的，法官倾向于在诈骗数额的40%以下确定罚金数额，但是二者关联程度不是太强，体现为：各样本罚金数额占诈骗数额的比重相差悬殊，从2%到405%不等；在具体罚金数额上，主要是几个特定数额适用率高。这说明该区间之内法官裁量罚金刑具有一定的任意性，规范程度远远不够。

（三）诈骗数额巨大样本中诈骗数额与罚金数额的关系

诈骗数额巨大区间共706个样本，其中罚金数额为2万元、4万元、3万元的样本最多，所占比例分别为12.5%、12.3%、12%，其次为5万元和1万元，这五种数额的样本累积382例，所占比例高达54%；除此之外，罚金数额为2000元、3000元、5000元的相对较多。由此可以看出，诈骗数额巨大样本中，罚金数额分布比较分散，法官在量刑实践中倾向于选择1万元、2万元、3万元等整数值作为罚金的数额，亦或是裁量2000元、3000元、5000元这几个较低数额作为量刑结果，而对于其他数额却很少采用。

表 2-38 诈骗数额巨大区间的罚金情况

罚金数额	频数（例）	占比	罚金数额	频数（例）	占比
1000 元	2	0.3%	2.8 万元	1	0.1%
2000 元	30	4.2%	3 万元	85	12.0%
2500 元	1	0.1%	3.3 万元	1	0.1%
3000 元	44	6.2%	3.5 万元	4	0.6%
4000 元	23	3.3%	3.8 万元	1	0.1%
5000 元	36	5.1%	4 万元	87	12.3%
6000 元	10	1.4%	4.5 万元	7	1.0%
7000 元	13	1.8%	5 万元	66	9.3%
8000 元	10	1.4%	5.6 万元	1	0.1%
9000 元	5	0.7%	6 万元	17	2.4%
1 万元	56	7.9%	6.4 万元	1	0.1%
1.2 万元	4	0.6%	6.5 万元	1	0.1%
1.3 万元	1	0.1%	7 万元	16	2.3%
1.4 万元	1	0.1%	8 万元	12	1.7%
1.5 万元	33	4.7%	9 万元	3	0.4%
1.7 万元	2	0.3%	10 万元	12	1.7%
1.8 万元	4	0.6%	12 万元	4	0.6%
2 万元	88	12.5%	15 万元	6	0.8%
2.1 万元	2	0.3%	18 万元	1	0.1%
2.5 万元	12	1.7%	20 万元	3	0.4%

在数额巨大区间之内，通过进行相关性检验，考察诈骗数额与罚金数额之间是否相关，结果显示：罚金数额与诈骗数额的相关是显著的，但是相关性系数为 0.243，说明二者只是弱相关。

表2-39　数额巨大区间内诈骗数额和罚金数额相关性检验

		相关性	
		罚金数额	诈骗数额
罚金数额	Pearson 相关性	1	0.243**
	显著性（双侧）		0.000
	N	706	706
诈骗数额	Pearson 相关性	0.243**	1
	显著性（双侧）	0.000	
	N	706	706

**. 在 0.01 水平（双侧）上显著相关。

笔者进一步计算每一个样本中罚金数额与诈骗数额的比例关系，发现罚金数额占诈骗数额的比例最低仅为 0.43%，最高为 118%，平均为 17.37%。其中占比在 0.43%~10% 之间的样本最多，共计 251 人，其次是 10%~20%、20%~30% 区间，在诈骗数额 30% 以下区间裁量罚金刑的比例高达 84%，在 40% 以下区间裁量罚金刑的比率高达 92%。仅有 1 个样本的罚金数额高于诈骗数额。各占比区间的样本数量依次递减。

表2-40　数额巨大区间内罚金数额占诈骗数额比例情况统计表

罚金数额占诈骗数额比例	频数（例）	比重
0.43%~10%	251	35.6%
10%~20%	219	31.0%
20%~30%	127	18.0%
30%~40%	53	7.5%
40%~50%	22	3.1%
50%~60%	11	1.6%
60%~70%	11	1.6%
70%~80%	5	0.7%
80%~90%	6	0.8%
90% 以上	1	0.1%
合计	706	100.0%

总体来看，数额巨大样本中，诈骗数额与罚金数额是相关的，法官倾向于

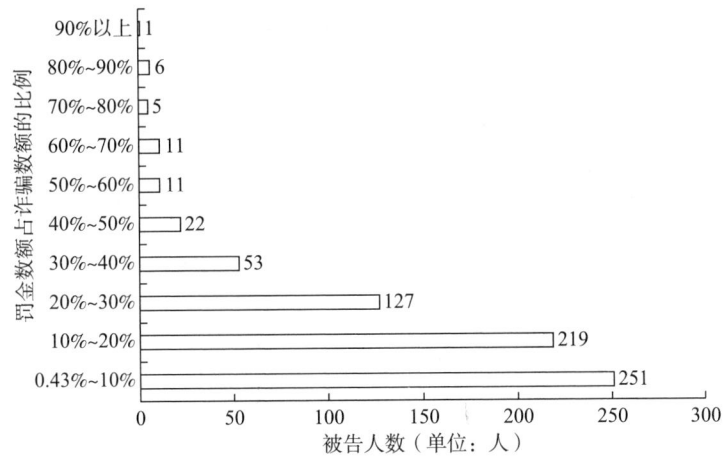

图 2-13 数额巨大区间内罚金数额占诈骗数额比例柱状图

在诈骗数额的 30% 以下确定罚金数额,其中 1/3 以上样本中罚金数额占诈骗数额的比例在 10% 以下。但是二者关联程度不是太强,体现为:各样本罚金数额占诈骗数额的比重相差悬殊,从 0.43% 到 118% 不等;在具体罚金数额上,主要是几个特定数额适用率高。这说明该区间之内罚金数额与诈骗数额并不存在明显规律,法官自由裁量的空间仍然比较大。

(四)诈骗数额特别巨大样本中诈骗数额与罚金数额的关系

诈骗数额特别巨大的样本共 705 个,其中罚金数额 10 万元的样本所占比例为 7.9%,其次为 5 万元、11 万元、3 万元、1 万元、2 万元,以上样本累计占比 37%。由此可见,诈骗数额特别巨大的样本中,罚金数额分布更加分散,没有太明显的集中现象,法官倾向于选择 10 万元、5 万元、11 万元、3 万元等几个整数值作为罚金结果。

在数额特别巨大区间之内,通过进行相关性检验,考察诈骗数额与罚金数额之间是否相关,结果显示:罚金数额与诈骗数额的相关是显著的,但是相关性系数为 0.230,说明二者只是弱相关。

表 2-41 数额特别巨大区间内诈骗数额和罚金数额相关性检验

	相关性		
		罚金数额	诈骗数额
罚金数额	Pearson 相关性	1	0.230**
	显著性(双侧)		0.000
	N	705	705

续表

相关性		罚金数额	诈骗数额
诈骗数额	Pearson 相关性	0.230**	1
	显著性（双侧）	0.000	
	N	705	705

**. 在 0.01 水平（双侧）上显著相关。

笔者进一步计算每一个样本中罚金数额与诈骗数额的比例关系，发现罚金数额占比最低仅有 0.014%，占比最高的达 88%，平均占比为 4.8%。其中罚金数额占诈骗数额的比例为 1%~10% 的最多，其次是 1% 以下区间。高达 84.7% 的样本中罚金数额占诈骗数额的比例为 10% 以下。罚金数额全部小于诈骗数额。

表 2-42　数额特别巨大区间内罚金数额占诈骗数额比例统计表

罚金数额占诈骗数额的比例	频数（例）	比重
1% 以下	175	24.8%
1%~10%	422	59.9%
10%~20%	83	11.8%
20% 以上	25	3.5%
合计	705	100.0%

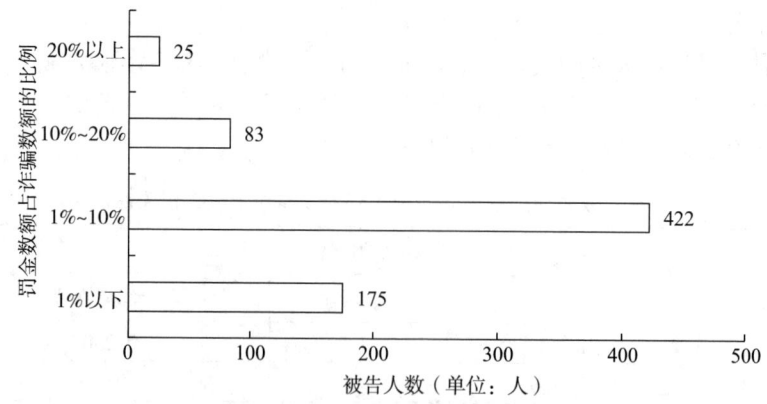

图 2-14　数额特别巨大区间内罚金数额占诈骗数额比例分布图

由于数额特别巨大区间内,传统诈骗和电信网络诈骗的数额标准是一致的,都是以 50 万元为起点,没有上限,所以将诈骗数额分为 50 万元以上不满 100 万元、100 万元以上不满 500 万元、500 万元以上不满 1000 万元、1000 万元以上四个区间,分别统计各自区间内的罚金数额及比例,具体情况如下:

表 2-43 数额特别巨大区间内诈骗数额与罚金数额对应表

诈骗数额(元)	频数(例)	罚金数额(元)	罚金数额占诈骗数额比例
50 万以上不满 100 万	196	2000~60 万	0.304%~88%
100 万以上不满 500 万	293	2000~80 万	0.052%~57%
500 万以上不满 1000 万	112	5000~100 万	0.066%~20%
1000 万以上	104	2000~500 万	0.014%~15%

总体来看,数额特别巨大样本中,诈骗数额与罚金数额是相关的,法官倾向于在诈骗数额的 10% 以下确定罚金数额。然而,该区间内诈骗数额分布极其分散,从 50 万元至 5000 万元不等,虽然总体来看罚金数额占诈骗数额的比例比较集中且限制在较低的水平,但是由于基数过大,所以实际上的罚金数额相差悬殊:就每一个诈骗数额区间来看,罚金数额从几千到几十万、几百万不等;就同一个罚金数额来看,其所对应的诈骗数额同样是从几十万到上千万不均。这说明该区间内诈骗数额与罚金数额相关程度很低,法官在裁量罚金数额时受诈骗数额的影响较小。

三、关于诈骗数额与罚金数额关系的思考

本节主要探讨纯数额犯情形下,诈骗数额与罚金数额的关系。经过相关性检验,发现二者虽然具有相关性,但是关联程度比较弱,而且在诈骗数额较大、数额巨大、数额特别巨大三个区间内,二者的关联程度依次减弱;经过对罚金数额的分布进行统计,发现三个不同的诈骗数额区间内,法官分别倾向于选择几个特定的数额作为罚金结果;经过对罚金数额占诈骗数额的比例进行分析,发现数额较大区间内该比例从 2% 到 405% 不等,数额巨大区间内该比例从 0.43% 到 118% 不等,数额特别巨大区间内该比例从 0.014% 到 88% 不等。通过这些数据,结合之前提出的假设,可以得出以下几个基本结论:

(一)诈骗数额在罚金数额的确定方面发挥的作用有限

根据《最高人民法院关于适用财产刑若干问题的规定》,人民法院应当根据犯罪情节,如违法所得数额、造成损失的大小等,并综合考虑犯罪分子缴纳罚金的能力,依法判处罚金。最高人民法院、最高人民检察院 2021 年发布的

《最高人民法院、最高人民检察院关于常见犯罪的量刑指导意见（试行）》在量刑方法中规定，判处罚金刑，应当以犯罪情节为根据，并综合考虑被告人缴纳罚金的能力，依法决定罚金数额，同时其在诈骗罪中规定，构成诈骗罪的，根据诈骗的数额、手段、危害后果等犯罪情节，综合考虑被告人缴纳罚金的能力，决定罚金数额。从这些规定可以看出，最高司法机关虽然没有为罚金刑制定具体的适用规范，但是其希冀法官们在裁量罚金数额时以犯罪情节为基本依据。事实上，在罪责刑相适应原则的指导下，也确实应当将犯罪情节作为确定罚金数额的基础，做到"重罪重罚、轻罪轻罚"，以充分体现罚金刑的正当性根据——报应；在此基础上再根据犯罪分子的财产状况予以调整，防止空判。如果失去了犯罪情节这个基本标尺，罚金刑的适用将陷入混乱，为法官滥用自由裁量权打开方便之门。这里的"犯罪情节"既包括作为诈骗罪构成事实的数额，也包括其他量刑情节，比如手段、是否造成被害人损失、是否从犯等。

司法实践中，罚金数额与诈骗数额的相关性检验结果表明，二者的相关具有显著性。这是因为诈骗数额是上述犯罪情节最主要的内容，直接决定了罪行的轻重及法定刑幅度。虽然诈骗数额不能作为确定罚金数额的唯一依据，因为每个案件的具体情况以及每个被告人的财务状况各不相同，但是，脱离诈骗数额这个基本轨道裁量罚金数额，无论是对于被告人、还是对于整个司法实践而言，都是弊大于利的。因此，总体来看，诈骗数额对于罚金数额的确定有着重要的意义。

然而，不得不承认，诈骗数额与罚金数额的关联程度比较弱，且不同案件中罚金数额占诈骗数额的比例相差悬殊，尤其是数额特别巨大区间内，诈骗数额相似而罚金数额相差上百倍，或者罚金数额相似而诈骗数额相差悬殊的情况并不罕见。至于如何评价这种情况，笔者认为应当客观分析：一方面，应当承认司法实践中确实存在法官任意决定罚金数额从而导致个案罚金数额畸轻畸重的情况。比如在张某等人诈骗案和张某某等人诈骗案中，二者都是在境外实施电信网络诈骗，冒充司法工作人员拨打电话，且都是从犯，前者参与诈骗1000万余元，后者参与诈骗五六十万元，而法院均判处罚金2000元。[1]另一方面，根据之前的研究，诈骗数额与量刑结果、主刑刑期都呈现弱相关，这是因为量刑情节特别是具有减轻处罚功能的量刑情节的存在，在一定程度上打破了诈骗数额与刑罚的固有关系，冲淡了诈骗数额对于刑罚的决定作用。在罚金刑适用过程中，同样存在这种情况——量刑情节的存在影响了法官对于罪行轻重的评

---

[1] 参见裁判文书（2018）京刑终25号和裁判文书（2018）京01刑终607号。

价，比如有的案件诈骗数额很大，但是被告人在其中所起的作用很小；有的案件诈骗数额不大，但是被告人曾因诈骗受过刑事处罚等，法官根据犯罪数额和其他量刑情节综合衡量犯罪的严重程度，进而判处相应的罚金，这种情况下诈骗数额本身与罚金数额的关系就受到了削弱。

（二）被告人的财产状况并未充分纳入法官的考虑范围

诈骗数额在罚金刑适用中未充分发挥应有作用，二者并未呈现出较强的关联性，一个比较合理的解释是法官较多地考虑了被告人的财产状况，故而削弱了诈骗数额对罚金数额的影响。在适用罚金刑时，应当充分考虑刑罚个别性，以被告人的履行能力为考量因素，让实施相同犯罪行为但经济背景不同的被告人，具有同样的刑罚感受。[1]对此，《最高人民法院关于刑事裁判涉财产部分执行的若干规定》（法释〔2014〕13号）在程序上作出要求：人民法院刑事审判中可能判处被告人财产刑、责令退赔的，刑事审判部门应当依法对被告人的财产状况进行调查。然而笔者翻阅研究过程中收集的全部裁判文书，没有一份文书中有关于被告人财产状况的记载，只有少量文书提及"被告人已经预缴罚金"。事实上，笔者对一些基层法官进行访谈，求证裁量罚金刑时是否履行了财产调查职责，答案是预料之中的。在案多人少矛盾日益突出、法官工作压力日益加大的条件下，绝大多数案件是没有时间和条件进行该项调查的。至于"预缴罚金"，笔者有一个疑问，还未宣判，被告人如何得知预缴多少罚金呢？经过访谈得知，法官结合日常办案经验，在正式宣判之前通常便对案件的罚金数额形成了一个基本判断，因此，被告人缴纳的罚金与判决的罚金数额多数情况下是一致的。特殊情况下，被告人缴纳的罚金数额少于判决的罚金数额，需要判决之后进行补缴。事实上，被告人预缴罚金，更多的是表达其主动接受处罚的主动性和自愿性，体现其认罪悔罪的态度，以此来换得法官从宽量刑。

笔者认为，实践中疏于对被告人财产状况进行调查的做法是值得反思的。如果仅根据犯罪情况裁量罚金数额而不考虑被告人的承受能力，那么罚金刑的威慑和预防效果将因被告人经济状况的不同而呈现重大差异。特别是对于那些经济能力较差的被告人，过重的罚金使其原本贫困的生活雪上加霜，"执行难"不可避免；更重要的是，近年来在刑罚执行领域建立了财产性判项与减刑假释联动机制，意味着如果犯罪人有能力缴纳而拒不缴纳罚金，将失去假释的机会，减刑也会变得艰难。然而，由于实践中信息甄别方面的低效，难以准确判断犯罪人客观上是否具有履行能力，所以该机制在现实操作层面已经从惩罚犯

---

[1] 陈帅："无限额罚金刑量刑失衡问题与规制——以S市258篇数额特别巨大诈骗案件判决书为样本"，载《上海法学研究》（闵行区法院卷）2019年第12卷。

罪人有能力履行但拒不履行的主观状态异化为惩罚犯罪人不积极履行的客观行为。[1]因此，一旦罚金超出犯罪人的履行能力导致履行不能，将很有可能影响到后续的减刑假释，从而不利于其在服刑期间安心改造，同时对监狱管理也造成不小的压力。为了减少甚至避免上述后果，建立和完善被告人财产状况调查制度，合理裁量罚金势在必行。

（三）罚金刑的量刑亟需规范

如前所述，在罚金刑裁量过程中，诈骗数额并没有发挥出应有的作用，缴纳罚金的能力也没有真正进入法官的视野。法官在判处罚金时，主要依据个人的工作经验，根据犯罪事实和情节进行综合判断，采用"估堆法"量刑，以致出现了个案中罪刑失衡的情况，以及"执行难"的局面。司法实践中，不论是司法工作者还是被告人、被害人，对于罚金刑给予的关注远远比不上主刑。然而，罚金刑是以被告人合法财产为适用对象的，而合法财产凝结着其一定期限的体力及脑力劳动，同样值得司法的尊重和保护，事实上，这种尊重和保护最重要的体现就是实现罚金的规范化、精细化、公开化，使被告人充分理解和认同罚金结果的科学性、合理性。最高人民法院、最高人民检察院要求各省份制定量刑实施细则，重点细化的内容之一就是罚金的适用，这说明最高司法机关也已经充分认识到规范罚金刑量刑的必要性，与有期徒刑相比，罚金刑的适用更加复杂、所要考察的因素更多，但是随着国家量刑规范化改革进程的深化以及被告人权利意识的不断增强，罚金刑应当也必将向着更为规范的方向发展。

第六节　诈骗数额研究总结

本章主要针对诈骗数额在量刑中的作用展开研究，重点在于发现作为诈骗罪量刑条件的"数额"与"情节"的关系，以及纯数额犯情形下诈骗数额与量刑结果、主刑刑期以及罚金数额的关系。通过实证分析，掌握司法实践中诈骗数额在量刑中所扮演的角色和地位，并对诈骗罪立法进行反思。

一、关于诈骗数额的实证发现

在实证研究之前，笔者根据刑事立法及相关理论，提出以下假设：首先，在诈骗罪中，"数额"和"情节"均可作为第二档、第三档法定量刑幅度的标

---

[1] 劳佳琦："财产性判项与减刑假释的联动机制"，载《中外法学》2018年第3期。

准，二者应当是并列关系，平等适用于司法实践，共同在量刑中发挥作用；其次，在纯数额犯的情形下，诈骗数额直接决定了法定量刑幅度，对量刑结果起着根本性作用，因此，其与量刑结果、主刑刑期以及罚金数额都是显著相关的，个别情况下，因为量刑情节特别是减轻处罚情节的存在，可能会在一定程度上冲淡诈骗数额对量刑的影响。

经过实证检验，发现司法实践和理论假设存在相当大的差距，诈骗数额对量刑的作用比想象中要复杂很多，具体体现在以下几个方面：

（一）"数额"与"情节"的关系

司法实践中真正以"情节"量刑的案件非常少见，"情节"根本没有达到与"数额"平起平坐、分庭抗礼的程度。特别是相关司法解释对"情节"的细化规定不接地气，在一定程度上压缩了"情节"在量刑中发挥作用的空间；此外，一些法官对"情节"缺乏必要的重视和认知，固执地将诈骗罪理解为纯数额犯，进一步凸显了"情节"相对于"数额"的弱势地位。通过与"情节"进行对比，可以看出，"数额"在诈骗罪量刑中占据绝对的主导地位。

（二）纯数额犯情形下数额与量刑的关系

然而，纯数额犯情形下"数额"在量刑中的作用并不乐观。这在其与量刑结果、主刑刑期以及罚金数额的关系中均有体现：

1. 诈骗数额与量刑结果的关系。总体上诈骗数额与量刑结果虽然相关，但是相关程度较弱，而电信网络诈骗中二者完全不具有相关性。特别是几种较轻量刑结果的适用完全不符合预期：免予刑事处罚适用于"数额巨大""数额特别巨大"案件，违背司法解释，滥用自由裁量权；单处罚金、管制、拘役如何运用于"数额较大"案件，缺乏明确的规范指引，造成了司法的不统一。

2. 诈骗数额与主刑刑期的关系。总体上诈骗数额与主刑刑期具有相关性，且属于中等程度的相关，尤其是在经过精心筛选的不含任何法定量刑情节的样本中，二者具有更高的相关性，这说明在法官裁量刑期的过程中，诈骗数额起到了决定性作用。然而比较数额较大、数额巨大、数额特别巨大三个区间之内的相关性，却发现相关程度是依次减弱的。

3. 诈骗数额与罚金数额的关系。总体上诈骗数额与罚金数额虽然相关，但是相关程度不高，且数额较大、数额巨大、数额特别巨大三个区间之内的相关程度依次减弱。实践中罚金数额占诈骗数额的比例相差悬殊，特别是在数额特别巨大区间内，由于诈骗数额基数大，所以实际的罚金数额也存在巨大的差别。

二、诈骗数额在量刑中的作用

诈骗罪立法以"数额较大"为入罪条件,以"数额"和"情节"为法定刑升格的标准,"数额"被立法者寄予厚望——以数字的可计算性实现刑罚的精确性,做到同案同判、异案异判,从而确保罪刑均衡、罪责刑相一致。然而,司法实践中,"数额"在量刑中所起的作用均"于法有距",值得反思。

1. 数额并不能全面反映诈骗行为的社会危害性。犯罪社会危害性是由行为所造成的客观危害以及行为人的主观恶性、人身危险性两部分组成的,而"诈骗数额"充其量只能反映诈骗行为的客观危害,准确地说只能反映部分客观危害。因为诈骗行为的客观危害并不仅仅取决于诈骗数额,还与是否造成被害人实际财产损失、是否造成其他严重后果以及犯罪手段、对象、次数等因素有关。至于犯罪人的人身危险性,更是需要通过诈骗数额以外的因素加以判断,比如是否累犯、前科、自首、立功、认罪认罚、坦白等。在办理诈骗罪案件过程中,虽然根据立法规定应当以"数额"为量刑标准,但是法官仍然会综合数额以外的因素全面评价犯罪的社会危害性进而裁量刑罚,主刑和附加刑的裁量均是如此。因此,实践中诈骗数额与主刑刑期、罚金数额不如想象中那般密切相关,就是各种量刑情节发挥调节作用的结果。而且根据《量刑指导意见》中规定的量刑方法和步骤,数额越大、基准刑越重,量刑情节的调节力度越明显,所以数额较大、数额巨大、数额特别巨大三个区间之内诈骗数额与刑罚之间的相关性逐渐弱化。

2. 数额并不能保证刑罚的公正性。立法者以"数额"作为定罪量刑标准的初衷,就是因为数额客观精确,便于计算,有助于实现形式上的公平公正。然而司法实践中,数额的无限性与刑罚的有限性之间的矛盾,使得数额在达到一定程度之后便出现"失灵"现象——数额相差巨大而刑罚相差无几,且数额越大,单位数额所背负的刑罚量越小。这说明当前犯罪门槛的震慑力很高,而一旦行为人跨过门槛开始犯罪,门槛之后的震慑极其不足,并未形成逐步升高的震慑阶梯。[1]由此可见,有限的刑罚量与无限的数额之间根本就无法建立一一对应的"价目表"。随着诈骗数额逐渐增加,犯罪人所获得的刑罚离罪刑均衡的要求越来越远,从而导致实质上的不公平,甚至引发公众对司法公正性的质疑。

---

[1] 彭雅丽:"量刑指导意见的司法实践与重构——以盗窃罪为切入点",载《法学研究》2021年第4期。

三、对诈骗罪量刑之"数额"标准的思考

数额标准在量刑中的局限性并非诈骗罪所独有,事实上,所有的数额犯均存在上述问题。因此,有必要用"情节"来弥补"数额"的缺陷,调和"数额"在量刑中的尴尬。因为与"数额"的单一性、机械性相比,"情节"的内涵更加丰富、包容,适用起来也更加灵活,能够赋予法官较大的自由裁量空间,从而有助于实现实质公平。《刑法》第266条规定了"抽象数额+抽象情节"作为法定刑升格条件,将"情节"与"数额"并列规定,说明立法者已经认识到以"情节"辅助"数额"应对纷繁复杂的犯罪现象的必要性。然而,实证研究发现,"情节"并没有发挥应有的作用,体现为司法实践中真正以"情节"量刑的案件非常少见,"数额"标准仍然在诈骗罪量刑中占据主导地位。这主要是因为相关司法解释对抽象"情节"进行了细化规定,而这些细化规定在实践中发生的概率不大,而且"情节"的适用受制于"数额"标准,从而压缩了"情节"标准发挥作用的空间。

基于上述情况,笔者认为可通过两种途径加以修正:一是修改相关司法解释,《2011年诈骗案件解释》和《2016年电信网络诈骗案件意见》中关于"其他严重情节""其他特别严重情节"的细化规定,应当加上"兜底条款",从而使"情节"能够囊括更多的情形,有更多的机会调整量刑。但是,无论怎样,这种模式之下,"情节"只能在"数额"达到一定程度的基础上才能发挥作用,不能从根本上改变诈骗罪作为数额犯的基本特征。二是修改诈骗罪立法,将法定刑升格条件修改为"情节严重""情节特别严重",以"情节"作为量刑标准。这里的"情节",既包括相关司法解释所规定的诈骗罪特有的情节,也包括其他可能影响量刑的通用情节,而"数额"只是"情节"的一个方面,不必单独加以规定,这样诈骗罪就由数额犯成了情节犯。因为司法实践中各种情节确实在量刑中发挥了重要作用,对"数额"造成了相当大的削弱和冲击,与其让"数额"名不符实地在量刑中占据决定性地位,不如让"情节"名正言顺地走向前台,从而实现立法与司法的高度契合。

第三章 诈骗罪量刑影响因素研究

在诈骗罪的量刑中,数额是最基本、最主要的标准。除此之外,还有哪些因素对诈骗罪量刑产生重要影响呢?在这一章,笔者拟对裁判文书中出现的若干因素进行相关性检验和回归分析,探寻各因素对量刑是否具有影响力以及影响力大小,进而对《量刑指导意见》中关于量刑情节的规定进行检视。

第一节 量刑影响因素概述

本章所研究的量刑影响因素,不同于上一节提到的作为法定刑升格条件的"情节",它是指犯罪构成事实之外的、对犯罪的社会危害程度和犯罪人的人身危险性具有影响作用的、人民法院在对犯罪人量刑时需要考虑的各种事实情况。[1]它既包括《量刑指导意见》中规定的各种常见量刑情节,又包括司法解释中所规定的诈骗罪所特有的量刑情节,甚至还应当将法律未规定的其他可能对法官裁量刑罚造成影响的因素囊括在内。在求证这些因素对量刑的具体作用之前,笔者先花笔墨对这些情节进行必要的描述。

一、常见量刑情节

根据相关法律及量刑指导文件的规定,结合司法实践,常见的量刑情节有未成年人犯罪、老年人犯罪、又聋又哑的人或者盲人犯罪、未遂、从犯、自首、坦白、当庭自愿认罪、立功、退赃退赔、积极赔偿被害人经济损失并取得谅解、达成刑事和解协议、羁押期间表现良好、认罪认罚、累犯、前科、犯罪对象为弱势人员、在灾害期间故意犯罪。对于这些情节,笔者作如下说明:

1. 在犯罪主体方面,经统计,2010名被告人中,只有4名未成年人、1名年满75周岁的老年人、1名又聋又哑的人、2名盲人,其余皆为成年人且具有完全刑事责任能力。这和其他财产型犯罪有很大的不同,例如,赵学军

---

〔1〕 高铭暄、马克昌主编:《刑法学》,北京大学出版社、高等教育出版社2017年版,第254页。

博士在抢劫罪实证研究中发现,未成年人比重占全样本的 20.6%;[1]董晓华博士在盗窃罪实证研究中发现,未成年人比重占全样本的 12.6%。[2]这也从另一个方面证明,诈骗罪是智力型犯罪,其顺利实施对行为人的策划、表达、表演、合作等各种能力提出了较高的要求,心智发育尚未成熟的未成年人、生理及心理机能衰退的老年人、听说或视觉机能不健全的聋哑人或盲人、辨认或控制能力有所缺陷的精神病人,难以完成如此高难度的犯罪。这些因素出现频率过低,不具有统计意义,因此,不再研究其对量刑的影响力。

2. 达成刑事和解协议、羁押期间表现良好这两个情节在裁判文书中没有体现,因此,略去不谈;犯罪对象为弱势人员这个因素可以具体化为诈骗罪司法解释规定的"诈骗残疾人、老年人或者丧失劳动能力人的财物",因此,笔者将其放到诈骗罪特有情节中加以分析。而前科情节(不构成累犯的前科)在全样本中仅出现 67 例,统计意义不明显,本书也不再研究。

(一)与行为人有关的常见量刑情节

与行为人有关的普通量刑影响因素包括累犯、坦白、自首、立功、认罪、认罪认罚、退赃退赔、积极赔偿被害人经济损失并取得谅解,这些因素体现了行为人的人身危险性和主观恶性,是法官在量刑时不可回避的重要因素。

累犯,是刑法明文规定的从重处罚情节,是指行为人因故意犯罪被判处有期徒刑以上刑罚,在刑罚执行完毕或者赦免以后 5 年内,再犯应当判处有期徒刑以上刑罚之故意犯罪的犯罪分子。累犯实施的前罪和后罪都较为严重,且其再次实施犯罪的可能性也比初犯更大,因此,有必要对其从重处罚以加强教育和矫正。全样本中共有 95 人构成累犯,接近全样本的 5%。数量比较少,可能在一定程度上影响统计结果的准确性。当然,这也在一定程度上反映出我国的罪犯改造效果还是比较可观的。

坦白是《中华人民共和国刑法修正案(八)》增设的法定量刑情节,是指行为人如实供述自己罪行的情形。笔者将判决书中"本院认为"部分载明"到案后如实供述犯罪事实"或者"坦白"的进行统计,结果发现,共有 1237 名被告人具有该情节,占全样本的 61.5%。这说明坦白是诈骗罪中出现频率较高的一个量刑情节。

自首是指行为人犯罪后自动投案,如实供述自己罪行的情形。自首说明犯

---

[1] 赵学军:《抢劫罪量刑经验研究》,法律出版社 2019 年版,第 179 页。
[2] 董晓华:《北京市盗窃罪量刑实证研究——以 2736 份判决书为样本》,法律出版社 2020 年版,第 134 页。

罪人犯罪后能够改过自新，人身危险性大大降低，且有利于节约司法资源，使案件得到及时处理，因此，历次量刑指导文件都对自首情节作了较大幅度的减轻处罚规定。判决书中对于自首的认定较为明确，经统计，全样本共有158名被告人具有自首情节，所占比例接近8%。

立功在全样本中共有两种情形，分别是揭发他人犯罪事实和协助抓捕其他犯罪嫌疑人。全样本仅有55名被告人有立功情节，所占比例为3%。这说明立功在诈骗罪量刑实践中较少发生，这其中既有客观原因，如确实不了解他人犯罪情况，也有主观原因，如不愿或不敢揭发他人犯罪情况。

认罪体现了行为人犯罪后的主观态度。笔者所统计的认罪是指判决书"本院认为"部分载明"自愿认罪""认罪态度较好""当庭自愿认罪""认罪"的情形，全样本中共有564名被告人有认罪情节。

认罪认罚从宽是2018年《刑事诉讼法》修改之际新增的一项刑事制度，它是指犯罪嫌疑人、被告人自愿如实供述自己的罪行，承认指控的犯罪事实愿意接受处罚的，可以依法从宽处理。[1]该制度在本质上是通过被告人与国家的合作，以简化程序作为代价而换取从宽处罚的权利；作为一个合作型司法和犯罪治理模式的重大变革，具有独立的立法价值，也是一种独立的量刑情节。[2]本书中统计的认罪认罚情节，均是裁判文书明确写明"认罪认罚"的情况，与认罪情节不存在交集。只认罪不认罚的，将其统计为具有"认罪"情节；只有既认罪又认罚的，才将其统计为具有"认罪认罚"情节。全样本中共有493例适用了该情节。其中，认罪认罚情节在2017年、2018年出现的频数特别少，当时只是法官裁量刑罚的酌定情节。2018年《刑事诉讼法》的修订将其上升为法定量刑情节之后，适用率明显上升。

退赃退赔、积极赔偿被害人经济损失并取得谅解这两个情节，笔者稍加调整，将其改造成"是否挽回被害人经济损失"和"是否取得被害人谅解"两个情节。诈骗犯罪实施之后，被害人挽回损失的途径有3种，分别是行为人退赔退赃、积极赔偿和公安机关追缴赃款赃物。因为钱属于种类物，所以退赔退赃与积极赔偿之间其实并无实质性差别，二者均属于行为人犯罪后表现，体现了其主观恶性有所降低；而公安机关追缴赃款赃物，虽然并非出于行为人的本意，但毕竟客观上能够挽回全部或部分损失，降低社会危害，与那些挥霍赃物或者进行违法犯罪活动致使诈骗财物彻底无法追回的情况相比，在量刑时还是应当有所区别的。实践中，如果被告人退赔退赃、积极赔偿或者公安机关追缴

---

[1]《刑事诉讼法》第15条。
[2] 李勇："从认罪认罚独立性把握'禁止重复评价'"，载《检察日报》2021年8月4日，第3版。

了全部诈骗钱款,则属于被害人经济损失全部得到挽回;如果退赔退赃、积极赔偿或者公安机关追缴了部分诈骗钱款,则属于被害人经济损失部分得到挽回。经统计,全样本中共有389例被害人经济损失全部得到挽回,共有460例被害人经济损失部分得到挽回。被害人经济损失是否挽回是法官在审理案件时要查明的事实,笔者猜想其对量刑活动具有一定的影响,事实是否如此将在下面的研究中进行验证。另外,是否谅解与是否积极赔偿损失并不是对应的,有的全部赔偿却未必能得到被害人谅解,有的没有赔偿也能取得被害人谅解。在谅解与赔偿之间,谅解是目的,赔偿只是手段。只有取得被害人谅解,才意味着社会矛盾的真正化解,因此,真正对法官量刑产生影响的,是被害人是否谅解,更何况"积极赔偿被害人经济损失"可以被"是否挽回被害人经济损失"情节所吸收。因此,笔者所统计的是判决书中载明"被害人谅解"的情形,共有285例,占全部样本的14.2%。

(二) 与行为有关的常见量刑情节

诈骗罪中与行为本身有关的普通量刑影响因素有共犯形态、停止形态、在灾害期间故意犯罪,下面分别介绍。

共犯形态,是指共同犯罪中各行为人所处的地位和所起的作用。全样本中,共有373名单独犯罪人,1637名共同犯罪人,共同犯罪所占比重高达81%。这与诈骗罪的行为方式有很大关系,一些诈骗行为必须由多人分工合作才能完成,如"拾金平分"、酒托、假结婚等,特别是近年来日益猖獗的电信网络诈骗中,只有少数情况是被告人通过群发邮件、短信等方式发布虚假信息,致使被害人轻信而交付财物,这种犯罪仅需一人即可完成,手段相对简单;而绝大多数情况是需要多名被告人相互分工、相互配合,共同完成平台建设、拨打电话、提取钱款等多个环节,甚至形成固定的犯罪团伙并产业化发展、企业化运作。笔者对1140名电信网络诈骗案件被告人的共犯形态进行统计发现,共同犯罪的1103人占比接近97%,有的案例中共同犯罪人数多达几十人。赵学军博士在从事北京市抢劫罪实证研究时发现,8760名被告人中属于共同犯罪的多达7117人,共同犯罪率为81.2%。之所以如此,是因为抢劫是一种依靠激烈的身体对抗才能完成的犯罪,共同犯罪可以增强犯罪实力,顺利实现犯罪目的。为了证明这一论断,其统计了单独犯罪人和共同犯罪人的未遂率,发现单独犯罪人的未遂率高达20%,而共同犯罪人的未遂率仅有6.3%,这恰好证明了其结论。[1] 同样,笔者也进行了这样一种检验,以求证共同犯

---

[1] 赵学军:《抢劫罪量刑经验研究》,法律出版社2019年版,第35~36页。

罪能否增强犯罪的成功率。结果发现，2010名被告人中，有102人存在未遂情节，其中，共同犯罪人多达96人，即共同犯罪人的未遂率约为6%，而单独犯罪人的未遂率为1.6%。可见，共同作案是无助于成功实施诈骗的。这也恰恰说明诈骗罪是一种智力型犯罪，与抢劫罪这种体力型犯罪有着重大区别，并非"人多力量大"就能成功实施，其主要靠"智取"，而非"强夺"。因此，诈骗罪中共同犯罪率较高，主要是由某些诈骗方式本身的特点决定的，与犯罪成功率无关。全样本中，共同犯罪人中没有发现胁从犯和教唆犯的情况，判决书中明确认定为主犯的共有493人，明确认定为从犯的共有841人，明确认定为诈骗集团首要分子的共13人，此外，还有290人没有明确区分为主犯或从犯。笔者认为，这种情况下，法官没有对其从宽处罚，应当是按照主犯处理。根据《刑法》的规定，从犯属于从宽处罚情节，应当从轻、减轻或者免除处罚，而主犯按照其参与的或者组织、指挥的全部犯罪处罚，正常量刑。

停止形态，是指故意犯罪在产生、发展和完成的过程和阶段中，因主客观原因而停止下来的各种犯罪状态，包括犯罪既遂、未遂、预备、中止四种情况。但是，在笔者收集的判决书中，未发现犯罪预备和中止的情况，既遂为1908例，所占比例高达94.93%。存在未遂情节的仅102例，其中，77例出现在以"情节"作为法定刑升格条件的案件中，即利用发送短信、拨打电话、互联网等电信技术手段对不特定多数人实施诈骗，发送诈骗信息或者拨打诈骗电话达到特定数量，应认定为具有"其他严重情节"或者"其他特别严重情节"，以诈骗罪（未遂）定罪处罚。[1]所以，在以"情节"作为量刑标准的案件中，未遂应该发挥着重要作用。但是，在以"数额"作为量刑标准的案件中，由于未遂情节出现的频次太低，几乎不具有统计学意义。

在灾害期间故意犯罪，即在重大自然灾害、预防、控制突发传染病疫情等灾害期间故意犯罪。行为人选择在灾害期间犯罪，所造成的客观危害与非灾害期间相比有着明显区别，因此，应当在量刑上予以体现。遗憾的是，该情节在全样本中仅出现了15例，不具有统计学意义，后面不再对其展开研究。

综上所述，根据样本实际情况，本书最终确定了累犯、坦白、自首、立功、认罪、认罪认罚、从犯、未遂、是否挽回被害人经济损失、是否取得被害人谅解10个常见量刑情节，其调节幅度如下：

---

[1] 参见《2011年诈骗案件解释》第5条第2、3款。

表 3-1　常见量刑情节调节幅度统计表

量刑情节	通常情形下的调节幅度	特别情形下的调节幅度
累犯	增加基准刑的 10%~40%，一般不少于 3 个月	
坦白	减少基准刑的 20%以下	如实供述司法机关尚未掌握的同种较重罪行的，减少基准刑的 10%~30%；
		避免特别严重后果发生的，减少基准刑的 30%~50%
自首	减少基准刑的 40%以下	犯罪较轻的，减少基准刑的 40%以上或者免除处罚
立功	减少基准刑的 20%以下	重大立功的，减少基准刑的 20%~50%
		犯罪较轻的，减少基准刑的 50%以上或者免除处罚
当庭自愿认罪	减少基准刑的 10%以下	
认罪认罚	减少基准刑的 30%以下	具有自首、重大坦白、退赃退赔、赔偿谅解、刑事和解情节的，减少基准刑的 60%以下
		犯罪较轻的，减少基准刑的 60%以上或者依法免除处罚
从犯	减少基准刑的 20%~50%	犯罪较轻的，减少基准刑的 50%以上或者免除处罚
未遂	减少基准刑的 50%以下	
是否挽回损失	退赔退赃的，减少基准刑的 30%以下；积极赔偿但没取得谅解的，减少基准刑的 30%以下	严重危害社会治安的，应从严掌握
被害人谅解	没有赔偿但是取得谅解的，减少基准刑的 20%以下	积极赔偿并取得谅解的，减少基准刑的 40%以下
		严重危害社会治安的应从严掌握

二、诈骗罪特有情节

（一）诈骗罪特有情节概述

诈骗罪特有的量刑影响因素是指《2011 年诈骗案件解释》和《2016 年电信网络诈骗案件意见》以及各省份高级人民法院颁布的量刑实施细则中专门针对诈骗罪而规定的从重或从宽处罚情节。

《2011年诈骗案件解释》规定了"通过发送短信、拨打电话或者利用互联网、广播电视、报刊杂志等发布虚假信息,对不特定多数人实施诈骗""诈骗救灾、抢险、防汛、优抚、扶贫、移民、救济、医疗款物""以赈灾募捐名义实施诈骗""诈骗残疾人、老年人或者丧失劳动能力人的财物""造成被害人自杀、精神失常或者其他严重后果"5个情节。根据该解释第2条的规定,这5个情节的性质分为两种,一种是作为从重处罚情节,即诈骗公私财物达到规定的数额标准,具有上述情节之一的,可以依照《刑法》第266条的规定酌情从严惩处;一种是作为法定刑升格条件,即诈骗数额接近"数额巨大""数额特别巨大"的标准,并具有上述情形之一或者"属于诈骗集团首要分子"的,应当分别认定为《刑法》第266条规定的"其他严重情节""其他特别严重情节"。本章要统计的仅仅是其作为从重处罚情节的情况。此外,《2011年诈骗案件解释》还将"诈骗近亲属财物"规定为从宽处罚情节。[1]

《2016年电信网络诈骗案件意见》在上述司法解释的基础上,针对电信网络诈骗,增加了一些从重处罚情节:"冒充司法机关等国家机关工作人员实施诈骗的""组织、指挥电信网络诈骗犯罪团伙的""在境外实施电信网络诈骗的""曾因电信网络诈骗犯罪受过刑事处罚或者二年内曾因电信网络诈骗受过行政处罚的""利用电话追呼系统等技术手段严重干扰公安机关等部门工作的""利用'钓鱼网站'链接、'木马'程序链接、网络渗透等隐蔽技术手段实施诈骗的"。

除此之外,北京、河南等省份的量刑实施细则中,除了对上述情节加以规定之外,还增加了"多次诈骗""为吸毒、赌博等违法活动诈骗""确因生活所迫、学习、治病急需而诈骗"等情形。由于量刑实施细则是各省份量刑实践的直接依据和准则,因此,有必要对这些情形的影响力进行量化研究。

在建立数据库过程中,笔者以上述情节为变量进行统计,结果发现,"诈骗救灾、抢险、防汛、优抚、扶贫、移民、救济、医疗款物""以赈灾募捐名义实施诈骗""造成被害人自杀、精神失常或者其他严重后果""诈骗近亲属的财物""确因生活所迫、学习、治病急需而诈骗"等情节在全样本中出现的频率少之又少,不具有统计意义;即便某个情节在个案中对刑罚量的增减起到很大作用,也很难据此推而广之,认为其对该量刑结果具有较大影响力。因此,在这一部分,笔者只是将出现频率相对较高的"多次诈骗""诈骗残疾人、老年人或者丧失劳动能力人的财物""通过发送短信、拨打电话或者利用互联网、广播电视、报刊杂志等发布虚假信息,对不特定多数人实施诈骗""冒充司法机关等国家机关工作人员实施诈骗""在境外实施电信网络诈骗"这5个情节作为诈骗罪特有

---

[1] 参见《2011年诈骗案件解释》第4条。

的量刑影响因素进行研究，其中后 3 个是电信网络诈骗犯罪特有的情节。

（二）本书涉及的诈骗罪特有情节

多次诈骗，是指实施诈骗行为达 3 次或 3 次以上。多次诈骗可能针对多人，也可能仅仅针对一人；可能方式完全相同，也可能编造不同的事实和理由。多次诈骗，说明行为人具有较大的人身危险性，理论上应当比仅仅诈骗 1 次或 2 次的情况处罚得更重。笔者在建立数据库过程中发现，很多案例属于多次诈骗的情况，但判决书的"本院认为"部分却没有明确认可这一情节，这让笔者一度怀疑该因素在量刑过程中是否进入了法官的视野。最终，笔者决定以事实为依据进行统计，凡是法院审理查明的事实表明是多次诈骗的，不管最后是否出现在"本院认为"部分，均作为多次诈骗来认定，借此验证该情节在法官的量刑活动中是否发挥作用。全样本共有 1570 名被告人多次诈骗，所占比例高达 78.1%。其中，电信网络诈骗绝大多数属于多次诈骗，因为其诈骗方式决定了行为具有多次性、重复性。

诈骗残疾人、老年人或者丧失劳动能力人的财物实际上是关于特殊被害人的规定。这类被害人属于弱势群体，辨认和控制能力相对较差，身体缺陷、经济困难等因素导致其承受犯罪侵袭的能力比一般社会成员更低。对这部分人实施诈骗，将对其身体、精神和基本生活产生严重影响，因而具有更大的社会危害性和主观恶性，在道德层面也更应受到谴责。基于这个原因，《2011 年诈骗案件解释》将其作为从重处罚情节和构成要件要素加以规定。在全样本中，笔者未发现诈骗残疾人和丧失劳动能力的人的情况，只有诈骗老年人财物的情况，共 349 例。其中，17 例属于"诈骗数额接近巨大或者特别巨大标准，并具有诈骗老年人财物情形"，因而认定为具有"其他严重情节"或"其他特别严重情节"，即"诈骗老年人财物"属于影响法定量刑幅度的情节，其余 332 例为从重处罚要素。

通过发送短信、拨打电话或者利用互联网、广播电视、报刊杂志等发布虚假信息，对不特定多数人实施诈骗，是《2011 年诈骗案件解释》规定的从重处罚情节。因其波及范围广，被害人数多，通常情况下诈骗财物款项大，具有严重的社会危害性，所以相较于传统诈骗，对其应当从重量刑，以体现区别对待。《2016 年电信网络诈骗案件意见》也进一步指出，对实施电信网络诈骗犯罪的被告人裁量刑罚，在确定量刑起点、基准刑时，一般应就高选择。这体现了国家从严打击电信网络诈骗的决心和要求。全样本中共有 1141 人实施了电信网络诈骗，其中，82 人实施的电信网络诈骗作为法定刑升格条件，其余 1059 人实施的电信网络诈骗则属于从重量刑情节。

冒充司法机关等国家机关工作人员实施诈骗，是电信网络诈骗特有的一个从重处罚情节。实践中，常见的情形是：电信网络诈骗团伙谎称被害人涉嫌刑事案件，为其转接至所谓的公安司法机关，进而冒充国家机关工作人员进行诈骗。这种情形不仅侵害了被害人的财产权利，而且损害了国家机关的威信与声誉，应当从重处罚。全样本中共有258例该种情形。

在境外实施电信网络诈骗，也是电信网络诈骗所特有的一个从重处罚情节。近年来，境外针对我国大陆居民实施的电信网络诈骗犯罪活动日益猖獗。从2013年开始，专门面向中国大陆的电信诈骗窝点从东南亚各国扩散蔓延到澳大利亚、德国、巴勒斯坦、沙特等国，利用中国在电信、银行、网络等方面的管理漏洞疯狂作案。上海、江苏、浙江、福建、广东等五地更是电信诈骗的重灾区。[1]可见，由于电信网络诈骗是典型的远程非接触性犯罪，犯罪分子借助发达的现代通讯、网上银行、手机银行等手段，将拨打诈骗电话窝点、网络诈骗平台窝点藏匿在不同国家、不同地区，在空间上轻易地实现了跨地区、跨国、跨境的大范围、大跨度犯罪。[2]这类犯罪呈现集团化、专业化、精细化特点，严重损害了人民群众的财产安全，而且由于犯罪人身处国外，查获、取证的难度非常大，需要耗费大量的司法资源，因而有必要从重处罚。全样本共有302例该种情形。

这5个情节在多大程度上影响量刑，最高司法机关并没有作出明确规定，但是各省份的实施细则中有所涉及，具体情况如下：

表3-2 诈骗罪特有情节调节幅度统计表

情节	北京	广东	河南	四川
多次诈骗	增加基准刑的20%以下	增加基准刑的30%以下	增加基准刑的20%以下	增加基准刑的20%以下
诈骗残疾人、老年人或者丧失劳动能力人的财物	增加基准刑的30%以下	增加基准刑的30%以下	增加基准刑的30%以下	增加基准刑的30%以下
通过发送短信、拨打电话或者利用互联网、广播电视、报刊杂志等发布虚假信息，对不特定多数人实施诈骗	增加基准刑的30%以下	增加基准刑的30%以下	增加基准刑的30%以下	增加基准刑的30%以下

---

[1] "电信诈骗：南方是重灾区"，载 https://www.acfun.cn/a/ac588165？from = video，最后访问时间：2022年4月27日。

[2] "公安部剑指电信诈骗，联合22个部门集中围剿电信诈骗违法犯罪"，载 http://news.cnr.cn/native/gd/20151106/t20151106_520423376.shtml，最后访问时间：2015年12月11日。

续表

情节	北京	广东	河南	四川
冒充司法机关等国家机关工作人员实施诈骗	未明确规定	增加基准刑的30%以下	增加基准刑的30%以下	未明确规定
在境外实施电信网络诈骗	未明确规定	增加基准刑的30%以下	增加基准刑的30%以下	未明确规定

三、与案件本身无关的因素

与案件本身无关的因素，有的学者称之为"程序性因素"，[1]也有学者称之为"非法定量刑因素"，[2]是指既与犯罪行为无关、又与犯罪人无关的一些外在因素。这些因素不能体现行为的社会危害性及人身危险性，但是在我国现行司法体制之下，却有可能对量刑结果产生一定的影响。根据笔者的访谈及在司法机关工作期间形成的经验认知，确定了是否有律师参与、是否被羁押、是否外来人口这三个因素加以考察。

（一）是否有律师参与

有律师参与，既包括被告人委托律师参与诉讼，也包括法院指定律师提供辩护。笔者在建立数据库过程中对此没有加以区分，而是一并统计。全样本共有1395例律师参与庭审的情况，所占比例为69.4%。那么是否有律师参与庭审对量刑结果是否有影响呢？为此，笔者对量刑结果和律师参与情况进行交叉制表，结果如下：

表3-3 量刑结果＊是否有律师参与 交叉制表

（单位：例）

		是否有律师参与		合计
		否	是	
量刑结果	免予刑事处罚	2	4	6
	单处罚金	6	1	7
	管制	1	0	1
	拘役	19	11	30

---

[1] 赵学军：《抢劫罪量刑经验研究》，法律出版社2019年版，第63页。
[2] 彭雅丽："量刑指导意见的司法实践与重构——以盗窃罪为切入点"，载《法学研究》2021年第4期。

续表

		是否有律师参与		合计
		否	是	
量刑结果	3年以下有期徒刑	224	332	556
	3年以上10年以下有期徒刑	203	615	818
	10年以上有期徒刑	38	295	333
	无期徒刑	0	29	29
	拘役缓刑	28	7	35
	有期徒刑缓刑	94	101	195
合计		615	1395	2010

由交叉制表可以看出，一些较轻的量刑结果（单处罚金、管制、拘役、拘役缓刑）中，有律师参与庭审的数量低于无律师参与庭审的数量；而在有期徒刑缓刑、3年以下有期徒刑、3年以上10年以下有期徒刑、10年以上有期徒刑、无期徒刑中，律师参与率依次为57%、60%、75%、88.6%、100%，呈逐步上升趋势。这些数据说明，量刑结果越重，律师参与率越高。在司法实践中，犯罪越严重，被告人对律师的作用越重视，希望通过聘请律师参与诉讼获得较轻的量刑结果；犯罪越严重，国家对律师的作用越重视，希望通过指定律师充分维护被告人的基本权利。因而，律师参与率居于较高水平。

（二）是否被羁押

被告人羁押状况，是指被告人被采取强制措施的情况；羁押是被采取逮捕措施，未羁押是被采取取保候审或监视居住措施。全样本共有1722人被羁押，羁押率高达85.67%。

那么，是否羁押与最终的量刑结果是否有关呢？为此，笔者对量刑结果与是否羁押进行了交叉制表，结果如下：

表3-4 量刑结果＊是否羁押 交叉制表

（单位：例）

		是否羁押		合计
		否	是	
量刑结果	免予刑事处罚	3	3	6
	单处罚金	7	0	7

续表

		是否羁押		合计
		否	是	
量刑结果	管制	1	0	1
	拘役	1	29	30
	3年以下有期徒刑	65	491	556
	3年以上10年以下有期徒刑	22	796	818
	10年以上有期徒刑	1	332	333
	无期徒刑	0	29	29
	拘役缓刑	35	0	35
	有期徒刑缓刑	153	42	195
合计		288	1722	2010

由该表可见，单处罚金、管制、拘役缓刑、有期徒刑缓刑这几种量刑结果对应的羁押率较低，而有期徒刑、无期徒刑、拘役对应的羁押率较高。笔者将上述量刑结果分为监禁刑和非监禁刑两类：监禁刑包括拘役、3年以下有期徒刑、3年以上10年以下有期徒刑、10年以上有期徒刑、无期徒刑，总人数为1766人，羁押人数为1677人，羁押率为95%；非监禁刑包括免予刑事处罚、单处罚金、管制、拘役缓刑、有期徒刑缓刑，总人数为244人，羁押人数为45人，羁押率为18.4%。这说明非监禁刑对应的羁押率远远低于监禁刑。犯罪嫌疑人、被告人被采取羁押措施的，其将来被判处监禁刑的可能性较大；犯罪嫌疑人、被告人未被采取羁押措施的，其将来被判处非监禁刑的可能性较大。如此一来，取保候审、监视居住、逮捕这些侦查阶段的强制措施本来的作用是保障刑事诉讼顺利进行，但是在司法实践中却起到了预测、预定宣告刑的作用。

（三）是否外来人口

外来人口，是指判决书中所载的出生地、户籍所在地与法院所在地不属于同一省份的情况。全样本中，被告人为本地人口的共479例，为外地人口的共1368例，判决书中未载明该项内容的共163例，（按本地人口统计）。那么，是否外来人口对量刑结果是否有影响呢？为此，笔者对量刑结果和是否外来人口情况进行交叉制表，结果如下：

表 3-5　量刑结果 * 是否外来人口　交叉制表

（单位：例）

		是否外来人口		合计
		否	是	
量刑结果	免予刑事处罚	4	2	6
	单处罚金	4	3	7
	管制	1	0	1
	拘役	8	22	30
	3 年以下有期徒刑	167	389	556
	3 年以上 10 年以下有期徒刑	217	601	818
	10 年以上有期徒刑	102	231	333
	无期徒刑	12	17	29
	拘役缓刑	26	9	35
	有期徒刑缓刑	101	94	195
	合计	642	1368	2010

由该表可见，全样本中外来人口共计 1368 人，占全体被告人的 68%，其中，被判处监禁刑的共计 1260 人，占比高达 92%；而在免予刑事处罚、单处罚金、管制、拘役、3 年以下有期徒刑、拘役缓刑、有期徒刑缓刑这些较轻的量刑结果中，共有外来人口 519 人，其中，被判非监禁刑的共计 108 人，占比 21%，被判监禁刑的共计 411 人，占比 79%。这说明外来人口被判监禁刑的概率远远大于被判非监禁刑的概率。为什么会出现这种情况呢？笔者专门对是否外来人口和是否羁押情况进行交叉列表，结果如下：

表 3-6　是否羁押 * 是否外来人口　交叉制表

（单位：例）

		外来人口		合计
		否	是	
羁押	否	132	156	288
	是	510	1212	1722
	合计	642	1368	2010

根据该表，外来人口的羁押率高达 88.6%，这是因为办案机关担心外来人

口在本地没有稳定的住所和社会关系，如对其采取取保候审等非羁押措施，容易脱保影响刑事诉讼顺利进行，因而通常对其采取拘留、逮捕等刑事强制措施。而如前所述，在我国，刑事强制措施对于宣告刑具有预判效应，所以，外来人口的高羁押率决定了其最终的高监禁率。

第二节 研究设计

一、研究目标

在上一章，通过实证研究发现，诈骗数额在量刑中所起的作用在一定程度上会被量刑情节所削弱。那么，实践中，究竟有哪些因素影响法官的刑罚裁量活动？其影响力大小如何？本章将对这一问题进行探讨。在探讨之前，有必要对学者们已经开展的关于量刑影响因素的实证研究进行梳理。

一种研究思路是将量刑影响因素区分为与行为严重性相关的报应性因素和与行为人人身危险性相关的预防性因素。有学者通过经验性研究发现，在实际量刑活动中，能够进入裁量者视野的变量范围非常有限，且这些变量主要是与行为严重性相关的报应性因素。在刑罚裁量中，与行为严重性相关的因素得到高度重视，而针对行为人的预防性因素则始终处于边缘化位置，量刑表现出仅对有限变量进行笼统和简洁评价的特征。[1]该结论同样被其他学者的实证研究所支持。白建军教授对抢劫罪、盗窃罪、诈骗罪等案件的量刑情况进行回归分析，证实对刑量大小具有实际影响的因素主要是报应性情节，法官更多地用报应性情节支持其刑量分配。[2]

另一种研究思路是将量刑影响因素区分为趋轻情节和趋重情节。有学者以盗窃罪为切入点，通过对影响有期徒刑的因素进行回归分析，发现我国法官在趋轻情节的适用上较趋重情节更为保守，量刑"当严则严"，该宽时不够宽，从而无法有效因应重刑主义的量刑实践。而通过对影响罚金刑的因素进行回归分析，发现与有期徒刑适用相比，有更多趋轻情节体现出显著相关性，并且趋轻情节的作用幅度也较大。[3]而另一位学者也是对盗窃罪量刑进行经验研究，通过统计分析具有累犯、坦白和认罪认罚情节的案件量刑情况，得出司法机关更重视增量情节对量刑的加功作用的结论；通过统计分析具有坦

---

[1] 赵书鸿：“论刑罚裁量的简洁化——量刑活动的经验性研究结论”，载《中外法学》2014年第6期。
[2] 白建军：《公正底线——刑事司法公正性实证研究》，北京大学出版社2008年版，第133~152页。
[3] 彭雅丽：“量刑指导意见的司法实践与重构——以盗窃罪为切入点”，载《法学研究》2021年第4期。

白、认罪认罚情节的案件量刑情况，得出减量情节对量刑的加功作用不明显的结论。[1]

还有学者致力于在上述因素之外探寻其他与案件本身无关的因素对量刑的影响。例如，赵学军博士通过单因素方差分析及卡方检验的方法发现，犯罪人职业、学历、户籍、是否羁押、是否有律师、法官性别等因素对量刑具有显著影响，认为司法实践中影响量刑的因素不仅仅限于社会危害性程度和人身危险性两个方面，还存在大量非合理性因素。[2]胡昌明博士通过对某地4家基层法院1060个盗窃罪刑事判决进行实证分析发现，当事人的社会结构因素，包括性别、籍贯、年龄、学历、职业等，对量刑的轻重具有一定的影响；其认为被告人的社会结构差异在司法实践中大量存在，作为一种隐性的力量，对法官默默产生影响，这对于法律的确定性、公正性和社会正义观也是一种极大的挑战。[3]李荣博士通过问卷调查和个别访谈，发现法官的情感因素对判决的影响确实客观存在。而这些情感因素包括：法官的心情、对被告人的喜好、厌恶，对被害人的同情、厌恶，或者对某类犯罪的厌恶与容忍等。这说明法官定罪量刑的过程是心与脑对话的过程，是理性与非理性冲突、协调的过程。[4]

这些既有的研究成果为本书开展诈骗罪量刑影响因素研究打开了思路——诈骗罪量刑实践是否符合上述实证研究得出的结论？究竟有哪些因素会对法官的刑罚裁量活动产生实质性影响？最高司法机关的量刑指导文件及各省实施细则规定对量刑情节的规定是否与实践相契合？这些都是本章通过实证研究所要解答的问题。总体而言，本章的研究目标有两个：一是求证。通过相关性检验和回归分析方法，探索影响刑种选择、刑期长短、罚金数额的因素分别有哪些？每一种因素的影响力如何？从而检验在诈骗罪量刑中，是否也存在上述重报应性情节而轻预防性情节、重从重情节而轻从宽情节的现象。二是评价。最高司法机关的量刑指导文件及各省实施细则规定了若干量刑情节及其调节幅度，那么在司法实践中，这些规定是否发挥了应有的指导作用？这些情节是否发挥了应有的调节作用？在此基础上，对我国的量刑规范化工作进行评价和反思。

---

[1] 彭文华："盗窃罪量刑规范化问题实证研究"，载《华东政法大学学报》2021年第2期。

[2] 赵学军："量刑偏差的司法表现与量刑规范的实现路径——基于抢劫罪刑事判决书的实证考察"，载《天津法学》2019年第3期。

[3] 胡昌明："被告人身份差异对量刑的影响：基于1060份刑事判决的实证分析"，载《清华法学》2018年第4期。

[4] 李荣："影响刑事判决的法官情感因素及其制约"，载《河北法学》2008年第4期。

二、研究方案

在诈骗罪中，诈骗数额对量刑结果起到决定性作用，这是毋庸置疑的。除此之外，其他因素对量刑结果的影响力如何呢？通过前一节的介绍，除了诈骗数额，司法实践中可能影响诈骗罪量刑的因素共有三类：诈骗罪特有的量刑影响因素、常见量刑情节、与案件本身无关的其他因素。除去司法实践中出现频率较低的情况，本书将对19个因素展开研究。

（一）研究内容

1. 量化分析。本章对样本中的量刑影响因素进行全方位、多角度经验分析。具体包括以下方面：①哪些因素对于有期徒刑刑期的长短具有显著的影响力？影响力大小如何？②哪些因素对于是否判处缓刑具有显著的影响力？影响力大小如何？③哪些因素对于罚金数额具有显著的影响力？影响力大小如何？④哪些因素对于是否减轻处罚具有显著的影响力？影响力大小如何？

2. 理论剖析。对上述实证数据进行理论剖析：①总结在司法实践中，究竟报应性情节影响更大，还是预防性情节影响更大？法官更加重视从重情节还是从宽情节？法官在量刑时是否受到了与案件本身无关的因素的影响？在此基础上，结合刑法学中的量刑理论对上述结论进行深层次的挖掘和升华。②总结各量刑影响因素对量刑所起的作用与《量刑指导意见》的规定是否一致？最高司法机关的量刑指导文件、各省份的实施细则以及相关司法解释在实践中是否发挥了应有的指导作用？在此基础上，对我国的量刑规范化程度进行评价和反思。

（二）分析方法

在接下来的研究中，各影响因素属于自变量，而量刑结果属于因变量，主要采用相关性检验与回归分析相结合的方法。

1. 相关性检验。实证研究贵在实事求是，因此，在得出结论之前，笔者不主观臆断、不预先假设，而是将19种量刑影响因素全部作为自变量纳入分析范围，分别与几个因变量（主刑刑期、罚金数额、是否缓刑、是否减轻处罚等）进行相关性检验，根据相关性检验结果，剔除与该因变量不具有显著相关性的因素。在此基础上，再分别进行回归分析。

2. 回归分析。在回归分析中，因变量有的表现为是否缓刑这样的二分定类变量，有的表现为有期徒刑时长、罚金数额这样的连续定距变量。因此，笔者将分别采用逻辑回归分析和多元线性回归分析就各因素对量刑的影响力进行比较。其中，逻辑回归分析用于检验多个自变量对定类因变量的作用，主要观察 P 值、Exp（B）和非标准化回归系数 Beta 值。$P \leq 0.05$，说明差异显著，该自变量对因变量有明显的作用力。Exp（B）表示在其他变量不变的情况下，自变量每上升一个单位，因变量结果出现的机会是原来的多少倍。逻辑回归分析没有提供标准化的回归系数，因此，不同自变量的发生比之间不可比，其相对作用的大小不能直接比较，而是需要用非标准化回归系数 B 值 × 标准差 ÷ 1.8138 来计算标准化回归系数，用于表示自变量与因变量的相关程度，前面的正号表示正相关，负号表示负相关；[1]多元线性回归分析用于检验多个自变量对定距因变量的作用，主要观察 P 值和标准化回归系数 Beta 值，判断规则同上。

第三节　各量刑影响因素的影响力分析

一、研究假设

本节主要分析哪些因素对刑期的长短、罚金数额的多少、是否适用缓刑、是否减轻处罚具有显著影响力，以及影响力大小。在研究之前，笔者根据《量刑指导意见》相关规定以及现有的研究成果，提出以下假设：

1. 各因素在量刑活动中的地位是不等同的，与行为有关的报应性因素对量刑的影响大于与行为人有关的预防性因素。该假设的提出除了受前述学者已经形成的研究成果影响之外，还有以下几点依据：首先，在诈骗罪中，诈骗数额既是入罪的条件，又是量刑的主要标准，因此，不论是刑种的选择，还是刑期与罚金的决定，都是法官所关注的最主要因素。而数额本身就是与行为有关的报应性因素，因而奠定了报应性因素在诈骗罪量刑中的地位。其次，根据《量刑指导意见》中关于量刑情节调节基准刑的规定，[2]前述提到的 19 种因素中，除诈骗数额之外，未遂、从犯情节将优先适用，这说明二者在从宽情节中的地位是高于自首、坦白、认罪等预防性情节的。此外，二者减少基准刑的比例最高可达 50%，居常见量刑情节之首。而量刑情节的作用排序是以最高作用限度为主的，因此，二者处于常见量刑情节的第一梯队。[3]据统计，全样本中，未遂共 102 例，从犯共 841 例，因此，笔者推断，从犯情节对法官的量刑情节将产生显著影响。

---

[1]　白建军：《法律实证研究方法》，北京大学出版社 2014 年版，第 182~186 页。

[2]　具有多个量刑情节的，一般根据各个量刑情节的调节比例，采用同向相加、逆向相减的方法调节基准刑；具有未成年人犯罪、老年人犯罪、限制行为能力的精神病人犯罪、又聋又哑的人或者盲人犯罪、防卫过当、避险过当、犯罪预备、犯罪未遂、犯罪中止、从犯、胁从犯和教唆犯等量刑情节的，先适用该量刑情节对基准刑进行调节，在此基础上，再适用其他量刑情节进行调节。

[3]　王越：“量刑规范性水平的实证检验：以故意伤害罪为例的分析”，载《法学家》2020 年第 6 期。

2. 与案件本身无关的其他因素对量刑具有一定的影响。如前所述，本章选取了是否有律师参与、是否羁押、是否外来人口这三个因素加以研究。就是否有律师参与而言，在被判处 3 年以下有期徒刑、3 年以上 10 年以下有期徒刑、10 年以上有期徒刑、无期徒刑的样本中，律师参与率逐次升高，而在单处罚金、管制、拘役等较轻刑罚适用中，律师的参与率较低。由此，笔者假设律师积极参与到被判处有期徒刑的案件中来，将对刑期的长短、罚金的多少产生一定的影响；就是否羁押、是否外来人口而言，外来人口的羁押率较高，这是一个不争的事实，而羁押又对宣告刑具有预测、预判作用，因此，这两个因素在相当程度上决定了被告人是否被判处监禁刑，所以，笔者假设其对是否缓刑具有一定的影响。

3.《量刑指导意见》以及各省份实施细则在一定程度上对量刑实践发挥了应有的指导作用，但是量刑规范化水平仍有待提升。自量刑规范化改革以来，经过长达十几年的推广、探索、实践，规范量刑的理念已经深入人心，法官熟练掌握了量刑的基本方法。笔者曾经对一些基层法官进行访谈，受访者均表示量刑时虽然有自由裁量的空间，但基本上是按照《量刑指导意见》及实施细则规定的步骤和幅度进行计算。所以，笔者假设量刑指导文件及实施细则的规定能够对诈骗罪量刑实践具有较强的解释力。然而，基于前面的研究发现，当前的量刑工作仍然存在一些不容忽视的问题，如一些情节束之高阁、适用率很低、罚金适用不规范、"数额较大"区间内量刑混乱等，这说明要实现量刑规范化，还有很长的路要走。

二、各因素对有期徒刑刑期的影响

在前面一章，通过对传统诈骗和电信网络诈骗中诈骗数额与刑期的关系进行相关性检验，发现二者在总体上的相关具有显著性，且相关系数在 0.4 以上；另外，对传统诈骗和电信网络诈骗中的裸罪样本进行相关性检验发现，二者在总体上的相关具有显著性，且相关系数达到 0.7 以上。这两组数据说明，在法官裁量刑期的过程中，诈骗数额扮演着重要的角色。与此同时，不论是传统诈骗，还是电信网络诈骗，其 3 个数额区间内，基准刑依次增大，相应地，量刑情节发挥调解作用的空间也依次增大，从而使得诈骗数额与主刑刑期的相关程度依次减弱。有鉴于此，法官在裁量有期徒刑刑期过程中究竟受到哪些因素影响，其影响力大小分别如何？接下来将对相关数据进行量化分析。

（一）相关性检验

由于回归分析对自变量的数量有限制，而在分析之前并不清楚前述 19 种自变量中究竟哪些因素对有期徒刑刑期具有影响，因此，为了最大限度地尊重客观事实，还原量刑真实情况，首先将19种量刑影响因素全部作为自变量，以有期徒刑刑期作为因变量，进行相关性检验。需要说明的是，全样本中共有1707例被判有期徒刑实刑的情况，但是因为诈骗数额是自变量之一，而在以情节作为法定刑升格标准的样本中，有一部分诈骗数额无法查证属实，难以分析诈骗数额与有期徒刑刑期的关系，所以，将这一部分样本剔除，对剩余的1624例样本开展研究。

表3-7 各因素与有期徒刑刑期的相关性检验结果

量刑影响因素	显著性（双侧）	Pearson 相关性
诈骗数额	0.000	0.416**
是否多次	0.487	-0.017
是否从犯	0.000	-0.343**
是否存在未遂情节	0.368	-0.022
是否取得被害人谅解	0.000	-0.137**
是否挽回全部损失	0.000	-0.258**
是否挽回部分损失	0.448	0.019
通过发送短信、拨打电话或者利用互联网、广播电视、报刊杂志等发布虚假信息，对不特定多数人实施诈骗	0.217	-0.031
是否诈骗残疾人、老年人或者丧失劳动能力人的财物	0.003	0.072**
是否冒充司法机关等国家机关工作人员	0.000	0.181**
是否在境外实施电信网络诈骗	0.000	0.129**
是否累犯	0.004	-0.071**
是否自首	0.149	-0.036
是否立功	0.814	-0.006
是否坦白	0.000	-0.214**
是否认罪	0.239	-0.029
是否认罪认罚	0.000	-0.162**
是否有律师参与	0.000	0.241**
是否被羁押	0.000	0.163**
是否外来人口	0.576	-0.014

**. 在0.01水平（双侧）上显著相关。

通过分析发现，诈骗数额、是否从犯、是否取得被害人谅解、是否挽回全部损失、是否诈骗残疾人、老年人或者丧失劳动能力人的财物、是否冒充司法机关等国家机关工作人员、是否在境外实施电信网络诈骗、是否累犯、是否坦白、是否认罪认罚、是否有律师参与、是否被羁押这12个因素与有期徒刑刑期的相关具有显著性。

（二）多元线性回归分析

为了进一步确认这些因素对有期徒刑刑期的确定究竟是否具有影响力以及影响力的大小，接下来将以这12个因素为自变量，以主刑时长为因变量，进行多轮多元线性回归分析，逐步剔除不显著因素，最后计算出以下模型：

表3-8 诈骗罪有期徒刑刑期多元线性回归分析结果

模型		非标准化系数		标准系数	t	Sig.
		B	标准误差	Beta		
1	诈骗数额	3.563E-06	0.000	0.255	17.637	0.000
	是否从犯	-24.775	1.968	-0.211	-12.592	0.000
	是否全部挽回损失	-27.901	2.767	-0.137	-10.084	0.000
	是否冒充司法机关等国家机关工作人员	9.696	2.907	0.050	3.336	0.001
	是否坦白	-8.253	2.027	-0.085	-4.072	0.000
	是否认罪认罚	-8.573	2.240	-0.054	-3.828	0.000
	是否被羁押	73.655	1.687	0.942	43.654	0.000

Adjusted R^2 = 0.753

根据该结果，诈骗数额、是否从犯、是否全部挽回经济损失、是否冒充司法机关等国家机关工作人员、是否坦白、是否认罪认罚、是否被羁押这7个自变量的Sig.值小于0.05，对有期徒刑刑期的长短表现出显著的关联性，其余变量对此没有显著影响。其解释力大小按标准化系数Beta值的顺序依次为：

第一位的影响因素是羁押状态，Beta值为0.942，说明被告人被羁押的，比没有被羁押的，更可能导致较长的有期徒刑刑期；第二位的影响因素是诈骗数额，Beta值为0.255，说明诈骗数额越多，所判处的有期徒刑刑期越长；第三位的影响因素是是否从犯，Beta值为-0.211，说明被告人是从犯的，比非从犯更可能判处较短的有期徒刑刑期；第四位的影响因素是是否全部挽回被害人经济损失，Beta值为-0.137，说明被告人能够挽回被害人经济损失的，比不能挽回的更可能判处较短的刑期；第五位的影响因素是是否坦白，Beta 值为 -0.085，说明被告人坦白的，比不坦白的可能判处的刑罚更轻；第六位的影响因素是是否认罪认罚，Beta 值为 -0.054，说明被告人认罪认罚的，比不认罪认罚的可能判处的刑期更短；第七位的影响因素是是否冒充司法机关等国家机关工作人员，Beta 值为 0.050，说明冒充司法机关等国家机关工作人员的，比不冒充的情况所判处的刑期更长。

综上，被告人被羁押、诈骗数额多、冒充司法机关等国家机关工作人员，意味着较长的有期徒刑刑期，从犯、全部挽回经济损失、坦白、认罪认罚因素意味着较短的有期徒刑刑期。此外，模型的 Adjusted R^2 为 0.753，即上述因素能解释约 75% 的有期徒刑实刑量刑，拟合优度比较好，解释力比较强，说明有期徒刑实刑的量刑规范程度较高。

三、各因素对缓刑适用的影响

根据《刑法》第 72 条的规定，对于被判处拘役、3 年以下有期徒刑的犯罪分子，同时符合犯罪情节较轻、有悔罪表现、没有再犯罪危险、宣告缓刑对所居住社区没有重大不良影响的，可以宣告缓刑。[1]然而，笔者翻阅了所有的裁判文书，并没有发现关于"宣告缓刑对所居住社区没有重大不良影响"的记载。通过对一些基层法官进行访谈得知，在判决之前法官会联系司法局出具社会调查报告，对宣告缓刑将对社区产生的影响进行评判，而如果被告人是初次犯罪，通常会认为符合"宣告缓刑对所居住社区没有重大不良影响"这一条件，因此，该条件实际上可以通过累犯等情节予以体现。而其他 3 个条件，犯罪情节较轻、有悔罪表现、没有再犯罪危险则可以通过诈骗数额及各种量刑情节予以表现。在这些轻罪中，究竟哪些因素影响着缓刑的适用？接下来将用数据进行回答。

全样本中，被判拘役、3 年（含）以下有期徒刑的被告人共 959 人，其中实刑 729 人，缓刑 230 人。由于诈骗数额是自变量之一，而在以情节作为法定刑升格标准的样本中，有一部分诈骗数额无法查证属实，难以分析诈骗数额与是否适用缓刑的关系，所以，将这一部分样本剔除，对剩余的 905 例样本开展研究。

（一）相关性检验

与之前一样，为了保证分析结果的客观性，笔者事先不作任何假设，将 19

---

[1] 参见《刑法》第 72 条第 1 款。

种量刑影响因素全部作为自变量，以是否适用缓刑作为因变量，进行相关性检验。检验结果如下：

表3-9 各因素与是否适用缓刑的相关性检验结果

量刑影响因素	显著性（双侧）	Pearson 相关性
诈骗数额	0.251	-0.038
是否多次	0.001	-0.106**
是否从犯	0.204	-0.042
是否存在未遂情节	0.640	-0.016
是否取得被害人谅解	0.000	0.225**
是否挽回全部损失	0.000	0.304**
是否挽回部分损失	0.255	0.038
通过发送短信、拨打电话或者利用互联网、广播电视、报刊杂志等发布虚假信息，对不特定多数人实施诈骗	0.381	0.029
是否诈骗残疾人、老年人或者丧失劳动能力人的财物	0.000	-0.195**
是否冒充司法机关等国家机关工作人员	0.000	-0.124**
是否在境外实施电信网络诈骗	0.000	-0.122**
是否累犯	0.000	-0.126**
是否自首	0.000	0.149**
是否立功	0.003	-0.097**
是否坦白	0.225	-0.040
是否认罪	0.261	-0.037
是否认罪认罚	0.003	0.099**
是否有律师参与	0.000	-0.137**
是否被羁押	0.000	-0.708**
是否外来人口	0.000	-0.238**

**. 在0.01水平（双侧）上显著相关。

通过分析，发现是否多次、是否取得被害人谅解、是否挽回全部损失、是否诈骗残疾人、老年人或者丧失劳动能力人的财物、是否冒充司法机关等国家机关工作人员、是否在境外实施电信网络诈骗、是否累犯、是否自首、是否立功、是否认罪认罚、是否有律师参与、是否被羁押、是否外来人口这13个因素与是否适用缓刑的相关具有显著性。

(二) 逻辑回归分析

为了进一步确认这些因素对缓刑的适用究竟是否具有影响力以及影响力的大小,接下来将以这13个因素为自变量,以是否适用缓刑为因变量,进行多轮逻辑回归分析,逐步剔除不显著因素,最后计算出以下模型:

表3-10 诈骗罪缓刑适用逻辑回归分析结果

模型		非标准化系数		标准系数	t	Sig.
		B	标准误差	Beta		
1	是否多次	0.294	0.022	0.514	13.395	0.000
	是否诈骗残疾人、老年人或者丧失劳动能力的人的财物	-0.069	0.034	-0.053	-2.041	0.042
	是否有律师	0.134	0.024	0.207	5.564	0.000
	是否被羁押	-0.410	0.024	-0.705	-017.043	0.000
	是否全部挽回损失	0.339	0.024	0.398	14.283	0.000
	是否自首	0.250	0.038	0.166	6.669	0.000
	是否认罪认罚	0.138	0.024	0.163	5.809	0.000

Adjusted R^2 = 0.490

根据该结果,是否多次、是否诈骗残疾人、老年人或者丧失劳动能力的人的财物、是否有律师参与、是否被羁押、是否全部挽回损失、是否自首、是否认罪认罚这7个自变量的 Sig. 值小于0.05,对缓刑的适用表现出显著的关联性,其余变量对此没有显著影响。其解释力大小按标准化系数 Beta 值的顺序依次为:

第一位的影响因素是是否被羁押,Beta 值为-0.705,说明被告人被羁押的,比没有被羁押的,适用缓刑的机会更小;第二位的影响因素是否多次,Beta 值为0.514,说明多次诈骗的,比仅诈骗一次两次的,更容易适用缓刑;第三位的影响因素是是否挽回全部经济损失,Beta 值为0.398,说明挽回损失的,比不能挽回损失的,更容易适用缓刑;第四位的影响因素是是否有律师参与，Beta 值为 0.207，说明有律师参与的，比没有律师参与的，更容易适用缓刑；第五位的影响因素是是否自首，Beta 值为 0.166，说明被告人自首的，比不自首的，更容易适用缓刑；第六位的影响因素是是否认罪认罚，Beta 值为 0.163，说明被告人认罪认罚的，比不认罪认罚的，更容易适用缓刑；第七位的影响因素是是否诈骗残疾人、老年人或者丧失劳动能力人的财物，说明诈骗这些弱势群体财物的，Beta 值为 -0.053，比诈骗非弱势群体财物的，适用缓刑的概率更小。

综上，被告人被羁押、诈骗残疾人、老年人或者丧失劳动能力人的财物，意味着适用缓刑的概率较小，而多次诈骗、挽回全部经济损失、有律师参与、自首、认罪认罚则意味着适用缓刑的可能性更大。这里需要解释的是多次诈骗这一自变量，回归分析的结果似乎与逻辑不相符——多次诈骗适用缓刑的可能性反而更大？笔者查看了相关数据，样本中共有 219 例适用缓刑的情况，其中，多次诈骗的高达 143 例，而在这些多次诈骗的被告人中，113 人实施了电信网络诈骗。由于电信网络诈骗的对象具有不特定性，所以在次数上体现为多次诈骗，这就导致多次诈骗这一因素在是否适用缓刑问题上所起的作用较为突出。此外，模型的 Adjusted R^2 为 0.490，即上述因素能解释约 49% 的缓刑适用，拟合优度较好。

四、各因素对罚金刑的影响

在前面一章，经过相关性检验，发现诈骗数额与罚金数额虽然具有相关性，但是关联程度比较弱，而且在诈骗数额较大、数额巨大、数额特别巨大 3 个区间内，二者的关联程度依次减弱。此外，不同案件中罚金数额占诈骗数额的比例相差悬殊，尤其是数额特别巨大区间内，诈骗数额相似而罚金数额相差上百倍，或者罚金数额相似而诈骗数额相差悬殊的情况并不罕见。这说明诈骗数额在罚金数额的确定方面所起的作用非常有限。那么在司法实践中，究竟有哪些因素对罚金刑产生显著性影响呢？

（一）相关性检验

与之前一样，首先将 19 种量刑影响因素全部作为自变量，以罚金数额作为因变量，进行相关性检验。需要说明的是，全样本共 1975 例被判罚金的情况，但是因为诈骗数额是自变量之一，而在以情节作为法定刑升格标准的样本中，有一部分诈骗数额无法查证属实，难以分析诈骗数额与罚金数额的关系，所以将这一部分样本剔除，对剩余的 1879 例样本开展研究。

表 3-11　各因素与罚金数额的相关性检验结果

量刑影响因素	显著性（双侧）	Pearson 相关性
诈骗数额	0.000	0.316**
是否多次	0.444	0.018
是否从犯	0.000	-0.103**
是否存在未遂情节	0.658	-0.010
是否取得被害人谅解	0.002	-0.071**
是否挽回全部损失	-0.071	-0.090
是否挽回部分损失	0.472	0.017
通过发送短信、拨打电话或者利用互联网、广播电视、报刊杂志等发布虚假信息，对不特定多数人实施诈骗	0.166	0.032
是否诈骗残疾人、老年人或者丧失劳动能力的人的财物	0.516	0.015
是否冒充司法机关等国家机关工作人员	0.018	0.055*
是否在境外实施电信网络诈骗	0.241	0.027
是否累犯	0.701	-0.009
是否自首	0.983	0.000
是否立功	0.990	0.000
是否坦白	0.025	-0.052*
是否认罪	0.000	-0.089**
是否认罪认罚	0.259	-0.026
是否有律师参与	0.015	0.056*
是否被羁押	0.000	0.103**
是否外来人口	0.119	0.036

**．在 0.01 水平（双侧）上显著相关，*．在 0.05 水平（双侧）上显著相关。

根据上述分析结果，可以发现诈骗数额、是否从犯、是否取得被害人谅解、是否冒充司法机关等国家工作人员、是否坦白、是否认罪、是否有律师参与、是否被羁押这 8 个因素与罚金数额的多少是显著相关的。

(二) 多元线性回归分析

为了进一步确认这些因素对罚金数额的确定究竟是否具有影响力以及影响力的大小，接下来将以这 8 个因素为自变量，以罚金数额为因变量，进行多轮多元线性回归分析，逐步剔除不显著因素，最后计算出以下模型：

表 3-12 诈骗罪罚金数额多元线性回归分析结果

模型		非标准化系数		标准系数	t	Sig.
		B	标准误差	Beta		
1	诈骗数额	0.011	0.001	0.326	14.443	0.000
	是否从犯	-26055.793	6422.778	-0.102	-4.057	0.000
	是否认罪	-28821.044	7521.448	-0.092	-3.832	0.000
	是否被羁押	53345.209	5133.925	0.295	10.391	0.000

Adjusted R^2 = 0.202

根据该结果，诈骗数额、是否从犯、是否认罪、是否被羁押这 4 个自变量的 Sig. 值小于 0.05，对罚金数额的多少表现出显著的关联性，其余变量对此没有显著影响。其解释力大小按标准化系数 Beta 值的顺序依次为：

第一位的影响因素是诈骗数额，Beta 值为 0.326，说明诈骗数额越多，所判处的罚金刑越重；第二位的影响因素是羁押状态，Beta 值为 0.295，说明被告人被羁押的，比没有被羁押的，更可能判处较高的罚金；第三位的影响因素是是否从犯，Beta 值为 -0.102，说明被告人是从犯的，比非从犯更可能判处较低的罚金；第四位的影响因素是是否认罪，Beta 值为 -0.092，说明被告人认罪的，比不认罪的更可能判处较低的罚金。

此外，模型的 Adjusted R^2 为 0.202，即上述因素仅能解释约 20% 的罚金刑量刑，解释力比较弱，说明罚金刑在量刑上普遍存在较大的随意性。

五、各因素对是否减轻处罚的影响

在前面的章节中，通过数据分析发现了减轻处罚的量刑经验：法定刑为 3 年以下 10 年以上有期徒刑的，减轻处罚的幅度较小，法官倾向于在下一个量刑幅度的较高刑期区间量刑，且较少适用缓刑；而法定刑为 10 年以上有期徒刑、无期徒刑的，减轻处罚幅度大，法官倾向于在下一个量刑幅度的较低刑期量刑，甚至突破下一个量刑幅度，直接下降两个量刑幅度裁量刑罚。然而，在法官裁量是否减轻处罚时，哪些因素起到决定性作用？其作用大小如何？接下来将对相关数据进行分析。

（一）相关性检验

与之前一样，首先将19种量刑影响因素全部作为自变量，以是否减轻处罚作为因变量，进行相关性检验，结果如下：

表3-13　各因素与是否减轻处罚的相关性检验结果

量刑影响因素	显著性（双侧）	Pearson 相关性
诈骗数额	0.008	0.059**
是否多次	0.000	0.234**
是否从犯	0.000	0.686**
是否存在未遂情节	0.000	0.232**
是否取得被害人谅解	0.000	-0.095**
是否挽回全部损失	0.000	-0.194**
是否挽回部分损失	0.002	0.070**
通过发送短信、拨打电话或者利用互联网、广播电视、报刊杂志等发布虚假信息，对不特定多数人实施诈骗	0.000	0.323**
是否诈骗残疾人、老年人或者丧失劳动能力人的财物	0.010	0.058**
是否冒充司法机关等国家机关工作人员	0.000	0.241**
是否在境外实施电信网络诈骗	0.000	0.337**
是否累犯	0.000	-0.095**
是否自首	0.029	0.049*
是否立功	0.693	0.009
是否坦白	0.000	0.151**
是否认罪	0.118	0.035
是否认罪认罚	0.230	0.027
是否有律师参与	0.889	0.003
是否被羁押	0.377	0.020
是否外来人口	0.000	0.141**

**. 在0.01水平（双侧）上显著相关，*. 在0.05水平（双侧）上显著相关。

通过分析发现，诈骗数额，是否多次，是否从犯，是否存在未遂情节，是否取得被害人谅解，是否挽回全部损失，是否部分挽回损失，是否通过发送短信、拨打电话或者利用互联网、广播电视、报刊杂志等发布虚假信息对不特定多数人实施诈骗，是否诈骗残疾人、老年人或者丧失劳动能力人的财物，是否冒充司法机关等国家机关工作人员，是否在境外实施电信网络诈骗，是否累犯，是否自首，是否坦白，是否外来人口这 15 个因素与是否减轻处罚具有显著相关性。

(二) 逻辑回归分析

为了进一步确认这些因素对减轻处罚的适用究竟是否具有影响力以及影响力的大小，应当将这 15 个因素作为自变量，以是否减轻处罚为因变量，进行逻辑回归分析。但是经进一步考察，通过发送短信、拨打电话或者利用互联网、广播电视、报刊杂志等发布虚假信息，对不特定多数人实施诈骗与冒充司法机关等国家机关工作人员、在境外实施电信网络诈骗 3 个自变量在数据上存在交叉，可能存在多重共线性，因此，仅能保留 1 个因素作为自变量参加分析。考虑到通过发送短信、拨打电话或者利用互联网、广播电视、报刊杂志等发布虚假信息，对不特定多数人实施诈骗这一情节出现的频率较高且在量刑中的地位更为重要，因此，舍弃了冒充司法机关等国家机关工作人员、在境外实施电信网络诈骗 2 个因素。此外，累犯情节在减轻处罚样本中出现的频率极低，仅 13 例，不具有统计学意义，在回归分析中也将其剔除。进行多轮逻辑回归分析后，逐步剔除不显著因素，最后计算出以下模型：

表 3-14 诈骗罪减轻处罚逻辑回归分析结果

模型		非标准化系数		标准系数	t	Sig.
		B	标准误差	Beta		
1	诈骗数额	5.220E-09	0.000	0.054	4.125	0.000
	是否从犯	0.636	0.014	0.707	46.575	0.000
	是否存在未遂	0.532	0.032	0.206	16.612	0.000
	是否外来人口	0.054	0.011	0.077	4.884	0.000
	是否自首	0.115	0.026	0.055	4.409	0.000

Adjusted $R^2 = 0.698$

根据该结果，诈骗数额、是否从犯、是否未遂、是否外来人口、是否自首这 5 个自变量的 Sig. 值小于 0.05，对减轻处罚的适用表现出显著的关联性，其余变量对此没有显著影响。其解释力大小按标准化系数 Beta 值的顺序依次为：

第一位的影响因素是是否从犯，Beta 值为 0.707，说明被告人是从犯的，比不是从犯的，减轻处罚的可能性更大；第二位的影响因素是是否存在未遂情节，Beta 值为 0.206，说明存在未遂情节的，比不存在未遂情节的，减轻处罚的可能性更大；第三位的影响因素是是否外来人口，Beta 值为 0.077，说明被告人是外来人口的，比不是外来人口的，更容易减轻处罚；第四位的影响因素是是否自首，Beta 值为 0.055，说明被告人自首的，比不自首的，更可能减轻处罚；第五位的影响因素是诈骗数额，Beta 值为 0.054，说明诈骗数额越大，减轻处罚的可能性就越大。

综上，从犯、未遂、外来人口、自首、诈骗数额这 5 个因素意味着较大的减轻处罚概率。这里需要说明外来人口和诈骗数额这两个情节。首先，具备外来人口这一情节的，比非外来人口更容易减轻处罚，这似乎是一个非常奇怪的结论。笔者查阅了相关数据，发现 681 例减轻处罚的样本中，526 例为外来人口，而这些外来人口中，93% 的情况处于从犯地位，因此，外来人口对减轻处罚的作用只是表象，其实质还是从犯地位起到了决定性的作用。其次，诈骗数额越大，越容易减轻处罚，这个结论也似乎与逻辑不符。但是梳理相关数据发现，681 例减轻处罚的样本中，数额巨大的为 236 例，数据特别巨大的共 376 例，由此可以直观地看出：诈骗数额越大，减轻处罚的可能性越大，而数额巨大、数额特别巨大的样本之所以能够减轻处罚，归根到底还是因为其中的从犯情节起到了显著性作用。例如，数额特别巨大的 376 例样本中，具有从犯情节的高达 353 例。

此外，模型的 Adjusted R^2 为 0.698，即上述因素能解释约 70% 的减轻处罚适用，拟合优度较好，解释力较强。

第四节　诈骗罪量刑影响因素研究总结

如前所述，通过相关性检验和回归分析，研究了 19 种量刑影响因素对有期徒刑刑期、罚金数额、是否适用缓刑以及是否减轻处罚的影响。得出了一些结论，也发现了一些问题，总结如下：

一、关于诈骗罪量刑影响因素的基本认识

（一）对不同因变量产生影响的因素各不相同

笔者在第一节介绍了包含诈骗数额在内的 19 种可能影响量刑的因素，其中，累犯、立功、取得被害人谅解、通过发送短信、拨打电话或者利用互联

网、广播电视、报刊杂志等发布虚假信息对不特定多数人实施诈骗,在境外实施电信网络诈骗这5种因素尽管在个案中可能具有较大影响力,但是从大样本的统计观察来看,其对量刑的影响力十分有限。其他14种因素被证明在量刑实践中至少对一种量刑结果具有显著影响力,且影响力大小在不同的量刑结果中也不尽相同。根据前面的量化分析,将各因素对不同因变量的影响力梳理如下:

表3-15 各因素对诈骗罪量刑的影响力统计表

因变量	自变量	Adjusted R^2
有期徒刑刑期	羁押;诈骗数额;从犯;挽回全部经济损失;坦白;认罪认罚;冒充司法机关等国家机关工作人员	0.753
是否适用缓刑	羁押;多次诈骗;挽回全部经济损失;有律师参与;自首;认罪认罚;诈骗残疾人、老年人或者丧失劳动能力人的财物	0.49
罚金数额	诈骗数额;羁押;从犯;认罪	0.202
是否减轻处罚	从犯;未遂;外来人口;自首;诈骗数额	0.698

(二)与行为严重性相关的报应性因素的影响力优于与行为人人身危险性相关的预防性因素

赵书鸿博士在其《论刑罚裁量的简洁化 量刑活动的经验性研究结论》一文中,通过对抢劫、强奸、故意伤害罪实际量刑中所依据的变量进行研究,得出以下结论:在各种有限的变量中,裁量者考虑的主要是与行为严重性相关的报应性变量,对行为人的预防则几乎不被考虑,刑罚的预防性需求始终处于刑罚裁量的边缘位置。由此可见,在实际量刑活动中,刑罚裁量逐渐呈现出仅对有限几个变量进行笼统和简洁评价的特征,其中,与行为严重性相关的报应性变量得到了高度重视。[1]在此基础上,结合诈骗数额在诈骗罪量刑中的重要地位,以及未遂、从犯2个情节在《量刑指导意见》中的优先地位,笔者曾提出假设:相较于预防性因素,报应性因素在诈骗罪量刑中发挥主导作用。

那么,本章所进行的量化研究,是否与上述假设一致呢?在求证之前,除去与案件本身无关的因素(是否羁押、是否有律师参与、是否外来人口),需要先对所有对量刑结果有影响力的因素进行分类:诈骗数额,多次诈骗,从

---

[1] 赵书鸿:"论刑罚裁量的简洁化 量刑活动的经验性研究结论",载《中外法学》2014年第6期。

犯，未遂，诈骗残疾人、老年人或者丧失劳动能力人的财物，冒充司法机关等国家机关工作人员这6个因素，分别指向诈骗的数额、次数、共犯形态、停止形态、特定对象、特定方式，均与行为的社会危害性有关，从不同侧面诠释着已然发生的犯罪行为的严重程度，属于报应性因素。而自首、坦白、认罪、认罪认罚、挽回全部经济损失这5个因素，说明了行为人的罪后表现，体现了行为人的主观恶性和人身危险性程度，法官据此判断其再犯可能性，属于预防性因素。

在影响有期徒刑刑期长短的因素中，诈骗数额、从犯等报应性因素在影响力大小上，相较于挽回全部经济损失、坦白、认罪认罚这等预防性因素占据优势地位；在影响罚金数额的因素中，诈骗数额、从犯这2个报应性因素，在数量以及影响力大小上，都优于认罪这一预防性因素；在影响是否减轻处罚的因素中，从犯、未遂、数额这3个报应性因素，相较于自首这一预防性因素，具有明显的优势。

此外，在报应性因素中，诈骗数额的作用最为突出。因为在诈骗罪量刑中，有期徒刑和罚金刑是适用最多的2个刑种，而在有期徒刑刑期的确定过程中，诈骗数额是除羁押状态之外最重要的影响因素；在罚金数额的确定中，诈骗数额的影响力稳居第一。这说明数额在诈骗罪量刑中所起的作用无可替代；除数额之外，在量刑中所起作用最为突出的则是从犯情节。诈骗犯罪特别是电信网络诈骗犯罪的特点决定了其经常以共同犯罪的形式进行，这就导致此类案件中被告人系从犯的情况占相当大的比例。无论是有期徒刑刑期的长短，还是罚金数额的多少，从犯都发挥了重要作用。而且法官在裁量是否减轻处罚时，从犯是最具影响力的因素。因此，从犯在相当大的程度上冲击和削弱了诈骗数额对量刑的决定性作用，使得诈骗数额与量刑的关系变得更为复杂。

综上所述，在诈骗罪量刑实践中，与行为严重性相关的报应性因素的作用优于与行为人人身危险性相关的预防性因素，这与先前的假设基本相同。这说明量刑是选用因素的艺术，是用各种因素塑造一个案件的作业。同时面对多个因素，法官实际上需要作出判断，选择哪些因素作为量刑根据，即量刑实际上是一个对各种因素进行选用、裁剪的过程。[1]而通过实证分析发现，法官在运用各种因素裁量刑罚时是有规律可循的——以与行为严重性相关的报应性因素为决定刑罚轻重的"主料"，以与行为人人身危险性相关的预防性因素为决定刑罚轻重的"辅料"。

---

〔1〕 白建军：《刑法规律与量刑实践 刑法现象的大样本考察》，北京大学出版社2011年版，第112页。

(三) 与案件无关的因素在量刑中发挥着重要作用

本章选取了是否有律师参与、是否羁押、是否外来人口这3个因素加以研究。统计结果表明，这些因素在量刑中所起的作用与先前的假设是相符的，具体体现为：羁押因素在有期徒刑刑期的长短、缓刑的适用中，均是影响力排名第一的因素，而在罚金刑的轻重方面所产生的影响也仅次于诈骗数额。此外，是否有律师参与对于是否适用缓刑具有一定的影响，是否外来人口对于是否减轻处罚具有一定的影响。前文中已经提及，在是否减轻处罚的适用中，外来人口所起的作用只是表象，其本质是外来人口在犯罪中的身份——从犯所产生的影响力；而律师的参与有助于充分辩护，最大限度维护被告人合法权利，为其争取缓刑，这也是不难理解的。但是羁押状态在量刑中所具有的影响力则是超乎想象的，笔者将在后文对此进行评价和分析。

(四) 量刑指导文件在实践中发挥了明显的指导和规范作用

1. 量刑情节基本按照量刑指导文件规定的作用排序发挥作用。如前所述，《量刑指导意见》规定了常见量刑情节在通常情形下的调节幅度及特殊情形下的调节幅度。有学者指出，量刑情节的作用排序应以一般作用区间为主，特殊作用区间为辅；量刑情节的作用排序应以最高作用限度为主，最低作用限度为辅；量刑情节的作用排序并非精确的序列要求而仅是一种大致安排，规范区间相近的情节其实际作用比例并不能也无必要严格按照《量刑指导意见》确定的排序标准，而那些作用设定存在明显区分的情节——如自首较之坦白、认罪——在司法实践中应呈现显著的作用差别。[1]此外，各省份量刑实施细则也对诈骗罪特有的情节的作用区间进行了规定。按照上述学者提出的原则，可将常见量刑情节及诈骗罪特有的情节进行如下排序：一是从犯、未遂，调节基准刑的幅度最高可达50%；二是累犯、自首，调节基准刑的幅度最高可达40%；三是认罪认罚，挽回经济损失，诈骗残疾人、老年人或者丧失劳动能力的人的财物，冒充司法机关等国家机关工作人员实施诈骗、多次诈骗（广东），调节基准刑的幅度最高可达30%；四是立功、坦白、取得被害人谅解、多次诈骗（北京、河南、四川），调节基准刑的幅度最高可达20%；五是当庭自愿认罪，调节基准刑的幅度最高可达10%。

考察本章通过量化分析得出的各因变量的影响因素及影响力大小发现，相关情节的作用排序基本上符合上述原则的要求，特别是从犯、未遂情节确实在

---

[1] 王越："量刑规范性水平的实证检验：以故意伤害罪为例的分析"，载《法学家》2020年第6期。

诈骗罪量刑中优先于其他情节发挥调节作用。但是，有几个情节并未发挥出预期的作用。例如，在影响是否适用缓刑的因素中，自首的影响力弱于多次诈骗、挽回全部经济损失；在影响有期徒刑刑期的因素中，坦白的影响力强于认罪认罚、冒充司法机关等国家机关工作人员实施诈骗。这说明量刑规范化工作仍有提升的空间。

2. 量刑指导文件所规定的因素对量刑具有较强的解释力。《量刑指导意见》规定，量刑时应当充分考虑各种法定和酌定量刑情节，根据案件的全部犯罪事实以及量刑情节的不同情形，依法确定量刑情节的适用及其调节比例。就诈骗罪而言，其列明的是仅是常见量刑情节，这说明意见所涵盖的量刑情节并不周延，即量刑指导意见本就不期待其规定的量刑情节能百分之百地解释量刑。[1]值得欣慰的是，笔者本次所作的数据分析中，有期徒刑刑期的量刑模型的 Adjusted R^2 为 0.753，减轻处罚适用的量刑模型的 Adjusted R^2 为 0.698，这说明模型的拟合优度比较理想，最高人民法院及各省份制定的量刑指导文件所规定的各种情节能够解释绝大部分量刑。虽然对有期徒刑刑期最具影响力的因素是"羁押状态"这一非法定因素，但是将其去除之后，模型的 Adjusted R^2 仍然处于较高水平，这说明量刑指导文件确实在量刑实践中发挥了应有的作用，量刑规范化工作取得了明显的成绩。

二、诈骗罪量刑影响因素存在的问题

（一）羁押状态对量刑产生不当影响

在本章第一节中，经统计分析发现，非监禁刑对应的羁押率远远低于监禁刑。犯罪嫌疑人、被告人被采取羁押措施，那么其将来被判处监禁刑的可能性较大；犯罪嫌疑人、被告人未被采取羁押措施，那么其将来被判处非监禁刑的可能性较大。而相关性检验和回归分析的结论进一步印证了这一点，羁押是影响缓刑适用的最重要因素。除此之外，羁押状态还是对有期徒刑刑期影响力排名第一的影响因素，对罚金数额影响力排名第二的影响因素。据此，基本可以判定，只要被告人在审判前处于羁押状态，那么其将来很有可能面临较重的刑罚后果。

这种司法现状显然违背了《刑事诉讼法》规定强制措施的立法初衷。强制措施的价值仅仅在于保障刑事诉讼顺利进行，对判决结果不应有任何作用或影

---

[1] 彭雅丽："量刑指导意见的司法实践与重构——以盗窃罪为切入点"，载《法学研究》2021年第4期。

响。但是在司法实践中,由于公、检、法三机关形成了"流水作业式"的诉讼构造及"重配合轻制约"的工作关系,对于公安机关提请批捕的案件,检察机关决定是否批准逮捕时着重考虑的并非刑事诉讼能否顺利进行,而是犯罪嫌疑人的行为是否构成犯罪,基本上是"构罪即捕",致使逮捕率长期居高不下。而一旦逮捕,除了少数犯罪嫌疑人、被告人通过羁押必要性审查程序变更强制措施之外,绝大多数情况下都是一押到底。而法官在作出刑事判决时,通常将羁押情况考虑在内,特别是在决定是否判处缓刑时,由于对处于羁押状态的被告人判处缓刑需要提交审委会讨论决定,且办理复杂的释放手续,而对未处于羁押状态的被告人判处实刑需要办理繁琐的收押手续,因此,在繁重的审判任务下,法官为了节省办案时间几乎不改变原有的羁押状态而作出相应的判决。[1]

(二)相当一部分诈骗罪特有的量刑情节被束之高阁

法官在对实施诈骗罪的被告人裁量刑罚时,除了《刑法》第266条之外,主要参照《2011年诈骗案件解释》《2016年电信网络诈骗案件意见》《量刑指导意见》及本省出台的实施细则。但是,上述规定的指导作用是有限的:《2011年诈骗案件解释》规定了诈骗救灾、抢险、防汛、优抚、扶贫、移民、救济、医疗款物、以赈灾募捐名义实施诈骗、造成被害人自杀、精神失常或者其他严重后果、属于诈骗集团首要分子、诈骗近亲属财物等影响因素,《2016年电信网络诈骗案件意见》在此基础上又增加了利用电话追呼系统等技术手段严重干扰公安机关等部门工作的,利用"钓鱼网站"链接、"木马"程序链接、网络渗透等隐蔽技术手段实施诈骗的等情节。各省出台的实施细则也都对这些因素加以确认并规定了调节幅度和作用区间,甚至增加了一些新的情节,如北京市的实施细则规定了为吸毒、赌博等违法活动诈骗,因生活所迫、学习、治病亟需而诈骗等。

然而,令人遗憾的是,司法实践中,这些情节出现的频率少之又少,在笔者收集的样本中,甚至有几个情节没有出现一例。这说明诈骗罪量刑的相关规定在实用性方面是需要反思的。"法律的生命在于实践而非逻辑",法律规范并不是用于观赏的,其必须植根于实践,解决实践中出现的各种问题。而在诈骗罪量刑中,一些情节制定之后被束之高阁,没有发挥作用的空间,不仅是立法资源的浪费,也使得一些真正影响量刑的因素没有纳入规范中来,从而影响了量刑的规范化水平。

---

[1] 赵学军:《抢劫罪量刑经验研究》,法律出版社2019年版,第436页。

(三) 罚金刑适用缺乏有效的指导

如前所述，统计显示，对罚金数额影响力较大的是诈骗数额、羁押状态、从犯、认罪4个情节，但是，由于罚金刑量刑模型的 Adjusted R^2 为 0.202，说明这4个因素只能解释约20%的罚金刑适用，法官在裁量罚金数额时更多地受到其他因素的影响，同时也表明罚金刑的裁量极不规范，缺少必要的量刑指导。

在以往最高人民法院历次出台的量刑指导文件中，并未涉及罚金刑的规定。而《最高人民法院关于适用财产刑若干问题的规定》(法释〔2000〕45号)第2条第1款进一步规定，人民法院应当根据犯罪情节，如违法所得数额、造成损失的大小等，并综合考虑犯罪分子缴纳罚金的能力，依法判处罚金。然而，与有期徒刑的量刑规范相比，该规定过于抽象，在实践中根本无法发挥应有的指导作用：首先，如何根据犯罪情节确定罚金数额？数额、手段、后果的作用区间分别是多少？缺乏具体的计算步骤和调节比例。其次，如何掌握被告人缴纳罚金的能力？《最高人民法院关于刑事裁判涉财产部分执行的若干规定》(法释〔2014〕13号)第4条规定，人民法院刑事审判中可能判处被告人财产刑、责令退赔的，刑事审判部门应当依法对被告人的财产状况进行调查。然而，随着各法院案多人少的矛盾日益突出，法官们事实上没有时间进行该项调查。因此，对于罚金刑的裁量，实践中基本上采取"估堆式量刑法"。有的法官表示，罚金刑量刑的主要考虑因素并非量刑情节，而是罚金刑与自由刑的对应关系。1年自由刑通常对应2000元罚金，这种对应并无法律依据，只不过是法院的内部经验，而且这种对应也不绝对。[1]

三、关于诈骗罪量刑影响因素的思考

(一) 排除羁押措施的不当影响

羁押对是否适用有期徒刑缓刑、有期徒刑刑期、罚金数额的不当影响，是"逮捕中心主义"的典型表现。而"逮捕中心主义"的形成是各种因素综合作用的结果，如流水作业式的诉讼构造、公安机关承担的社会治理压力、公检法三机关的内部绩效考核机制、公检法三机关相互配合特别是检法两家"制约与配合、尊重与庇护"的关系等。[2]十八届四中全会通过的《中共中央关于全面推进依法治国若干重大问题的决定》中明确提出，要推进以审判为中心的诉讼

---

[1] 彭雅丽："量刑指导意见的司法实践与重构——以盗窃罪为切入点"，载《法学研究》2021年第4期。

[2] 王彪："刑事诉讼中的'逮捕中心主义'现象评析"，载《中国刑事法杂志》2014年第2期。

制度改革，确保侦查、审查起诉的案件事实证据经得起法律的检验。这就要求一切刑事诉讼活动都要围绕审判的需要进行。应该说，"审判中心主义"是对"侦查中心主义"特别是"逮捕中心主义"的反思与革新，它意味着审判阶段是诉讼活动的中心环节，是审前活动的终极目的。[1]落实到量刑活动方面，就是要排除与案件本身无关的羁押因素的不当影响，依法独立行使审判权。而要做到这一点，需要检察机关和法院共同努力：

1. 检察机关应当严格控制逮捕率和羁押率。一方面，依法行使批准逮捕职权。改变目前倚重事实和证据条件、"构罪即捕"的现状，重视对刑罚条件和社会危险性条件的考量。对于可能判处轻刑的犯罪嫌疑人，尽可能不予批捕，防止今后出现透支刑罚的情况；同时，要全面考察、评价犯罪嫌疑人的人身危险性，通过讯问犯罪嫌疑人、听取律师意见、调查犯罪嫌疑人的一贯表现、家庭情况、工作环境等途径，综合评估逮捕必要性。总之，检察机关批准逮捕的目的是保障审判活动顺利进行，至于侦查需要，不再是审查批捕所应考虑的事项，逮捕不再服从、服务于侦查。另一方面，依法行使羁押必要性审查职权。改变目前"捕押一体""羁押候审"的局面，由刑事执行检察部门对被逮捕的犯罪嫌疑人、被告人有无继续羁押的必要性进行审查，对不需要继续羁押的，建议办案机关予以释放或者变更强制措施。[2]通过羁押必要性审查，既可以控制超期羁押的数量，防止在审判阶段迫于国家赔偿的压力进行"量刑迁就"的情况，又可以维护被告人的合法权益，防止滥用羁押措施侵犯公民的个人自由。特别需要提及的是，近年来，我国刑事犯罪结构发生了重大变化，重罪案件已经从1999年的19.6%下降至2019年的2.7%，8类严重暴力犯罪自2009年以来呈现"十连降"，而判处3年以下有期徒刑以下的人数占比从1999年的54.6%上升至78.7%，特别是最高刑只有拘役的醉驾案件占比近20%。此外，随着刑事侦查技术手段的普及，口供证据地位下降；借助信息化手段，在非羁押条件下保证诉讼也不是难事。[3]鉴于此种情况，2021年4月，中央全面依法治国委员会将"坚持少捕慎诉慎押刑事司法政策，依法推进非羁押强制措施适用"列入年度工作要点。检察机关应当借势求变，改变长期以来形成的"构罪即捕""一押到底""羁押惩罚"的司法惯性，重新认识强制措施的功能定位——

---

[1] 王守安："以审判为中心的诉讼制度改革带来深刻影响"，载《检察日报》2014年11月10日，第3版。

[2] 参见最高人民检察院于2016年1月制定并颁布的《人民检察院办理羁押必要性审查案件规定（试行）》。

[3] "少捕慎诉慎押，最高人民检察院释放强烈信号"，载http://m.thepaper.cn/baijiahao_14959280，最后访问时间：2021年11月5日。

保障刑事诉讼顺利进行，严格遵守法定原则和比例原则适用强制措施，学会在非羁押条件下办理案件，认真开展羁押必要性审查，进一步降低逮捕率、羁押率。

2. 法院应当改革内部案件管理制度。许多法院对于拟变更逮捕强制措施、判处缓刑的案件规定了复杂的审批手续或者提交审委会讨论程序，试图通过过程控制防止法官徇私枉法、放纵犯罪，事实上却形成了对量刑结果的不当影响。笔者认为，法院对于判处缓刑等有利于被告人的内部操作程序应当适度简化，[1]同时，可以考虑增设一些符合司法规律的制度实现管理科学化。例如，采用要求在判决书中详细说明理由、公开裁判文书等方式防止法官恣意，确保法官能够依法独立行使裁判权。法官在量刑的时候只有遵循罪责刑相适应原则，准确把握犯罪事实和性质，综合考量与行为严重性相关的报应性因素和与行为人人身危险性相关的预防性因素，自觉排除与案件无关因素的不当影响，才能实现量刑规范化，防止量刑偏差。

（二）删除司法实践中适用率较低的量刑影响因素

如前所述，《2011 年诈骗案件解释》《2016 年电信网络诈骗案件意见》规定了若干量刑影响因素，《量刑指导意见》及各省出台的实施细则也都对这些因素加以确认，但是实践中，诈骗救灾、抢险、防汛、优抚、扶贫、移民、救济、医疗款物，以赈灾募捐名义实施诈骗，造成被害人自杀、精神失常或者其他严重后果，诈骗近亲属的财物，确因生活所迫、学习、治病急需而诈骗等因素在实践中很少出现。可以说，这些因素虽然在个别情况下可能发挥指导量刑的作用，但绝大多数情况下都是备而不用、束之高阁的，其存在使得上述文件的实用性大打折扣。法律是实践而非设计的产物，法律的生命在于实践而不在于逻辑。同样，量刑指导性文件不能闭门造车，也不必面面俱到，其应当务实地从法官量刑关注的焦点着眼，研订简便具体的准据，其他无法具体化的、只有极少数特殊个案才会被审酌的因素，则任诸法官在合理幅度内个别增减量刑。[2]

此外，《2011 年诈骗案件解释》第 2 条规定了 6 种从重处罚情节，《2016 年电信网络诈骗案件意见》第 2 条第二部分规定了 10 种从重处罚情节。二者均采取直接列举的模式，没有设置兜底性条款，这就在一定程度上导致了"规定的情形在实践中出现较少，在实践中出现较多的情形没有规定"的尴尬局面。因此，建议删除实践中适用率较低的从严处罚情节，同时，增加"其他应

---

〔1〕 王彪：“刑事诉讼中的'逮捕中心主义'现象评析”，载《中国刑事法杂志》2014 年第 2 期。

〔2〕 郭豫珍：《量刑与刑量：量刑辅助制度的全观微视》，元照出版有限公司 2013 年版，第 240 页。

当从严处罚的"这一概括性规定，增强规范的灵活性、实用性，赋予法官更多的自由裁量权。对于实践中出现较少但是又需要从重处罚的情况，不再专门占用立法资源，而是由法官根据审判经验合理裁量。

(三) 推进罚金刑的量刑规范化

在诈骗罪量刑实践中，罚金刑适用出现了失衡现象，体现为不同案件中罚金数额占诈骗数额的比例相差悬殊，尤其是在数额特别巨大区间内，诈骗数额相似而罚金数额相差上百倍或者罚金数额相似而诈骗数额相差悬殊的情况并不罕见。之所以出现这种情况，根源在于立法上的粗疏，没有规定罚金数额的计算方法以及量刑情节对罚金数额的影响，以至于法官有着不受约束的自由裁量权。在存在立法缺陷的情况下，如果司法中没能作出对法官量刑的具体指导，对立法上过宽的自由裁量度没有采用司法指导等方法来补救，量刑失衡的问题很难避免。[1]因此，对罚金刑同样需要实行量刑规范化改革。然而，最高司法机关历次出台的量刑指导文件一直没有真正触及罚金刑的改革问题，未起到应有的指导和规范作用，这不得不说是量刑规范化改革工作中的一大遗憾。

关于如何规范罚金刑的量刑，笔者认为，这是比有期徒刑的规范更为复杂的问题。因为目前罚金刑本身存在很多争议，比如其理论根据究竟是报应还是预防、其在刑罚体系中应当如何定位，而当前立法普遍采用的无限额罚金制、必并罚金制更是受到了强烈批判，此外，实践中还有绕不开的执行难问题。因此，在规范罚金刑适用时，不单单是效仿有期徒刑，依次确定量刑起点、基准刑、宣告刑，以及分别确定各种量刑情节及缴纳罚金的能力对基准刑的调节比例，还要考虑以下几个方面的问题：一是在法官办案时间紧、压力大的情况下，如何做到便捷、准确地掌握被告人的财产状况？二是如何处理自由刑与罚金刑的关系？二者应当如何搭配才能更好地实现刑罚目的？只有这些问题得到充分的论证和解决，研究如何规范罚金刑的适用才有实际意义。

综上，罚金刑的量刑规范化改革任重道远，自上而下推行尚无实践基础，只能从基层法院开始，逐步摸索、小范围磨合，达到相对大范围的统一。[2]最高人民法院也指出，同时对主刑、附加刑的裁量加以规范在短时间内不具有可行性，故首先选择对有期徒刑以下案件的量刑加以规范，采取先易后难的方式在实践中逐步加以完善。各级人民法院可以就财产刑的适用以及不同刑种之间

---

[1] 杨志斌：《中英量刑问题比较研究》，知识产权出版社2009年版，第54页。

[2] 汤建国、张桂林："论刑事审判中财产刑的细化与均衡——兼谈姜堰市人民法院试行《规范量刑指导意见》中财产刑的适用"，载《法律适用》2004年第10期。

的转换进行积极探索,待时机成熟时再在文本中加以规定。[1]在当前有期徒刑适用比较规范、一些法院开始对罚金刑的规范化进行试点的背景下,可以逐步总结经验和做法,将罚金刑的规范适用提上日程。具体而言,就是按照最高人民法院、最高人民检察院的要求,由各省份研究制定量刑实施细则,对罚金的适用进行探索和尝试,在此基础上,才能逐步实现全国范围内的规范和统一。

---

〔1〕 熊选国主编:《〈人民法院量刑指导意见〉与"两高三部"〈关于规范量刑程序若干问题的意见〉理解与适用》,法律出版社2010年版,第407页。

第四章 诈骗罪量刑偏差研究

我国自2010年10月在全国范围内开展量刑规范化改革以来，量刑工作成效如何？是否在一定程度上实现了量刑均衡？本章立足于诈骗罪是否因地域不同而存在量刑偏差、是否因诈骗方式不同而存在量刑偏差两个方面展开研究，试图揭示我国量刑实践的冰山一角。

第一节 研究设计

一、研究目标

"偏差"的常用含义包括两个方面：一是运动的物体离开确定方向的角度，二是工作上产生的过分或不及的差错。通过该表述，可以感知"偏差"更偏向是一个贬义词，因此，"量刑偏差"的基本含义应当是量刑偏离了要求，产生了差错。我国学者在有关量刑的学术研究中经常使用该词语，例如，赵廷光教授指出，量刑偏差是世界各国普遍存在的问题，在我国比较严重，如同案异判、异案同判、一二审判决相去甚远等。其产生原因是多方面的，历史上重刑主义和左倾思潮的影响、学术研究和司法实践重定罪轻量刑的片面倾向、理论上未能提供实现量刑公正性的科学方法、刑事立法对量刑缺乏严格具体的要求，是"估堆"量刑在我国得以流行的先天土壤，以致量刑偏差成为不可避免的现象。[1]赵学军博士指出，在司法实践中，量刑偏差的突出表现就是同罪异罚，相同的犯罪情形表现出不同的刑罚后果。量刑规范化改革虽然对量刑偏差现象起到一定程度的抑制作用，但就具体案件类型上，量刑偏差现象依然严重。[2]白云飞老师认为，量刑偏差在我国司法实践中客观存在，根源在于法官量刑裁量权行使的随意性，具体表现为地域性偏差、时期性偏差和个案性偏差三个方面。[3]综合上述观点，可以

---

[1] 赵廷光：《量刑公正实证研究》，武汉大学出版社2005年版，第8页。
[2] 赵学军："量刑偏差的司法表现与量刑规范的实现路径——基于抢劫罪刑事判决书的实证考察"，载《天津法学》2019年第3期。
[3] 白云飞："量刑规范化之目标定位：指引法官裁量权的合理行使"，载《广东社会科学》2011年第3期。

发现量刑偏差是对量刑实践所作的负面评价，它是指形式公正的缺失，是指相同案件没有得到相同的处理，或者不同案件没有得到不同的处理。[1]与此同时，学界也有不少学者使用"量刑失衡"这一概念。例如，王越博士认为，所谓量刑失衡，是指相同或类似案件未被判处相同或近似的刑罚，也即量刑偏差。[2]蔡曦蕾博士指出，量刑失衡是指某一司法域下系统性地违背同案同罚原则的量刑现象。[3]龙光伟认为，量刑失衡是指审判机关在同一时空条件下，对性质相同、情节相当的犯罪，在适用相同法律时，刑罚裁量相差悬殊的现象。[4]通过这些表述可以看出，量刑偏差与量刑失衡并无本质差别，都是与量刑均衡相对应的概念，其最突出、最直观的体现是"同罪异罚"，是量刑实践中所呈现的一种不理想、不合理的状态。

综上，学者们普遍以是否做到了"同案同判"为标准衡量我国的量刑现状，得出了存在量刑偏差或者量刑失衡的结论，而什么是"同案"呢？有学者认为，两个案件是否"同案"，并不是仅仅根据基本案情就能下结论。以刑事案件为例，它要求两个案件在"质"和"量"两个方面都相同，具体来说表现为三个方面：一是犯罪性质上的类同性；二是犯罪情节上的类同性；三是犯罪人情节上的类同性。因此，严格意义上的"同案"是不存在的，既然如此，"同判"也就不再那般庄严神圣。对于实践中认定的"同案"，在类似处理意义上的"异判"并非全不合理。[5]但是，这种紧盯着案件事实本身、全盘否定"同案同判"的理解不利于问题的解决，也很难与理论界、实务界展开沟通和对话。也有学者认为，对于如何判断是否属于"同案"，需要两个步骤，即案件性质上的定性分析和案件情节上的定量分析。第一个步骤是看两个案件在整体性质上是否涉及相同的法律问题，不同案件事实所涉法律问题在抽象意义上的层级类别越小，具体意义上的可比性或趋同性越大。第二个步骤是列出两个案件情节的相同点和不同点，结合具体的场合，针对所涉及的法律问题，比较确定相同点和不同点的相对重要性，如果认为相同点对于认定和处理案件涉及的法律问题更重要，则视为"同案"，否则视为"不同案件"。由于两个案件在案情比较意义上不可能绝对相同、也不会绝对不同，所以，最终视为相同或不同只属于一种法律拟制的性质。与此相对应，"同判"是指相同的法律处置，

---

[1] 该定义参见1987年欧洲犯罪问题委员会召开的第八次犯罪问题研讨会形成的会议文件《量刑失衡：原因与对策》。

[2] 王越："量刑规范性水平的实证检验：以故意伤害罪为例的分析"，载《法学家》2020年第6期。

[3] 蔡曦蕾："量刑失衡归因论"，载《法制与社会发展》2015年第1期。

[4] 龙光伟："论量刑失衡及其对策"，载《吉林大学社会科学学报》2003年第2期。

[5] 周少华："同案同判：一个虚构的法治神话"，载《法学》2015年第11期。

而不是强求法律后果在数量上的一般无二。[1]笔者赞同该种观点,正如世界上没有完全相同的两片树叶一样,实践中也几乎没有完全相同的两个案件。例如,在笔者收集的诈骗罪样本中,基本事实和量刑情节各不相同,对其进行量刑实证研究,并非考察具体个案之间是否做到了同罪同罚、异罪异罚,毕竟发生于不同地点和不同时间的类似的犯罪案件被科处不同的刑罚不仅是合理的,而且是法律所允许的斟酌的结果,[2]而是考察所涉法律问题相同的案件,是否适用了相同的法律规则,如果没有做到这一点,则应当认为出现了量刑偏差或者量刑失衡。

基于上述关于"同案同判"的理解,本章拟研究两个问题:一是不同地域之间的量刑是否存在偏差。笔者选取了北京、广东、河南、四川4个省份的电信网络诈骗案件裁判文书,因其在法律上所涉的都是电信网络诈骗犯罪的量刑相关问题,所以具有可比性。首先考察4个省份的量刑在整体上是否存在差异;如果存在,还需要进一步探索出现差异的原因,求证各省份影响量刑的因素分别有哪些,以便认定相同法律问题是否适用了相同的法律规则。二是不同诈骗类型之间的量刑是否存在偏差。所有样本涉及传统诈骗和电信网络诈骗两种行为方式,二者在法律上所涉的都是诈骗罪的量刑相关问题,所以具有可比性。通过数据分析,求证其在实践中量刑是否存在显著性差异,或者说诈骗方式的不同是否对量刑产生了显著影响。

二、研究方案

(一) 研究内容

本书的主要研究内容分为两部分:一是诈骗罪量刑是否因地域不同而存在偏差,二是诈骗罪量刑是否因诈骗方式不同而存在偏差。

1. 不同地域之间是否存在量刑偏差。全国范围内,诈骗罪"数额较大""数额巨大"的标准不统一,不利于进行地域比较。然而,幸运的是,《2016年电信网络诈骗案件意见》将"三千元以上""三万元以上""五十万元以上"分别作为电信网络诈骗的"数额较大""数额巨大""数额特别巨大"标准,因此,笔者专门抽样了4个省份的1140例电信网络诈骗裁判文书进行地域之间的量刑比较。

(1) 诈骗罪有期徒刑刑期是否存在地域偏差。4个省份被判处有期徒刑的

---

[1] 张志铭:"中国法院案例指导制度价值功能之认知",载《学习与探索》2012年第3期。
[2] [德]汉斯·海因里希·耶塞克、托马斯·魏根特:《德国刑法教科书》,徐久生译,中国法制出版社2001年版,第1046页。

样本中，首先考察其在刑期长短上是否存在量刑差异；如果存在，进一步考察是4个省份彼此之间各不相同，还是仅个别省份的量刑情况出现了异常；在此基础上，进一步挖掘出现量刑差异的原因，探索各省份影响刑期长短的因素，进而判断是否存在量刑偏差。

(2) 诈骗罪罚金刑适用是否存在地域偏差。4个省份被判处罚金刑的样本中，首先考察其在罚金数额上是否存在量刑差异；如果存在，进一步考察是4个省份彼此之间各不相同，还是仅个别省份的量刑情况出现了异常；在此基础上，进一步挖掘出现差异的原因，探索各省份影响罚金数额的因素，进而判断是否存在量刑偏差。此外，需要注意的是，本部分将重点求证数据录入过程中发现的北京地区罚金数额确定的规律性做法。

(3) 诈骗罪剥夺政治权利适用是否存在地域偏差。4个省份中，只有北京地区较多适用剥夺政治权利这一附加刑，而其他省份几乎很少适用。因此，该部分对诈骗罪应否附加剥夺政治权利进行探讨。

2. 不同诈骗方式之间是否存在量刑偏差。按照诈骗方式的不同，诈骗罪可分为传统诈骗和电信网络诈骗。根据《2011年诈骗案件解释》和《2016年电信网络诈骗案件意见》等文件的精神，电信网络诈骗犯罪应从严处罚。然而实践中，电信网络诈骗的量刑是否重于传统诈骗？本部分将对两种不同诈骗方式的刑期长短、罚金数额、缓刑率进行比较，判断是否存在显著性差异，从实然和应然两个层面论证其量刑偏差问题。

(二) 研究思路

本章主要研究诈骗罪量刑是否因地域及行为方式的不同而出现量刑偏差，其中，对每一个问题又从有期徒刑刑期、罚金刑适用等不同角度展开分析。具体思路如下：

1. 是否存在量刑差异，主要通过单因素方差分析的方法求证。单因素方差分析是指对单因素试验结果进行分析，检验某个因素对试验结果有无显著影响的方法。它是两个样本平均数比较的引申，用来检验多个平均数之间的差异，从而确定因素对试验结果有无显著性影响。例如，在本章中，通过单因素方差分析来研究各省份主刑刑期均值是否存在显著差异、各省份罚金数额均值是否存在显著差异等。

2. 如果有差异，差异是普遍存在还是仅存在于个别省份之间，主要通过两两比较的方式求证。

3. 探索产生差异的原因，考察相同的法律问题是否得到相同处理，认定差异是否属于偏差。"差异"是一个中性词，指的是区别、不同，而量刑差异的基本含义就是量刑上的区别、不同，其中，既包括合理的区别和不同，也包括不合理的区别和不同，即量刑偏差。有的省份样本量比较小，采用回归分析的方式很难做出科学的模型，因此，该部分主要通过单因素方差分析的方法完成，对可能影响法官量刑的全部法定因素逐个进行分析，在此基础上比较异同，判断偏差是否存在。

第二节　诈骗罪量刑是否因地域不同而存在偏差

一、研究假设

量刑的地域偏差问题是近年来学者们研究的热点问题，也是评价和衡量量刑规范化改革成效所必须面对的问题。十几年前，我国开始推进量刑规范化改革，出发点就是因为量刑偏差客观存在，特别是一些量刑不公的案件频频曝光，引起社会对法院和法官的不满、对量刑活动的质疑，严重影响司法的公信力和裁判的权威性。[1]而量刑偏差的重要体现之一就是不同地区对同一类型的犯罪量刑出现较大差别。蔡曦蕾博士是较早对量刑地域差异进行实证研究的学者之一。其以一起故意伤害案为样本，于2010年1～5月对30个省级行政区的209名刑事法官进行问卷调查，得出"量刑失衡程度为32.1%"的结论；随后又选取了2009年至2010年间31个省级行政区的465份交通肇事罪裁判文书为样本进行实证考察，得出"整体量刑失衡率为29.74%"的结论。[2]在改革过程中，最高人民法院历次颁布的量刑指导文件，逐步规范了量刑方法和步骤，统一了量刑标准和尺度，从而促进类案同判。[3]从理论上讲，如果全国法院按此要求规范量刑工作，那么改革进行一段时间之后，不同地域之间的量刑差异应该是能够得到明显控制的。近几年来，学术界关于量刑规范化方面的实证研究如雨后春笋，然而，令人遗憾的是，由于样本选取、研究角度、分析方法的差异，学者研究得出的结论却不尽相同，甚至相去甚远。

总体来看，绝大多数学者的实证研究得出了"个罪量刑仍然存在地区偏差"的结论：例如，赵学军博士选取北京市2000年至2017年间的4354份刑事

---

[1] 熊选国主编：《〈人民法院量刑指导意见〉与"两高三部"〈关于规范量刑程序若干问题的意见〉理解与适用》，法律出版社2010年版，第2页。

[2] 蔡曦蕾："克服量刑失衡二元体系之构建——基于对我国量刑失衡现象的实证分析"，载《政治与法律》2013年第11期。

[3] 陈学勇："更高水平推进量刑规范化工作"，载《人民法院报》2020年11月6日，第3版。

判决书为样本,通过单因素方差分析、两两比较的方法,发现北京市不同地域之间的量刑结果在整体上不具有显著差异,但是中心区和远郊区之间的量刑结果存在显著差异。[1]林思婷、武敏以浙江省宁波市2014年539例盗窃罪判决书为样本,发现不同区县在主刑类别的选择、主刑时长、是否适用缓刑、罚金数额等方面存在显著差异,特别是其中的镇海区法院所判刑罚相对于其他区县法院略重。[2]张清芳、王瑞剑选取1400份贪污罪判决书为样本,通过KW检验法和回归模型,发现地区因素对自由刑量刑结果的分布具有显著影响。[3]王剑波博士选取了2015年之前的1341份受贿罪判决书为样本,通过建立仅考虑地区变量的回归分析模型,发现部分地区确实存在显著差异。剔除相关变量对地区与量刑结果之间关系的干扰之后发现,这些差异的存在与受贿数额和量刑情节的不同有关,同时,也与法官在量刑时享有过大的自由裁量权有关,且不能排除是由其他因素引起的。[4]白建军教授以2000年至2016年的14万余件交通肇事罪判决书为样本,通过回归分析发现,自从全面实施量刑规范化改革之后,量刑情节对于刑期的解释力有了明显提升,但是仍然存在一定数量的量刑过于偏轻或偏重的个案。此外,其分别计算了全国各省份法定量刑情节对量刑结果的解释率,即量刑模型的 R^2,从0.78至0.354不等,其中,江西、黑龙江、上海、北京、浙江等明显低于全国平均水平0.511,这说明全国各地的量刑确实存在一定的差异。[5]

当然,也有一些学者得出了截然相反的结论,其中,有代表性的如熊谋林博士。其收集了四川省德阳市5个基层法院的1039份判决书为样本,借助方差分析和回归分析,没有发现有力证据证明法院间存在显著性的量刑差距。个别法院之间在个别类型犯罪处理中虽然存在差异,但是差异的原因可归结于不同法院犯罪数额分布的差异、量刑情节的不同等。[6]随后,其又收集了2010年至2017年共8个省份的946份强奸罪判决书为样本,通过一元方差分析发现,8个省份间的缓刑率和刑期均值存在一定的差异,进而通过

---

[1] 赵学军:"量刑偏差的司法表现与量刑规范的实现路径——基于抢劫罪刑事判决书的实证考察",载《天津法学》2019年第3期。

[2] 林思婷、武敏:"盗窃罪量刑实证研究——以浙江省宁波市2014年539例判决书为例",载《浙江万里学院学报》2014年第5期。

[3] 张清芳、王瑞剑:"贪污罪自由刑量刑的地区差异实证研究——以全国1400份判决书为样本的分析",载《时代法学》2019年第1期。

[4] 王剑波:"我国受贿罪量刑地区差异问题实证研究",载《中国法学》2016年第4期。

[5] 白建军:"基于法官集体经验的量刑预测研究",载《法学研究》2016年第6期。

[6] 熊谋林、赵勇、程乙峰:"重考量刑公正与量刑差异——德阳市五个基层法院的定量研究证据",载《犯罪研究》2014年第6期。

多组间比较将各省份两两配对后发现，缓刑比例只有河南和江苏一组存在显著差异，刑期长短只有河南和广东一组存在显著差异。而这种差异可由量刑实施细则和犯罪事实解读，因此，最终得出"8个省份之间量刑均衡"这一结论。[1]

综上，量刑规范化改革开展以来各地区之间是否存在量刑偏差，官方并未进行全面的调研和评估，学者们多是以某一类犯罪为切入点，收集一定数量的裁判文书进行数据分析。而这种小规模的样本具有一定的局限性，未必能够反映全国范围内此类犯罪量刑的真实情况，再加上采用的统计分析方法、判断标准各不相同，从而导致了不同的结论。即便如此，学者们关于量刑地区偏差的探索仍然是有意义的，其能促使人们不断总结、反思量刑工作，进而推动规范的完善和实践水平的提升。有鉴于此，本节专门以北京、广东、河南、四川4个省份的电信网络诈骗案件裁判文书为基础，探讨诈骗罪量刑是否存在地域偏差这一问题，在实证检验之前，笔者提出假设：诈骗罪量刑存在地域偏差。之所以如此假设，是基于以下几点理由：

1. 录入数据过程中产生的直观印象。笔者在录入北京市裁判文书相关信息时发现，除无期徒刑的情形之外，被判有期徒刑的被告人也大量适用剥夺政治权利，而其他省份适用该附加刑的情况非常罕见。此外，北京市判决书中还存在一种现象值得关注：罚金数额与主刑刑期密切相关，例如，1年有期徒刑通常搭配罚金1万，2年有期徒刑通常搭配罚金2万，以此类推，而这种现象在其他省份中似乎并不明显。因此，笔者认为，这两种现象有可能意味着北京和其他省份在罚金和剥夺政治权利适用方面存在偏差。

2. 4个省份关于量刑的实施细则规定不同。虽然电信网络诈骗在数额标准上得到了统一，但是各省份关于量刑起点、基准刑、量刑情节调节比例的规定却各不相同，这在一定程度上也会导致量刑偏差。

3. 4个省份电信网络诈骗犯罪的发案率存在较大差别。在导论中曾对此进行论证，以2017年为例，广东、河南是电信网络诈骗犯罪的重灾区，案件数量居高不下，而北京和四川此类案件较少。犯罪形势的差异可能引发惩治此类犯罪政策导向上的差别，进而造成量刑偏差。

除此之外，4个省份在地理位置、经济发展水平、社会观念等方面的差异，体现在量刑上可能会形成地域偏差。

---

[1] 熊谋林、李稚宁、胡景宣："量刑均衡的中国经验：基于强奸罪的实证研究"，载《法治现代化研究》2021年第2期。

二、关于诈骗罪量刑地域偏差的实证检验

如前所述,诈骗罪是一种非常典型的数额犯,为了确保研究便利,笔者选取了数额标准一致的1140例电信网络诈骗样本展开分析,这些样本来自北京、广东、河南、四川共4个省份,样本数量分别为416例、250例、297例、177例。因为涉及对量刑差异原因的探讨,特别是需要分析量刑差异是否由诈骗数额本身的差异导致,所以,下文的分析排除了以"情节"作为法定刑升格条件的样本,以纯数额犯为研究对象。

(一)诈骗罪有期徒刑刑期是否存在地域偏差

样本中被判处有期徒刑的共有931例。各省份的有期徒刑刑期分布情况如下:

表4-1 各省份有期徒刑刑期情况统计表

省份	有期徒刑刑期(月)							
	N	均值	标准差	标准误	均值的95%置信区间		极小值	极大值
					下限	上限		
北京	389	67.206	43.6081	2.2110	62.859	71.553	6.0	180.0
广东	189	48.196	36.3980	2.6476	42.973	53.419	6.0	180.0
河南	205	55.537	37.6404	2.6289	50.353	60.720	6.0	180.0
四川	148	58.959	39.0755	3.2120	52.612	65.307	6.0	168.0
合计	931	59.466	40.8367	1.3384	56.840	62.093	6.0	180.0

1.各省份的有期徒刑刑期是否存在差异。从上表可以直观地看出,各省份的有期徒刑刑罚量均值存在一定的差异。北京最高,为67.2个月,最低的是广东,为48.2个月,二者刑罚量均值相差19个月。当然,这种差异是否具有统计学意义上的显著性,还需要采用单因素方法分析法进一步判断。结果显示,各省份的有期徒刑刑罚量均值之间的差异确实具有显著性。

表4-2 各省份有期徒刑刑罚量均值比较

单因素方差分析				
主刑刑期(月数)				
	平方和	df	均方	F	显著性
组间	50511.648	3	16837.216	10.403	0.000

续表

单因素方差分析				
主刑刑期（月数）				
	平方和	df	均方	F	显著性
组内	1 500 391.537	927	1618.545		
总数	1 550 903.185	930			

2. 有期徒刑量刑差异是否具有普遍性。采用单因素方差分析的结果受个别省份影响比较大，只要任意两省份之间存在量刑差异，就可能导致整体上的差异具有显著性。因此，如果仅依据单因素方差结果得出结论，无法准确地判断量刑差异究竟是普遍存在于任意两个省份之间，还是仅属于个别情况。这就需要在此基础上进行多重比较，精准确定差异存在于哪些省份之间。

表4-3 各省份有期徒刑刑罚量均值多重比较

多重比较							
因变量：主刑刑期（月数）							
	（I）省份		均值差（I-J）	标准误	显著性	95%置信区间	
						下限	上限
Tamhane 事后检验	北京	广东	19.0099*	3.4494	0.000	9.893	28.127
		河南	11.6691*	3.4351	0.004	2.593	20.745
		四川	8.2462	3.8994	0.194	-2.083	18.575
	广东	北京	-19.0099*	3.4494	0.000	-28.127	-9.893
		河南	-7.3408	3.7311	0.264	-17.207	2.526
		四川	-10.7637	4.1625	0.060	-21.787	0.260
	河南	北京	-11.6691*	3.4351	0.004	-20.745	-2.593
		广东	7.3408	3.7311	0.264	-2.526	17.207
		四川	-3.4229	4.1507	0.958	-14.414	7.568
	四川	北京	-8.2462	3.8994	0.194	-18.575	2.083
		广东	10.7637	4.1625	0.060	-0.260	21.787
		河南	3.4229	4.1507	0.958	-7.568	14.414

*. 均值差的显著性水平为0.05。

经过省份之间两两比较可以发现，以北京为基准，用其他省份的有期徒刑刑期均值与之对比，北京与广东、河南在有期徒刑刑期均值上的无差异概率小于显著性水平0.05，这说明具有显著差异。以此类推，最后得出结论：北京和广东、北京和河南在有期徒刑刑罚量均值上存在显著差异。

3. 各省份量刑影响因素。

（1）各省份诈骗数额对量刑的影响。各省量刑结果的差异可能是由诈骗数额本身的差异引起的。因此，考察各省份的诈骗数额情况，有助于解释量刑差异产生的原因。由下表可以直观地看出，各省份诈骗数额均值中，最大的是北京，最小的是广东，与刑罚量均值的排列顺序大体一致。即诈骗数额均值最大的省份，刑罚量均值也是最大的；诈骗数额均值最小的省份，所对应的刑罚量均值最小。这说明刑期长短的差异在一定程度上可以用诈骗数额的差异来解释。

表4-4 各省份适用有期徒刑的样本所涉诈骗数额情况统计表

	诈骗数额（元）							
	N	均值	标准差	标准误	均值的95%置信区间		极小值	极大值
					下限	上限		
北京	389	3 484 226	6 338 348	321 367	2 852 388	4 116 065	3840	33 030 732
广东	189	1 958 809	4 077 095	296 565	1 373 786	2 543 832	3700	32 019 971
河南	205	2 208 294	5 623 079	392 733	1 433 958	2 982 630	4190	28 057 378
四川	148	2 198 969	3 602 339	296 110	1 613 786	2 784 153	3200	10 000 000
总数	931	2 689 287	5 437 859	178 219	2 339 530	3 039 045	3200	33 030 732

然而，上述结论只是根据诈骗数额均值所产生的直观印象，还不能精确解释诈骗数额对刑期长短的影响，需要进一步对4个省份诈骗数额与主刑时长的关系进行分析。由于诈骗数额为连续性变量，无法进行方差分析，因此，需要采取相关性检验的方法进行考察。其中，北京市诈骗数额与主刑时长的相关性检验结果显示：$r=0.483$，$p=0.000$，广东省诈骗数额与主刑时长的相关性检验结果显示：$r=0.058$，$p=0.431$，河南省诈骗数额与主刑时长的相关性检验结果显示：$r=0.347$，$p=0.000$，四川省诈骗数额与主刑时长的相关性检验结果显示：$r=0.319$，$p=0.000$。由此可见，诈骗数额在北京、河南、四川3个省份有期徒刑量刑中均是显著影响因素，而在广东省的有期徒刑量刑中则未表

现出显著性。

（2）各省份其他因素对量刑的影响。除数额之外，其他影响量刑的因素也是分析省份之间差异所必须考察的内容。笔者首先对各量刑影响因素在各省份的分布进行了统计，具体情况如下表所示：

表4-5 各省份适用有期徒刑的样本中量刑影响因素分布表

量刑影响因素	北京 频数（例）	北京 比率	广东 频数（例）	广东 比率	河南 频数（例）	河南 比率	四川 频数（例）	四川 比率
是否从犯	195	50.1%	113	59.8%	134	65.4%	91	61.5%
是否取得被害人谅解	27	6.9%	5	2.6%	24	11.7%	9	6.1%
是否挽回全部损失	37	9.5%	7	3.7%	25	12.2%	12	8.1%
是否诈骗残疾人、老年人或者丧失劳动能力人的财物	104	26.7%	43	22.8%	24	11.7%	29	19.6%
是否冒充司法机关等国家机关工作人员	152	39.1%	39	20.6%	3	1.5%	47	31.8%
是否在境外实施电信网络诈骗	151	38.8%	43	22.8%	54	26.3%	47	31.8%
是否累犯	5	1.3%	6	3.2%	8	3.9%	21	14.2%
是否自首	11	2.8%	14	7.4%	12	5.9%	10	6.8%
是否立功	6	1.5%	7	3.7%	7	3.4%	4	2.7%
是否坦白	320	82.3%	146	77.2%	109	53.2%	117	79.1%
是否认罪	191	49.1%	42	22.2%	55	26.8%	20	13.5%
是否认罪认罚	50	12.9%	53	28.0%	62	30.2%	24	16.2%
是否有律师参与	330	84.8%	113	59.8%	130	63.4%	77	52.0%
是否被羁押	386	99.2%	165	87.3%	185	90.2%	143	96.6%
是否外来人口	355	91.3%	127	67.2%	120	58.5%	118	79.7%

上述量刑影响因素均为类别变量，因此，可通过单因素方差分析的方法检验其对不同省份有期徒刑刑期的影响情况。其中，立功这一因素在4个省份出现的频率过低，不具有统计意义，在方差分析中予以剔除。统计结果如下：

表 4-6　各省份不同因素影响有期徒刑刑期的方差分析

量刑影响因素	北京		广东		河南		四川	
	F 值	p 值	F 值	p 值	F 值	p 值	F 值	p 值
是否从犯	134.770	0.000	19.183	0.000	73.777	0.000	14.173	0.000
是否诈骗残疾人、老年人或者丧失劳动能力人的财物	68.219	0.000	8.406	0.004	0.720	0.397	0.162	0.688
是否冒充司法机关等国家机关工作人员	35.005	0.000	33.364	0.000	0.393	0.532	4.499	0.036
是否在境外实施电信网络诈骗	33.800	0.000	12.784	0.000	0.119	0.731	4.499	0.036
是否取得被害人谅解	20.716	0.000	2.684	0.103	2.443	0.120	3.133	0.079
是否挽回全部损失	35.333	0.000	5.112	0.025	10.812	0.001	11.759	0.001
是否累犯	0.824	0.365	0.898	0.344	0.179	0.672	0.000	0.995
是否自首	4.150	0.042	0.266	0.607	1.115	0.292	3.639	0.058
是否坦白	0.812	0.368	11.264	0.001	25.116	0.000	0.680	0.411
是否认罪	11.384	0.001	0.379	0.539	0.000	0.995	0.325	0.570
是否认罪认罚	6.170	0.013	0.972	0.325	3.752	0.054	8.818	0.003
是否有律师参与	33.030	0.000	22.154	0.000	9.661	0.002	5.386	0.022
是否被羁押	0.400	0.528	17.698	0.000	9.492	0.002	3.658	0.058
是否外来人口	3.690	0.055	2.461	0.118	10.464	0.001	4.185	0.043

通过上表可以发现，从犯、全部挽回被害人经济损失、有律师参与这 3 个因素在 4 个省份的显著性 P 值均小于 0.05，因而对 4 个省份的有期徒刑刑期均具有显著性影响；累犯在 4 个省份的显著性 P 值均大于 0.05，因而对 4 个省份的有期徒刑刑期均未表现出显著影响。除此之外，其他因素在 4 个省份的有期徒刑量刑中呈现出不同的影响。北京地区对有期徒刑刑期具有显著影响力的因素包括诈骗残疾人、老年人或者丧失劳动能力人的财物，冒充司法机关等国家机关工作人员，在境外实施电信网络诈骗，取得被害人谅解，自首，认罪，认罪认罚；广东省对有期徒刑刑期具有显著影响力的因素包括诈骗残疾人、老年人或者丧失劳动能力人的财物，冒充司法机关等国家机关工作人员，在境外实施电信网络诈骗，坦白，羁押状态；河南省对有期徒刑刑期具有显著影响力的

因素包括坦白、羁押状况、外来人口；四川省对有期徒刑刑期具有显著影响力的因素包括冒充司法机关等国家机关工作人员、在境外实施电信网络诈骗、认罪认罚、外来人口。

4. 研究结论。通过上述三个步骤，可以得出以下结论：4个省份在有期徒刑刑期方面存在显著差异，但是这种差异并不具有普遍性，而是仅存在于北京和广东、北京和河南之间。对于差异产生的原因，主要从以下几方面加以分析：

（1）基本犯罪事实的差别。与广东、河南相比，北京地区刑期最长，这与样本所对应的诈骗数额均值最大有关。除此之外，该地区的诈骗残疾人、老年人或者丧失劳动能力人的财物，冒充司法机关等国家机关工作人员，在境外实施电信网络诈骗这3个从重因素出现的频次较高，所占比重明显高于其他省份；从犯、自首、认罪认罚3个从宽因素出现的频次较低，所占比重明显低于其他省份。根据前述相关性检验及单因素方差分析结果，诈骗数额与刑期的相关系数是0.483，接近50%，而3个从重因素及3个从宽因素对量刑结果的影响力均具有显著性，这些在一定程度上能够解释北京地区有期徒刑刑期最长的原因。而广东省的诈骗数额均值远远低于北京市，相当于北京市诈骗数额均值的56%，且在境外实施电信网络诈骗这一从重因素在各省份中所占比重最低，这说明其基本犯罪事实方面与北京市存在较大的差别；河南省的诈骗数额均值相当于北京市诈骗数额均值的63.2%，且从犯、挽回全部损失2个从宽因素在各省份中所占比重最高，这说明其犯罪总体较轻，与北京市存在较大差别。

综上，北京地区在有期徒刑量刑中较之于广东、河南所体现出的差异性，很大程度上可以用犯罪事实的不同来解释。

（2）各省份制定的量刑实施细则的差别。各省实施细则关于量刑起点和基准刑的标准各不相同。根据下表，北京与河南相比，量刑起点更高，但是在基准刑计算方面，达到量刑起点后，每增加相同的数额，北京地区所增加的刑罚量略小于河南；北京与广东相比，量刑起点幅度较小，在数额较大、数额巨大、数额特别巨大（超过数额不足50万元）区间内，达到量刑起点后，每增加相同的数额，北京地区所增加的刑罚量远小于广东。这种差异性规定一方面与各省份经济发展水平密切相关，另一方面也充分体现了各地犯罪形势的差别。例如，在基准刑的确定方面，北京地区明显轻于河南和广东，这是因为北京地区的电信网络诈骗犯罪形势远远不如河南、广东严重。特别是广东，一直以来是电信网络诈骗犯罪的重灾区，因此，其在实施细则中专门对普通诈骗和电信网络诈骗的基准刑进行了区别，对后者规定了更加严厉的刑罚。[1]

表4-7 各省份关于诈骗罪量刑起点和基准刑规定一览表

省份	数额较大		数额巨大		数额特别巨大	
	量刑起点	基准刑	量刑起点	基准刑	量刑起点	基准刑
北京	3个月拘役至9个月有期徒刑	每增加3500元,增加1个月刑期	3年6个月至4年有期徒刑	每增加6000元,增加1个月有期徒刑	10年6个月至12年有期徒刑	每增加6万元,增加1个月刑期
广东	1年以下有期徒刑、拘役	每增加5000元,增加3个月至6个月的刑期	3~4年有期徒刑	每增加5000元,增加6个月至1年的刑期	10~12年有期徒刑	超过数额不足50万元,可以增加1年以下刑期;超过数额已满50万元不足250万元,可以增加1~3年刑期;超过数额250万元以上,可以增加3年以上刑期,但依法应当判处无期徒刑的除外。
河南	3个月拘役至6个月有期徒刑	每增加800元,增加1个月刑期	3~4年有期徒刑	每增加5000元,增加1个月刑期	10~12年有期徒刑	每增加5万元,增加1个月刑期
四川	3个月拘役至6个月有期徒刑	每增加1500元,增加1个月至2个月刑期	3~4年有期徒刑	每增加6000元,增加1个月至2个月刑期	10~12年有期徒刑	每增加5万元,增加1个月至3个月刑期

---

[1]《广东省高级人民法院〈关于常见犯罪的量刑指导意见〉实施细则》:①一般诈骗,超过数额较大起点未达到数额巨大起点的,一类地区每增加15 000元,二类地区每增加10 000元,可以增加3个月至6个月刑期。属于电信网络诈骗的,每增加5000元,增加3个月至6个月的刑期。②一般诈骗,超过数额巨大起点未达到数额特别巨大起点的,一类地区每增加40 000元,二类地区每增加45 000元,可以增加6个月至1年刑期。属于电信网络诈骗的,每增加50000元,增加6个月至1年的刑期。

除此之外，在量刑情节方面，各省份规定的常见量刑情节的调节比例大致相同，但是北京市对于冒充司法机关等国家机关工作人员诈骗、在境外实施电信网络诈骗的调节比例未作明确规定，而广东、河南均规定这两个情节可分别增加基准刑的30%以下。

司法实践中，各省份的实施细则对量刑工作具有直接的指导作用，因此，实施细则关于量刑起点、基准刑和量刑情节的差别性规定在一定程度上也会引起北京与广东、北京与河南的量刑差异。

（3）各省份对有期徒刑量刑产生显著性影响的因素存在较大差异。首先，在诈骗数额方面，广东省的量刑结果与诈骗数额不具有相关性，这是与其他省份的重大差别，同时，也是与诈骗罪量刑基本理论相违背的现象。其次，就数额以外与犯罪相关的报应性因素及与犯罪人相关的预防性因素而言，北京地区所涉因素数量最多，包括从犯，诈骗残疾人、老年人或者丧失劳动能力人的财物，冒充司法机关等国家机关工作人员，在境外实施电信网络诈骗，取得被害人谅解，全部挽回经济损失，自首，认罪，认罪认罚9个因素；广东省涉及从犯，诈骗残疾人、老年人或者丧失劳动能力人的财物，冒充司法机关等国家机关工作人员，在境外实施电信网络诈骗，全部挽回被害人损失，坦白6个因素；河南省仅涉及从犯、全部挽回经济损失、坦白3个因素。这说明不同地区的法官在量刑活动中考察和关注的视野存在明显的差异。[1]最后，在与案件本身无关的因素方面，律师参与对各省份的量刑都具有显著影响。除此之外，北京地区不再受其他因素的影响。而在广东省，羁押因素对量刑结果具有显著影响；在河南省，羁押和外来人口均对量刑结果具有显著影响。据此，各省份的诈骗罪有期徒刑量刑影响因素无论在数量上还是内容上均存在较大差别。

综上，北京与广东、北京与河南在有期徒刑刑期裁量方面的差异，可以从三个方面寻找原因：一是诈骗数额与量刑情节等基本犯罪事实方面的差别；二是各省份量刑实施细则中规定的量刑起点、基准刑和量刑情节调节比例的差别；三是各省份裁量刑罚时所重点关注的量刑影响因素的差别。其中，总体犯罪事实轻重不同所引起的量刑差异属于正常现象，实施细则的差别性规定与各地经济发展水平和犯罪形势密切相关，由此引起的量刑差异也是量刑规范化所允许的；[2]而各省份裁量刑罚时所重点关注的量刑影响因素的不同，则是需要高度重视的。同一起案件，特别是同一起具有多个情节的案件放到不同省份去

---

〔1〕 赵学军：《抢劫罪量刑经验研究》，法律出版社2019年版，第383页。
〔2〕 《最高人民法院、最高人民检察院关于常见犯罪的量刑指导意见（试行）》规定，量刑要客观、全面把握不同时期不同地区的经济社会发展和治安形势的变化，确保刑法任务的实现。

审理，由于各省份法官普遍斟酌的焦点不同，得出的量刑结果也极有可能不同。如此一来，意味着相同的法律问题不能得到相同处理，在一定程度上存在量刑偏差。

（二）诈骗罪罚金刑适用是否存在地域偏差

样本中被判处罚金刑的共有1052例。各省份的罚金刑适用情况如下：

表4-8 各省份罚金刑适用情况统计表

省份	罚金数额（元）							
	N	均值	标准差	标准误	均值的95%置信区间		极小值	极大值
					下限	上限		
北京	409	48 196	266 070	13 156	22 333	74 058	1000	5 000 000
广东	197	38 165	77 310	5508	27 302	49 028	1000	600 000
河南	276	46 123	111 675	6722	32 890	59 356	1000	1 000 000
四川	170	110 635	164 578	12 623	85 717	135 554	2000	1 000 000
合计	1052	55 864	191 852	5915	44 257	67 470	1000	5 000 000

1. 各省份的罚金情况是否存在差异。从上表可以直观地看出，各省份的罚金数额均值存在一定的差异。四川最高，为11万余元，最低的是广东，为3.8万余元。此外，河南、北京的罚金数额均值也与四川存在较大差距。当然，这种差异是否具有统计学意义上的显著性，还需要采用单因素方差分析法进一步判断。结果显示，各省份的罚金数额均值之间的差异确实具有显著性。

表4-9 各省份罚金数额均值比较

单因素方差分析					
罚金数额（元）					
	平方和	df	均方	F	显著性
组间	621 932 235 385.261	3	207 310 745 128.420	5.708	0.001
组内	38 062 268 440 232.600	1048	36 318 958 435.337		
总数	38 684 200 675 617.900	1051			

2. 罚金刑量刑差异是否具有普遍性。采用单因素方差分析的结果受个别省份影响比较大，只要任意两省份之间存在量刑差异，就可能导致整体上的差异

具有显著性。因此，如果仅依据单因素方差结果得出结论，无法准确地判断量刑差异究竟是普遍存在于任意两个省份之间，还是仅属于个别情况。这就需要在此基础上进行多重比较，精准确定差异存在于哪些省份之间。

经过省份之间的两两比较可以发现，以北京为基准，用其他省份的有期徒刑刑期均值与之对比，北京与四川在有期徒刑刑期均值上的无差异概率小于显著性水平0.05，这说明具有显著差异。以此类推，最后得出结论：四川和北京、四川和河南、四川和广东在罚金数额均值上存在显著差异。

3. 各省份罚金刑适用的影响因素。

（1）各省份诈骗数额对罚金刑的影响。各省份罚金数额的差异可能是由诈骗数额本身的差异引起的。因此，考察各省份的诈骗数额情况，可能有助于解释量刑差异产生的原因。由表4-11可以直观地看出，各省份诈骗数额均值由大到小依次是北京、四川、广东、河南，而罚金数额均值由大到小依次是四川、北京、河南、广东，二者排列顺序并不一致，没有规律可言。

表4-10 各省份罚金数额均值多重比较

因变量：罚金数额（元）

	(I) 省份		均值差 (I-J)	标准误	显著性	95% 置信区间	
						下限	上限
Tamhane	北京	广东	10 030.624	14 262.818	0.981	-27 636.21	47 697.45
		河南	2 072.411	14 774.118	1.000	-36 929.93	41 074.75
		四川	-62 439.695*	18 232.345	0.004	-110 602.71	-14 276.68
	广东	北京	-10 030.624	14 262.818	0.981	-47 697.45	27 636.21
		河南	-7 958.214	8 690.516	0.931	-30 919.91	15 003.48
		四川	-72 470.319*	13 772.034	0.000	-109 016.59	-35 924.05
	河南	北京	-2 072.411	14 774.118	1.000	-41 074.75	36 929.93
		广东	7 958.214	8 690.516	0.931	-15 003.48	30 919.91
		四川	-64 512.106*	14 300.891	0.000	-10 2421.14	-26 603.07
	四川	北京	62 439.695*	18 232.345	0.004	14 276.68	110 602.71
		广东	72 470.319*	13 772.034	0.000	35 924.05	109 016.59
		河南	64 512.106*	14 300.891	0.000	26 603.07	102 421.14

表 4-11　各省份适用罚金刑的样本所涉诈骗数额情况统计表

	诈骗数额（元）							
	N	均值	标准差	标准误	均值的95%置信区间		极小值	极大值
					下限	上限		
北京	409	3 328 453	6 221 443	307 631	2 723 714	3 933 192	3840	33 030 732
广东	197	1 896 175	4 005 177	285 357	1 333 410	2 458 939	3700	32 019 971
河南	276	1 653 609	4 934 523	297 023	1 068 881	2 238 338	3832	28 057 378
四川	170	2 064 915	3 527 096	270 516	1 530 890	2 598 941	3200	10 000 000
总数	1052	2 416 650	5 190 014	160 015	2 102 664	2 730 635	3200	33 030 732

为了进一步考察诈骗数额对罚金数额的影响，需要对4个省份诈骗数额与罚金数额的关系进行统计分析。由于诈骗数额为连续性变量，无法进行方差分析，因此，需要采取相关性检验的方法。其中，北京市诈骗数额与罚金数额的相关性检验结果显示：$r=0.252$，$p=0.000$，广东省诈骗数额与罚金数额的相关性检验结果显示：$r=0.190$，$p=0.007$，河南省诈骗数额与罚金数额的相关性检验结果显示：$r=0.417$，$p=0.000$，四川省诈骗数额与罚金数额的相关性检验结果显示：$r=0.449$，$p=0.000$。由此可见，诈骗数额在4个省份的罚金刑裁量中均是显著影响因素，但是相关程度有所不同，北京、广东呈现弱相关，四川、河南呈现中度相关。

（2）各省份其他量刑因素对罚金刑的影响。除数额之外，其他影响量刑的因素也是分析省份之间差异所必须考察的内容。笔者首先对各量刑影响因素在各省份的分布进行了统计，具体情况如下表所示：

表 4-12　各省份适用罚金刑的样本中量刑影响因素分布表

量刑影响因素	北京		广东		河南		四川	
	频数（例）	比率	频数（例）	比率	频数（例）	比率	频数（例）	比率
是否从犯	205	50.1%	118	59.9%	194	70.3%	105	61.8%
是否取得被害人谅解	35	8.6%	5	2.5%	32	11.6%	16	9.4%
是否挽回全部损失	47	11.5%	12	6.1%	56	20.3%	18	10.6%

续表

量刑影响因素	北京		广东		河南		四川	
	频数（例）	比率	频数（例）	比率	频数（例）	比率	频数（例）	比率
是否挽回部分损失	139	34.0%	17	8.6%	94	34.1%	27	15.9%
是否诈骗残疾人、老年人或者丧失劳动能力人的财物	108	26.4%	43	21.8%	24	8.7%	29	17.1%
是否冒充司法机关等国家机关工作人员	153	37.4%	39	19.8%	3	1.1%	47	27.6%
是否在境外实施电信网络诈骗	151	36.9%	47	23.9%	54	19.6%	47	27.6%
是否累犯	5	1.2%	6	3.0%	8	2.9%	21	12.4%
是否自首	15	3.7%	14	7.1%	28	10.1%	14	8.2%
是否坦白	336	82.2%	154	78.2%	156	56.5%	133	78.2%
是否认罪	197	48.2%	45	22.8%	69	25.0%	22	12.9%
是否认罪认罚	58	14.2%	58	29.4%	92	33.3%	34	20.0%
是否有律师参与	342	83.6%	121	61.4%	147	53.3%	85	50.0%
是否被羁押	394	96.3%	172	87.3%	193	69.9%	146	85.9%
是否外来人口	371	90.7%	132	67.0%	127	46.0%	128	75.3%

上述量刑影响因素均为类别变量，因此，可通过单因素方差分析的方法检验其对不同省份有期徒刑刑期的影响情况。统计结果如下：

表4－13　各省份不同因素影响罚金数额的方差分析

量刑影响因素	北京		广东		河南		四川	
	F值	p值	F值	p值	F值	p值	F值	p值
是否从犯	3.571	0.060	8.147	0.005	30.855	0.000	3.771	0.054
是否诈骗残疾人、老年人或者丧失劳动能力人的财物	2.140	0.144	6.690	0.010	17.447	0.000	12.856	0.000

续表

量刑影响因素	北京		广东		河南		四川	
	F值	p值	F值	p值	F值	p值	F值	p值
是否冒充司法机关等国家机关工作人员	3.725	0.054	21.201	0.000	0.040	0.842	61.280	0.000
是否在境外实施电信网络诈骗	3.781	0.053	0.675	0.412	0.116	0.734	61.280	0.000
是否取得被害人谅解	0.312	0.577	0.812	0.369	2.159	0.143	3.418	0.066
是否挽回全部损失	0.589	0.443	1.148	0.285	6.567	0.011	6.067	0.015
是否累犯	0.046	0.830	0.672	0.413	0.244	0.622	0.000	0.991
是否自首	0.254	0.615	0.467	0.495	0.782	0.377	0.163	0.687
是否坦白	0.079	0.779	18.330	0.000	6.236	0.013	2.991	0.086
是否认罪	5.363	0.021	0.082	0.775	1.456	0.229	3.545	0.061
是否认罪认罚	11.732	0.001	0.041	0.840	5.088	0.025	13.133	0.000
是否有律师参与	0.011	0.915	0.412	0.522	3.845	0.051	5.824	0.017
是否被羁押	0.256	0.613	4.199	0.042	13.343	0.000	8.657	0.004
是否外来人口	0.120	0.729	3.700	0.056	21.056	0.000	16.476	0.000

通过上表可以发现，累犯、自首、取得被害人谅解3个因素在4个省份的显著性P值均大于0.05，因而对4省份罚金刑均未表现出显著影响。除此之外，其他因素在4个省份的有期徒刑量刑中呈现出不同的影响：北京地区对罚金刑具有显著影响力的因素仅有认罪和认罪认罚；广东省对罚金刑具有显著影响力的因素包括从犯，诈骗残疾人、老年人或者丧失劳动能力人的财物，冒充司法机关等国家机关工作人员，坦白，羁押；河南省对罚金刑具有显著影响力的因素包括从犯，诈骗残疾人、老年人或者丧失劳动能力人的财物，挽回全部损失，坦白，认罪认罚，羁押，外来人口；四川省对罚金刑具有显著影响力的因素包括诈骗残疾人、老年人或者丧失劳动能力人的财物，冒充司法机关等国家机关工作人员，在境外实施电信网络诈骗，挽回全部损失，认罪认罚，有律师参与，羁押，外来人口。

（3）各省份主刑刑期对罚金刑的影响。通常情况下，在诈骗罪量刑时，罚金刑附加于主刑而适用。在第一章的研究中，发现有期徒刑刑期与罚金数额显著相关。那么，四川省与其他省份的罚金数额之差异，能否归因于有期徒刑刑期的差异呢?

经统计发现,北京、广东、河南、四川的有期徒刑刑罚量均值分别为64.78个月、47.44个月、44.80个月、54.34个月,与4个省份的罚金数额均值并不存在一一对应关系。为了更加直观地显示二者的关系,笔者以X轴为主刑刑期,以Y轴为罚金数额,制作散点图,每一个点对应的是一位被告人的罚金数额与主刑刑期,并建立一元线性回归模型。根据下图,四川省罚金数额与主刑刑期的关系最为密切,主刑刑期对于罚金数额的解释率能够达到49%,而广东、河南两省中主刑刑期对罚金数额的解释率是43%,北京地区主刑刑期对罚金数额的解释率仅为15%。这说明各省份主刑刑期对罚金数额的影响存在较大差异。

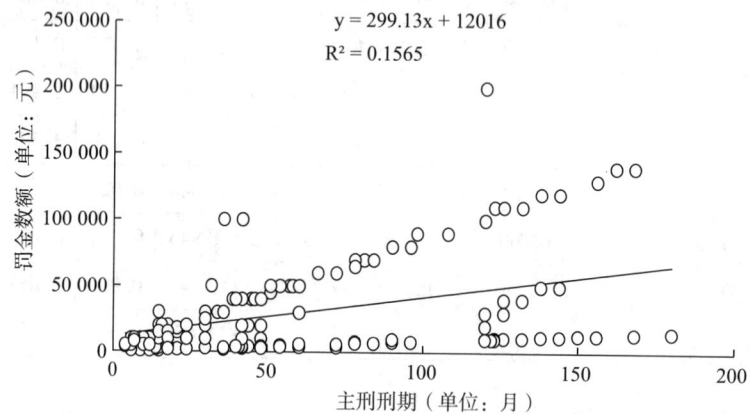

图4-1 北京市罚金数额与主刑刑期分布散点图

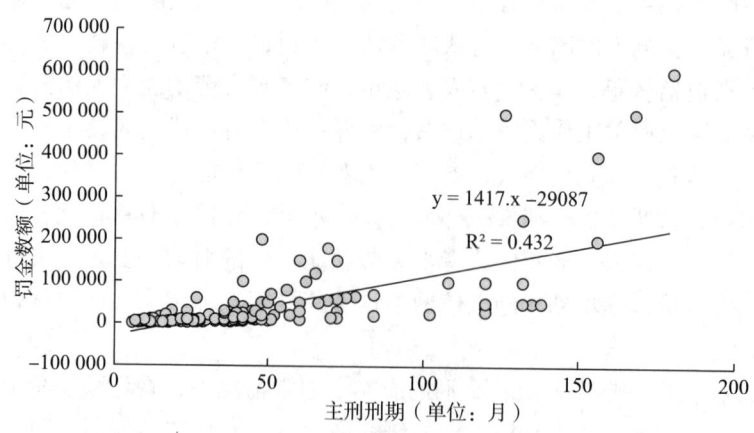

图4-2 广东省罚金数额与主刑刑期分布散点图

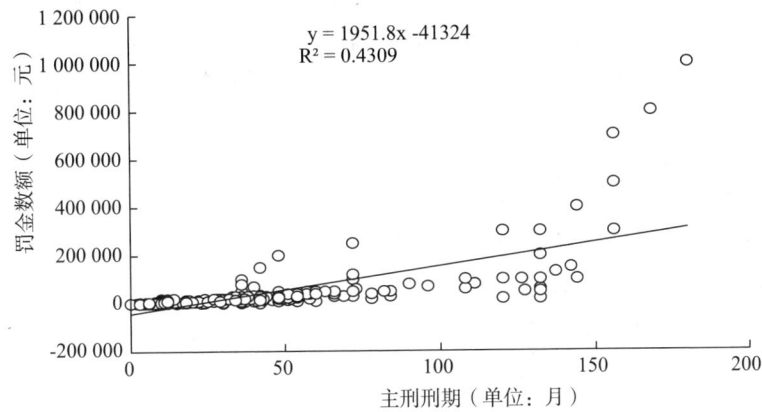

图4-3 河南省罚金数额与主刑刑期分布散点图

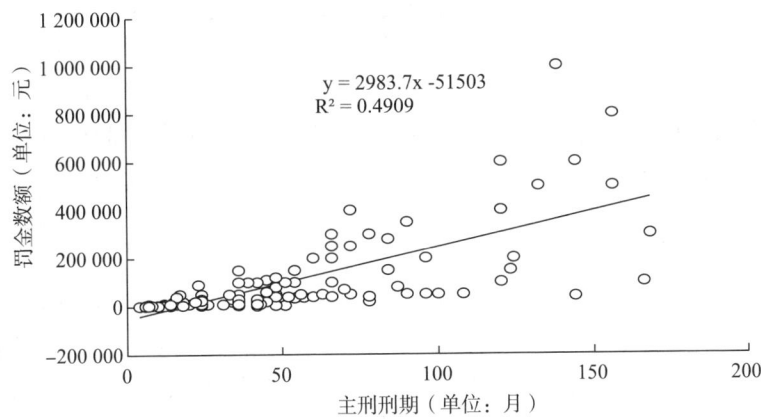

图4-4 四川省罚金数额与主刑刑期分布散点图

4. 研究结论。通过上述三个步骤，可以得出以下结论：4个省份在罚金刑适用方面存在显著差异，但是这种差异并不具有普遍性，而是仅存在于四川省和其他3个省份之间，即四川省在罚金刑适用中表现出了异常。

（1）四川省罚金数额异常的原因。首先，笔者从诈骗数额、其他量刑影响因素角度进行分析研究，未发现四川省在犯罪数额及犯罪情节等基本犯罪事实方面与其他省份存在明显差别：其犯罪数额均值低于北京而高于广东及河南，各量刑情节所占比重在4个省份居中，未发现具备从重情节的样本比重较高或者具备从轻情节的样本比重较低的情形。所以，犯罪事实本身无法解释四川省罚金数额的异常。其次，笔者查阅了4个省份制定的量刑实施细则。北京、河南、广东的实施细则未提及罚金刑的适用，而四川省高级人民法院颁布的

《〈关于常见犯罪量刑指导意见〉实施细则（二）》（川高法〔2017〕60号）（部分失效）详细规定了罚金刑适用的基本原则，以及一些罪名的罚金刑适用规则，走在了其他省份的前列。该规定提到，"判处罚金应当根据犯罪情节，如违法所得数额、造成损失的大小等，并综合考虑被告人缴纳罚金的能力，依法判处罚金""判处罚金应当客观、全面地把握不同时期不同地区的社会经济发展和治安形势的变化，注重裁判法律效果与社会效果的统一"。除此之外，在适用罚金刑方面更多的是体现从宽的一面：例如，规定"并处或者单处罚金"的犯罪，对罪行较轻且具有缴纳能力的，可以考虑单处罚金；除特殊情况外，对从犯判处的罚金数额一般不宜高于主犯的罚金数额；被告人具有减轻处罚情节并在下一档量刑的，应当在下一个量刑幅度内依法适用罚金刑。减轻处罚后适用的量刑幅度未规定罚金刑的，不得判处罚金；被告人具有从轻处罚情节的，主刑选择从轻的，综合考虑犯罪分子缴纳罚金的能力等因素，可以对被告人从轻或者减轻适用罚金刑。[1]这些体现了从宽处罚精神的规定均无法解释四川省的罚金刑为何重于其他3个未作规定的省份。而在具体罪名方面，未涉及诈骗罪的罚金刑适用，但是基于其关于合同诈骗罪罚金刑适用规则的规定，可以大致了解该省份实践中对罚金数额的把握情况。然而，遗憾的是，由于其他省份并不存在相关规范，所以，无法通过比较来确定四川省的《〈关于常见犯罪量刑指导意见〉实施细则（二）》能否作为解释其罚金偏重的原因。

（2）罚金刑适用存在地域偏差。根据前述分析，4个省份在适用罚金刑、裁量罚金数额过程中存在的差异还是比较明显的。首先，各省诈骗数额对于罚金数额的确定均具有显著影响，但是四川、河南2个省份罚金数额与诈骗数额的相关程度明显高于另外2个省份。其次，就数额以外与犯罪相关的报应性因素及与犯罪人相关的预防性因素而言，北京地区仅认罪和认罪认罚2个因素对罚金刑具有显著影响；广东省涉及从犯，诈骗残疾人、老年人或者丧失劳动能力人的财物，冒充司法机关等国家机关工作人员，坦白4个因素；河南省涉及从犯，诈骗残疾人、老年人或者丧失劳动能力人的财物，挽回全部损失，坦白，认罪认罚5个因素；四川涉及诈骗残疾人、老年人或者丧失劳动能力人的财物，冒充司法机关等国家机关工作人员，在境外实施电信网络诈骗，挽回全部损失，认罪认罚5个因素。这说明不同省份的法官群体在裁量罚金刑时所考虑的因素存在明显的差异。最后，在与案件本身无关的因素方面，北京地区不

---

[1] 参见四川省高级人民法院颁布的《〈关于常见犯罪量刑指导意见〉实施细则（二）》（川高法〔2017〕60号）。

受羁押状态、律师参与、外来人口因素的影响；而在广东省，仅羁押因素对罚金刑具有显著影响；在河南省，羁押和外来人口均对罚金刑具有显著影响；在四川省，律师参与、羁押、外来人口3个因素均对罚金刑具有显著影响。据此，各省份的诈骗罪罚金刑适用的影响因素无论在数量上还是内容上均存在较大差异。

此外，在主刑刑期对罚金数额的影响方面，四川、河南、广东3个省主刑刑期对罚金数额具有40%~50%的解释力，而北京地区主刑刑期对罚金数额的解释力比较弱。笔者在录入数据的时候，直觉上发现北京地区判决存在一个现象：1年有期徒刑通常搭配罚金1万元，2年有期徒刑通过搭配罚金2万元，以此类推。经核实，在北京地区409个适用罚金刑的电信网络诈骗样本中，129例确实存在"判几年、罚几万"这种精准对应的情形。此外，有期徒刑刑期非整数的，通常搭配与其相近似的整数罚金金额，例如，有期徒刑14个月的，通常搭配罚金1万元；有期徒刑20个月的，通常搭配罚金2万元或者1万元。经核实，100例样本存在这种模糊对应的情形。为了进一步确认该现象的存在，笔者又将数据范围扩大至北京地区所有的有期徒刑判决（含传统诈骗和电信网络诈骗），发现32%的样本存在"判几年、罚几万"这种精准对应的情形，34%的样本存在非整数刑期搭配近似整数罚金金额的情形。然而，该现象在其他省份并不明显。笔者就该发现向北京市基层法院的法官进行求证，法官们表示，这种情形并没有明文规定，也并非硬性要求，但确实是北京市基层审判工作中法官们不约而同的选择。那么应当如何评价这种做法呢？其一，如果该做法得到有力贯彻，有助于减少量刑偏差，促进量刑统一。但是，仅根据主刑刑期确定罚金数额，"判几年、罚几万"，其实并没有充足的科学依据作支撑。判处罚金刑，应当以犯罪情节为根据，并综合考虑被告人缴纳罚金的能力，依法决定罚金数额。根据该要求，罚金刑的确定要考虑两方面的要素：一是犯罪情节，二是财产状况。而北京市的罚金裁量通常方法只考虑了前者，而未将被告人的缴纳能力纳入范围，因而是片面的，也不利于后期执行。其二，通过北京市主刑刑期与诈骗数额散点图及一元线性回归模型可以发现，确实有一部分散点分布在一条明显的直线之上，这条直线即表示"判几年、罚几万"，但是在实践中，有期徒刑为整年刑期的情形所占比重并不高，而且该做法对于法官并没有强制性约束力，所以从整体上来看，北京市罚金刑裁量与主刑刑期的回归模型 R^2 仅为15%，罚金数额最大值高达500万元，远远高于其他省份。因此，"判几年、罚几万"在规范罚金刑适用方面所起的作用也是非常有限的。

综上，虽然从量刑结果上看，仅是四川省的罚金刑适用表现出了异常，与其他3个省份存在显著差异，但是，经过分析发现，4个省份在裁量罚金刑时具有显著影响的因素各不相同。对于同一起案件，由于4个省份法官所关注的量刑影响因素的数量和内容各不相同，因此，最终确定的罚金数额也很难统一。从这个意义上讲，罚金刑的适用存在较为严重的地域偏差。此外，如果用主刑刑期来规范罚金刑的适用，各省份所建立的一元线性回归模型存在较大差异，特别是北京地区的模型中，主刑刑期对罚金数额的解释力比较弱。即便是各省份以主刑刑期为自变量建立的模型较为一致，这种只考虑犯罪情况不考虑缴纳能力的做法，本身也是值得商榷的。总体而言，上述罚金刑适用的混乱局面其实是与我国罚金刑规范化程度较低的现状相对应的，在第三章建立的罚金刑多元线性回归模型中，Adjusted R^2 为 0.202，即说明模型所涉因素的解释力比较弱，罚金刑在量刑上普遍存在较大的随意性。只有逐步提升罚金刑的量刑规范化水平，才能真正减少罚金刑适用的地域偏差，实现量刑均衡。

（三）诈骗罪剥夺政治权利适用是否存在地区偏差

1. 基本情况。电信网络诈骗样本中，共105例被附加适用剥夺政治权利。除了3例是附加于无期徒刑之外，其余102例附加于有期徒刑而适用。其中，北京地区共97例，所对应的主刑为7年以上有期徒刑；河南省共5例，所对应的主刑为10年以上有期徒刑。广东和四川2个省被判处有期徒刑的，均未附加适用剥夺政治权利。

因此，诈骗罪剥夺政治权利适用存在严重的地域性差异，北京地区对7年以上有期徒刑附加适用剥夺政治权利，而其他3个省份则很少适用，甚至不用。

2. 差异产生的原因。对于被判有期徒刑的诈骗罪被告人，能否附加适用剥夺政治权利、如何附加适用剥夺政治权利，《刑法》第266条并未给出明确答案。但是，该法第56条规定，对于故意杀人、强奸、放火、爆炸、投毒、抢劫等严重破坏社会秩序的犯罪分子，可以附加剥夺政治权利。根据该规定，"可以剥夺政治权利"的适用范围究竟如何界定？诈骗罪是否属于上述"严重破坏社会秩序的犯罪"？不同省份对此有着不同的理解，所以，在量刑实践中呈现出明显的分歧。

三、结论及思考

（一）诈骗罪量刑存在地域偏差

通过前述数据分析可以得出结论：我国诈骗罪量刑存在地域偏差。具体表现为以下几个方面：

1. 有期徒刑适用存在一定的地域偏差。实证研究表明，北京和广东、北京和河南在有期徒刑刑期方面存在一定的差异，而差异的原因在一定程度上可归结为犯罪事实的差别。从这个意义上讲，该差异是司法实践中的正常现象而非量刑偏差，因为不同地区的总体犯罪严重程度不同，所对应的刑罚也必然应当有所差别。然而，除了犯罪事实之外，不排除还有其他原因导致了量刑差异的产生。于是，笔者对 4 个省份制定的量刑实施细则中关于有期徒刑量刑起点和基准刑的规定进行比较，发现其中确实存在一些差别，但是，该差别是由各省份经济发展水平及犯罪形势的不同所决定的，是我国处理财产型犯罪所普遍采用的做法，而非量刑规范化所要规制的量刑偏差；通过相关性检验和单因素方差分析的方法总结各省份对有期徒刑刑期具有显著影响力的因素，发现各省份在裁量刑期方面的标准和模式还是存在较大差别的，体现为诈骗数额对刑期的影响各不相同，法官重点关注的量刑影响因素的数量和内容也各不相同。因此，虽然从总体上看，我国有期徒刑量刑规范化程度比较高，[1]但是，各省份内部仍然存在一定的偏差，同样的案件由不同省份处理，极有可能面临差别较大的刑罚结果。

2. 罚金刑的适用存在明显的地域偏差。实证研究表明，四川和其他 3 个省份在罚金数额均值上存在显著差异。对于这种差异，从基本犯罪事实、量刑实施细则中关于罚金刑适用的规定等方面均无法做出合理解释。从量刑影响因素角度分析，4 个省份在裁量罚金数额时所关注和考虑的因素各不相同；从主刑刑期角度分析，4 个省份主刑刑期与罚金数额的线性关系也各不相同。因此，司法实践中罚金刑的适用较为混乱，不同省份在罚金数额裁量方面存在严重的地域偏差。

3. 剥夺政治权利的适用存在明显的地域偏差。北京地区对 7 年以上有期徒刑附加适用剥夺政治权利，而其他 3 个省份则很少适用，甚至不用。出现偏差的根源在于对于诈骗罪是否属于《刑法》第 56 条规定的严重破坏社会秩序的犯罪，各省份存在认识上的分歧。

(二) 诈骗罪量刑地域偏差的原因

诈骗罪量刑出现一定的地域差异，是司法实践中的正常现象。我国幅员辽阔、省份众多，因此，对于诈骗罪、盗窃罪等涉及财产的犯罪，通常以"数额较大""数额巨大""数额特别巨大"为标准，允许各省结合本地区经济社会发展状况确定具体数额。即便电信网络诈骗犯罪的定罪量刑标准在全国范围内

---

[1] 第三章研究表明，有期徒刑刑期的量刑模型的 Adjusted R^2 为 0.753，拟合优度较好，最高人民法院及各省份制定的量刑指导文件所规定的各种情节能够解释绝大部分量刑。

实现了统一,但是由于同样的犯罪数额在不同省份所征表的社会危害程度有所差别,所以,在量刑轻重上存在适当差异也是可以理解和接受的,谈不上量刑偏差。然而,如果相同的法律问题受到了不同的处理,如不同省份在裁量有期徒刑、罚金刑时审酌和考量的因素各不相同、对被判有期徒刑的被告人是否附加剥夺政治权利产生较大分歧,则意味着量刑偏差的存在。接下来将对出现量刑偏差的原因加以分析。

1. 量刑规范对量刑工作的指导作用非常有限。无论是最高人民法院出台的历次量刑指导文件,还是各省的实施细则,都是以有期徒刑为基础,对量刑步骤、方法、量刑情节调节比例加以规定。司法实践中,法官们通常依据上述量刑文件的要求,依次确定量刑起点、基准刑,但是,对于量刑情节调节基准刑这一步骤,则很少严格按照文件确定的规则进行计算。特别是在案件存在多个量刑情节的情况下,根据量刑规范的要求,应当将量刑情节分为一般量刑情节和优先适用量刑情节:对于仅具有一般量刑情节的,各量刑情节之间采用"同向相加、逆向相减"的方法调节基准刑;对于具有多个优先适用量刑情节的,各优先适用情节采用连乘的方法调节基准刑;对于单个优先适用量刑情节与单个一般量刑情节并存时,先用优先适用情节对基准刑进行调节,在此基础上,再用一般量刑情节进行调节,两者之间是连乘关系;对于具有多个优先适用量刑情节和多个一般量刑情节的,特定量刑情节先按照连乘的方法对基准刑进行调节,在此基础上,一般量刑情节采用"同向相加、逆向相减"的方法再进行调节。[1] 该规定看似逻辑严密、环环相扣,但其实每一个环节都离不开法官的自由裁量权,因为每个情节的调节比例都是以幅度的形式加以规定的,需要法官综合案件具体情况从中确定一个点代入公式加以计算,特别是当多个情节具有交叉和包容关系时,如同时具备冒充司法机关等国家机关工作人员诈骗、在境外实施电信网络诈骗等情节时,更需要法官对最终选择哪些情节、每个情节的调节比例为多少进行慎重地权衡与裁量。此外,在运算过程中,法官还要"瞻前顾后",防止多个一般从宽情节相加以致减少基准刑的比例超过100%的情况发生。更麻烦的是,经过一番加减乘除的计算,最终所得的数字很可能与法官心目中的量刑结果相差甚远,还需要运用自由裁量权对结果进行调整。对此,笔者访谈过一些基层法院的法官,法官们表示,与其这样复杂繁琐地算来调去,还不如在确定基准刑之后,直接依据经验,运用自由裁量权进行调整,一步到位、方便快捷。因此,经验而非规范在相当大的程度上影响着法官的量刑活动。此外,实践中,法院对新入职人员的培养通常采用"师傅带徒弟"的

---

[1] 南英主编:《量刑规范指导案例》,法律出版社2016年版,第26~29页。

模式，让其以助理的身份经过一定时间的学习、锻炼之后才能拥有独立办案资格，因此，法官群体的经验传承比法学院的理论教育和立法司法机关的各种规定对新法官的影响更为深刻与直接，这在一定程度上也会形成并延续地域之间的量刑差异。

综上，基于经验的传承与交流，一个地区的法官在处理某类案件时通常会作出类似的取舍与决定，久而久之便形成了该地区的量刑经验与模式。这种经验与模式在个案中表现不明显，但是如果用统计软件对大数据进行分析，便可以清晰地呈现。在前文的实证分析中，每个省份在裁量有期徒刑刑期、罚金数额时关注的情节各不相同，或者同一情节在不同省份量刑中所起的作用各不相同，就是经验影响量刑的生动体现。

2. 罚金和剥夺政治权利这两种刑罚的适用尚未真正得以规范。目前，任何一份量刑指导性文件均未涉及剥夺政治权利的内容，剥夺政治权利在相当长的时期内也不会提上量刑规范化的日程。

罚金刑适用的规范化已经在一些法院开始试点，但是尚未形成比较成熟的经验和做法，诈骗罪罚金刑的适用现状便清楚地展现了这一点。各省份中，对罚金数额具有显著影响的因素各不相同，罚金数额与诈骗数额、主刑刑期均未呈现较为一致的数量关系，这说明罚金刑的裁量依据较为混乱。虽然四川省高级人民法院颁布的《〈关于常见犯罪量刑指导意见〉实施细则（二）》（川高法〔2017〕60号）专门规定了罚金刑适用的基本原则以及一些罪名的罚金刑适用规则，此外，《河北省高级人民法院〈关于常见犯罪的量刑指导意见〉实施细则》、江苏省高级人民法院《江苏省各中级人民法院刑事案件判刑量刑标准指导意见》《湖北省高级人民法院关于扩大量刑规范化罪名和刑种的量刑指导意见（试行）》等地方性细则也涉及罚金刑的规范化，但是这些规定是否具有科学性、能否推而广之尚需论证和实践检验。总体而言，如何规范罚金刑是比有期徒刑的规范化更为复杂的问题。因为目前罚金刑本身就存在很多争议，比如其理论根据是报应还是预防、其在刑罚体系中处于何种地位，而立法普遍采用的无限额罚金制、必并罚金制更是受到了强烈的批判。所以，在规范罚金刑适用时，并不是单纯效仿有期徒刑的步骤和方法，更重要的是厘清以下问题：一是在法官办案时间紧、压力大的情况下，如何做到便捷、准确掌握被告人的财产状况？二是如何通过调研掌握主刑与罚金刑的对应关系？二者应当如何搭配才能更好地实现刑罚目的？只有这些问题得到充分的论证和解决，研究如何规范罚金刑才有实际意义。

3. 各省份对量刑工作的内部要求不同。有学者认为，我国统一的法政体系有助于保障各地区量刑均衡。无论是何地的法院或者法官，使用的法律规范是共同的，所受的法学教育和职业培训是相同的，因而保障了绝大多数案件本身的量刑稳定性。[1]与中国统一的法政体系形成鲜明对比的是，美国在立法体系方面，联邦与各州之间相互独立，各州刑法所设定的犯罪结构和刑罚设置差异较大，因而各州之间出现不同程度的量刑偏差。[2]然而，统一的法政体系一定意味着量刑均衡么？在我国，虽然刑事立法是统一的，但是法定刑幅度过大、法定量刑情节具有多个功能，为法官留下了较大的自由裁量空间。同一地域不同审级的法院对同一案件都有可能作出悬殊巨大的量刑结果，更遑论不同地域之间的量刑差异。

事实上，各地为了更好地指导和规范量刑工作，不仅制定了量刑方面的实施细则，而且有时也会以成文或者不成文的形式在法律规定的自由裁量空间内确立、推广一些通行做法，以实现本地域范围内的量刑均衡。以北京地区为例，在剥夺政治权利方面，对于被判处7年以上有期徒刑的诈骗罪被告人，可以按照《刑法》第56条的规定并处剥夺政治权利。因此，北京地区的法官在对诈骗罪裁量刑罚时，只要有期徒刑达到7年以上，便可以考虑附加剥夺政治权利。特别是对于被判10年以上有期徒刑的诈骗罪被告人，附加剥夺政治权利的比率接近80%（样本中，北京地区被判10年以上有期徒刑的共90例，其中，70例被剥夺政治权利）。在罚金方面，法院提倡"判几年、罚几万"的自由刑与罚金刑搭配模式，所以，在判处整数刑期的情况下，很多法官按照这一内部要求裁量罚金数额。而对于有期徒刑刑期非整数的，通常搭配与其相近似的整数罚金金额，例如，判处有期徒刑14个月的，通常搭配罚金1万元；判处有期徒刑20个月的，通常搭配罚金2万元或者1万元。通过调研，很多法官反映，本地区内部的实施细则及指导性要求在一定程度上弥补了刑事立法以及最高人民法院量刑规范较为粗疏和抽象的缺憾，具有明确性、可操作性，成为司法实践中从事量刑工作的最重要、最常用的依据。正如有学者所言，这种原本基于尊重地方司法实际而制定的细则，由于潜在的地方司法适用规则，几乎成为各地适用量刑法律时的唯一准则，使得具体个案的量刑法律适用在很大程度上游离于整个刑法的系统之外。[3]而这种做法，在实现某一地域范围内量刑

---

[1] "The Chinese Debate about the Adjudication Committee: Implications for What 'Judicial Independence' Means in the Context of China", *The Chinese Journal of Comparative Law*, 2 (2) (2014), pp. 233 - 251.

[2] 熊谋林、李稚宁、胡景宣：“量刑均衡的中国经验：基于强奸罪的实证研究”，载《法治现代化研究》2021年第2期。

[3] 石经海、严海杰：“中国量刑规范化之十年检讨与展望”，载《法律科学（西北政法大学学报）》2015年第4期。

统一的同时，却不可避免地与其他地域产生了不合理的地域性差异。

（三）关于缩小量刑地域偏差的思考

量刑存在地域偏差，意味着相同的法律问题在不同地域受到不同的处理，相似的行为在不同地域面临不同的惩罚，这无疑是司法的不公。因此，如何最大限度地缩小地域偏差，是量刑规范化工作必须直面的问题。基于前述原因，笔者提出以下建议：

1. 加强量刑方面的案例指导。2010 年，《最高人民法院关于案例指导工作的规定》《最高人民检察院关于案例指导工作的规定》相继出台，标志着我国正式建立案例指导制度。根据规定，指导性案例在司法实践中起到参照作用，即对于正在审理的案件，在基本案情和法律适用方面与指导性案例相类似的，应当参照其裁判要点作出判决，引述其作为裁判理由进行释法说理，但不能代替法律或司法解释作为裁判依据。通过公布指导性案例，客观上为办理某类案件提供了一个权威的参照物，不仅司法人员可以参照其办理有关案件，广大群众也可以将其作为评判司法人员对具体案件的处理是否公正、合法的标尺。[1] 因此，案例指导制度有助于约束自由裁量权，对于量刑规范化具有重要作用。

到目前为止，最高人民法院、最高人民检察院已经发布了 300 余个指导性案例。但是，这些案例中，只有少量案例与刑事案件量刑有关，例如，最高人民检察院第 5 批指导性案例中的张某、沈某某等 7 人抢劫案，郭某先参加黑社会性质组织、故意杀人、故意伤害案涉及对量刑畸轻畸重的情况提出抗诉；[2] 最高人民法院第 3 批指导案例中的李某故意杀人案，[3] 第 1 批指导案例中的王某才故意杀人案[4]涉及死缓限制减刑的正确适用。最高人民法院刑三庭于 2016 年编写并出版了一部《量刑规范指导案例》，收录了涉及量刑基本方法的适用、常见量刑情节的适用、常见犯罪的量刑、量刑程序的 95 个案例，作为对《量刑指导意见》的重要补充和完善，通过案例深入解读量刑规范化文件，解决量刑规范化工作中遇到的疑难、争议问题。但是，这 95 个案例尚未上升到指导性案例的层面，其在权威性、示范性、影响力方面均无法和指导性案例相等同。因此，笔者认为，在量刑规范化改革过程中，应当发挥指导性案例对

---

[1] 孙谦："建立刑事司法案例指导制度的探讨"，载《中国法学》2010 年第 5 期。

[2] "最高人民检察院第五批指导案例"，载 http://www.spp.gov.cn/xwfbh/wsfbh/201409/t20140915_80170_4.shtml，最后访问时间：2016 年 2 月 4 日。

[3] 张先明："统一法律适用，提高审判质量，最高法发布第三批指导性案例"，载《人民法院报》2012 年 9 月 26 日，第 1 版。

[4] 张先明："加强案例指导，统一裁判尺度，最高人民法院发布第一批指导性案例"，载《人民法院报》2011 年 12 月 21 日，第 1 版。

量刑活动的引领作用,调研法官运用量刑规范中面临的棘手问题,遴选典型案例,示范量刑说理,为法官正确适用最高人民法院《量刑指导意见》及各省制定的实施细则提供权威参考。只有帮助法官克服不愿、不会适用规范量刑的难题,学习掌握规范量刑的方法并逐渐成为一种自觉和习惯,才能真正扭转当前以经验代替规则量刑的局面,相应地,不同地域法官之间的量刑偏差才能随之缩小。

2. 提升量刑规范化程度。针对不同地域对量刑结果具有显著影响的因素各不相同的问题,一个有效的解决办法就是由最高人民法院组织对全国的某类案件裁判文书进行回归分析,计算出量刑结果与法定情节的统计模型,并定期根据新数据进行更新优化。这样法官们在对某类案件裁量刑罚时,便可依据该模型进行计算,从而最大限度地避免量刑偏差。而这种做法的基本原理是对法官群体实践理性的尊重。所谓实践理性,是指采用实证研究方法所发现的、客观现实中大量实践者长期执业行为背后所具有的规律性。[1]基于实践理性构建量刑模型,指导量刑实践,意味着司法人员的彼此认同与信赖,因而也意味着司法实践的整体延展。[2]在该模式下,每一位法官都为量刑模型的确定贡献了力量,反过来,每一位法官的量刑行为又应当受到自己贡献了力量的量刑模型的约束,从而使得量刑朝着更加符合实践理性、更加均衡的方向发展。

除此之外,其他量刑方面的问题,如缓刑、罚金的适用,则需要尽早纳入量刑规范化进程,因为这些量刑结果看似不如有期徒刑重要,但是同样会对每一个具体犯罪人的人身自由、财产权益产生重大影响。如果出现不合理的地域性差异,同样会引发公众对于量刑公正、司法公平的质疑。当然,在剥夺政治权利方面,当务之急是解决对于被判有期徒刑的诈骗罪被告人能否附加剥夺政治权利、诈骗罪被告人被判多重的有期徒刑才可以考虑对其附加剥夺政治权利等问题,这主要是通过司法解释对实践中的分歧加以明确,暂时无需提上量刑规范化的日程。

3. 建立科学的量刑评估与管理机制。为了保障量刑指导意见落到实处,应当对《量刑指导意见》在法院中的适用情况进行科学评估,从而确定《量刑指导意见》是否得到了有效的遵循,进而在评估基础上对量刑工作进行监督管理。[3]然而,到目前为止,最高人民法院尚未建立科学完善的量刑评估与管理机制,量刑规范化推行十余年来效果如何、各省份量刑规范化水平是否存在差

---

[1] 白建军:《公正底线——刑事司法公正性实证研究》,北京大学出版社2008年版,第1页。
[2] 白建军:"基于法官集体经验的量刑预测研究",载《法学研究》2016年第6期。
[3] 王烁:"英国量刑指南制度及其对我国的启示",载《刑法论丛》2017年第2期。

距,缺少官方层面的调研与回应,这不得不说是我国量刑规范化改革的一大遗憾。事实上,随着中国裁判文书网的日益完善以及学术界对量化分析方法的日益娴熟,确定几个考核评价指标,对全国范围内的量刑工作进行监督和管理不再是难事。白建军教授在对全国范围内的交通肇事罪量刑情况进行研究时发现,各省平均刑期、最高刑期、离散水平、缓刑适用率、法定量刑情节对量刑结果的解释率,并不是靠各级法院统计部门人工填报获取,而是直接从判决书中提取信息并科学汇总而成。更有价值的是,像解释率、标准差等信息,已经是对各省法院量刑质量进行深度分析的结果,这种分析结果是以各省案件为样本,运行同一量刑模型得出的结果,各省量刑质量由此获得了客观的可比性,从而可以成为法律监督和评估管理的新型事实。[1]因此,笔者建议最高人民法院充分吸收学者的研究成果,建立量刑工作的监督管理机制,对量刑规范化工作的成果进行检验、比较和评价。一方面,对全国的裁判文书进行整体分析,及时发现量刑规范化工作中存在的问题,通过调研找出制约量刑规范性文件发挥作用的症结,在此基础上规范、调整和完善,防止最高司法机关自说自话、量刑规范化工作陷入"只管低头拉车、不管抬头看路"的局面;另一方面,通过对各省份量刑规范化工作进行对比分析,促使各省份对各自的量刑规范化工作进行自我反思,寻找各自与最高人民法院要求的差距,发现各自与其他地域法院的差异,特别是对于与其他省份存在较大差异的内部做法,应当全面请示、论证,尽可能地缩小本省份与全国范围内平均做法的距离。

第三节 诈骗罪量刑是否因方式不同而存在偏差

按照诈骗方式的不同,诈骗罪可分为传统诈骗和电信网络诈骗。实践中,电信网络诈骗的量刑是否重于传统诈骗?二者之间是否存在显著差异?诈骗罪是否因诈骗方式的不同而出现量刑偏差?本节主要就该问题展开研究。

一、研究假设

在实证分析之前,先作出假设——诈骗罪因诈骗方式的不同而存在量刑偏差。之所以提出该假设,是因为基于电信网络诈骗持续高发和危害严重的特性,我国坚持"依法从严从快惩处"的政策,体现在量刑方面就是对电信网络诈骗从重处罚,具体而言,表现为以下几个方面:

1. 在电信网络诈骗本身的定位方面,是以从重量刑情节为主,以构成要件

---

[1] 白建军:"基于法官集体经验的量刑预测研究",载《法学研究》2016年第6期。

要素为辅。电信网络诈骗是《2011年诈骗案件解释》中新增的诈骗方式，其具体表述为"通过发送短信、拨打电话或者利用互联网、广播电视、报刊杂志等发布虚假信息，对不特定多数人实施诈骗"。在该司法解释中，电信网络诈骗的性质分为两种：一种是从重处罚情节，体现为《2011年诈骗案件解释》第2条的规定，即诈骗公私财物达到第1条规定的数额标准，且通过发送短信、拨打电话或者利用互联网、广播电视、报刊杂志等发布虚假信息，对不特定多数人实施诈骗的，酌情从严处罚；另一种是构成要件要素，在犯罪数额没有达到规定标准的情况下，如果通过该方式实施诈骗，就有可能属于加重构成和再加重构成中的"其他严重情节"或者"其他特别严重情节"，从而构成诈骗罪。具体来说，又分两种情况：一是诈骗数额接近"数额巨大""数额特别巨大"的标准，并通过发送短信、拨打电话或者利用互联网、广播电视、报刊杂志等发布虚假信息，对不特定多数人实施诈骗的，应当分别认定为《刑法》第266条规定的"其他严重情节""其他特别严重情节"。二是诈骗数额难以查证，利用发送短信、拨打电话、互联网等电信技术手段对不特定多数人实施诈骗，发送诈骗信息或者拨打诈骗电话达到特定数量或者在互联网上发布诈骗信息、页面浏览量达到特定数量的，应当认定为《刑法》第266条规定的"其他严重情节"或者"其他特别严重情节"，以诈骗罪（未遂）定罪处罚。这说明对电信网络诈骗定罪量刑区别于传统诈骗，采取数额标准与数量标准并行的办法，确保全面、客观、准确地反映罪行，打击犯罪。

2. 在量刑起点的选择和基准刑的确定方面，根据《2016年电信网络诈骗案件意见》，电信网络诈骗"数额较大""数额巨大"的起点普遍低于传统诈骗，并在全国范围内实现了统一；在确定量刑起点、基准刑时，一般就高选择。其中，广东省的实施细则还对电信网络诈骗基准刑的确定进行了专门性规定，[1]超出量刑起点所要求的诈骗金额的，较之于传统诈骗，电信网络诈骗的被告人会面临更高的基准刑。

3. 在量刑情节方面，《2016年电信网络诈骗案件意见》规定，电信网络诈骗犯罪数额达到相应标准后，具有造成被害人或其近亲属自杀、死亡或者精神失常等严重后果等10项情形的，予以从重处罚。

---

〔1〕 ①一般诈骗，超过数额较大起点未达到数额巨大起点的，一类地区每增加15 000元，二类地区每增加10 000元，可以增加3个月至6个月刑期。属于电信网络诈骗的，每增加5000元，增加3个月至6个月的刑期。②一般诈骗，超过数额巨大起点未达到数额特别巨大起点的，一类地区每增加40 000元，二类地区每增加45 000元，可以增加6个月到1年刑期。属于电信网络诈骗的，每增加50 000元，增加6个月至1年的刑期。详见《广东省高级人民法院〈关于常见犯罪的量刑指导意见〉实施细则》（粤高法发〔2017〕6号）。

4. 电信网络诈骗中缓刑的适用更加慎重。根据《2016 年电信网络诈骗案件意见》，要严格控制适用缓刑的范围，严格掌握适用缓刑的条件。

5. 电信网络诈骗的财产刑更加严厉。根据《2016 年电信网络诈骗案件意见》，对此类被告人，应当更加注重依法适用财产刑，加大经济上的惩罚力度，最大限度剥夺被告人再犯的能力。

综上，根据上述《2011 年诈骗案件解释》和《2016 年电信网络诈骗案件意见》的精神，电信网络诈骗无论是有期徒刑的刑期、还是缓刑的适用、罚金的数额，都应当重于传统诈骗。因而，笔者认为，在这两个文件的指引下，司法实践中两种不同方式的诈骗应当存在量刑偏差。

二、实证检验——诈骗罪量刑是否因不同方式而存在偏差？

笔者所收集的样本由两部分组成：一是北京市的传统诈骗，共 870 例；二是北京、广东、河南、四川 4 个省份的电信网络诈骗，共 1140 例。接下来，将对这些样本从缓刑适用、罚金数额、主刑刑期等不同角度加以分析。

（一）缓刑的适用

全样本被判 3 年（含）以下有期徒刑的共计 894 例，其中，适用缓刑的共 195 例，缓刑率为 22%，而对两种诈骗方式分别进行统计发现，传统诈骗的缓刑率为 21%，电信网络诈骗的缓刑率为 23%，二者没有显著差别，甚至电信网络诈骗的缓刑率还要略高一些。这说明《2016 年电信网络诈骗案件意见》从严惩治电信网络诈骗、严格限制适用缓刑的要求并未落到实处。

表 4-14 不同诈骗方式的缓刑率统计表

诈骗方式	被判 3 年（含）以下有期徒刑的人数（人）	适用缓刑人数（人）	缓刑率
传统诈骗	414	85	21%
电信网络诈骗	480	110	23%
合计	894	195	22%

（二）罚金刑的适用

全样本适用罚金刑的共 1975 例，其中，传统诈骗共 842 例，罚金数额均值为 45 526 元；电信网络诈骗共 1133 例，罚金数额均值为 54 106 元，具体情况如下：

表4-15 不同诈骗方式的罚金数额统计表

罚金数额（元）

省份	N	均值	标准差	标准误	均值的95%置信区间		极小值	极大值
					下限	上限		
传统诈骗	842	45 526.13	100 317.68	3457.18	38 740.42	52 311.83	1000	2 000 000
电信网络诈骗	1133	54 106.35	185 379.13	5507.39	43 300.51	64 912.20	1000	5 000 000
合计	1975	50 448.35	154 959.77	3486.87	43 610.03	57 286.68	1000	5 000 000

表 4-16 不同诈骗方式的罚金数额均值比较

单因素方差分析					
罚金数额（元）					
	平方和	df	均方	F	显著性
组间	35 560 872 728	1	35 560 872 728	1.481	0.224
组内	47 365 173 359 424	1973	24 006 676 817		
总数	47 400 734 232 152	1974			

经过单因素方差分析，不同诈骗方式所对应的罚金数额不存在显著差异，电信网络诈骗的罚金数额略高一些，这与其所对应的诈骗数额高于传统诈骗也有一定的关系。在二者所涉诈骗数额存在显著差异的情况下，罚金数额却不存在显著差异，这说明《2016年电信网络诈骗案件意见》"加大经济上的惩罚力度，最大限度剥夺被告人再犯的能力"的要求并未在实践中得到落实。

表4-17 不同诈骗方式的诈骗数额统计表

诈骗数额（元）

省份	N	均值	标准差	标准误	均值的95%置信区间		极小值	极大值
					下限	上限		
传统诈骗	842	1 358 007.06	3 927 249.38	135 341.95	1 092 359.40	1 623 654.72	5000.00	50 000 000
电信网络诈骗	1133	2 245 754.23	5 038 748.90	149 695.16	1 952 043.07	2 539 465.39	0.00	33 030 732
合计	1975	1 867 281.77	4 617 705.04	103 906.48	1 663 503.86	2 071 059.67	0.00	50 000 000

表 4-18 不同诈骗方式的诈骗数额均值比较

单因素方差分析				
诈骗数额（元）				
	平方和	df	均方	F	显著性
组间	380 674 242 439 608	1	380 674 242 439 608	18.006	0.000
组内	41 711 322 238 979 300	1973	21 141 065 503 791		
总数	42 091 996 481 418 900	1974			

（三）有期徒刑的适用

全样本适用有期徒刑实刑的共 1707 例，其中，传统诈骗共 708 例，刑期均值为 62 个月；电信网络诈骗共 999 例，刑期均值为 58.5 个月，具体情况如下：

表 4-19 不同诈骗方式的有期徒刑刑期统计表

省份	有期徒刑刑期（月）							
	N	均值	标准差	标准误	均值的95%置信区间		极小值	极大值
					下限	上限		
传统诈骗	708	62.0	51.6	1.9	58.2	65.8	6	180
电信网络诈骗	999	58.5	40.3	1.3	56.0	61.0	6	180
合计	1707	60.0	45.4	1.1	57.8	62.1	6	180

表 4-20 不同诈骗方式的有期徒刑刑期均值比较

单因素方差分析				
有期徒刑刑期（月）				
	平方和	df	均方	F	显著性
组间	5044.134	1	5044.134	2.451	0.118
组内	3 508 854.158	1705	2057.979		
总数	3 513 898.292	1706			

经过单因素方差分析，不同诈骗方式所对应的主刑刑期不存在显著差异，传统诈骗的主刑刑期略高一些。考察二者所对应的诈骗数额，传统诈骗涉及的诈骗数额均值为 153 万元，电信网络诈骗涉及的诈骗数额均值为 251 万元，经单因素方差检验，二者存在显著差异。电信网络诈骗的诈骗数额明显高于传统

诈骗，但是主刑刑期却略低于传统诈骗，这是与预期截然相反的结论。出现该问题的重要原因就是电信网络诈骗常常以共同犯罪的形式完成，其中，从犯比重比较大，减轻处罚的情况比较多。鉴于这种情况，笔者排除了样本中减轻处罚的情况，重新对不同诈骗方式所对应的主刑刑期进行统计，发现传统诈骗共581例，平均刑期为66.9个月，涉及诈骗数额均值为151.6万元；电信网络诈骗共512例，平均刑期为70.6个月，涉及诈骗数额均值为195.8万元，刑期均值不存在显著差异。这组数据说明，《2016年电信网络诈骗案件意见》要求从重处罚电信网络诈骗的精神在实践中并未得到有力贯彻。

三、结论及思考

通过上述实证分析可以发现，传统诈骗和电信网络诈骗之间不存在量刑偏差，在缓刑的适用方面，电信网络诈骗的缓刑率略高；在罚金数额和主刑刑期方面，电信网络诈骗略高，但是与传统诈骗的差异并不显著——假设不成立，《2011年诈骗案件解释》和《2016年电信网络诈骗案件意见》等文件在司法实践中的指引作用非常有限。由此引发进一步的思考：上述文件的规定是否具有合理性？应否对电信网络诈骗从重处罚？

对电信网络诈骗的惩治策略有一个发展演变的过程。《2011年诈骗案件解释》主要是将电信网络诈骗本身作为一个从重处罚情节予以规定；2016年9月，《最高人民法院、最高人民检察院、公安部、工业和信息化部、中国人民银行、中国银行业监督管理委员会关于防范和打击电信网络诈骗犯罪的通告》，提出了"从严从快打击"的方针，特别是在"从快"方面，要求公检法三机关"依法快侦、快诉、快审、快判"；2016年12月，《2016年电信网络诈骗案件意见》继续贯彻"从严从快打击"的方针，并作出一系列具体规定，突出强调"从严惩治"的一面；2021年，《最高人民法院、最高人民检察院、公安部关于办理电信网络诈骗等刑事案件适用法律若干问题的意见（二）》坚持从严打击的总体要求，将跨境电信网络诈骗犯罪作为"重中之重"严厉惩处。而从严惩治电信网络诈骗犯罪的原因，不外乎其严重的社会危害性，例如，认为"电信网络诈骗严重侵犯群众财产安全和其他合法权益，严重干扰正常的电信网络秩序，严重破坏社会诚信，严重影响社会和谐稳定，实属一大社会公害"[1]；"在信息网络快速发展的时代背景下，电信网络诈骗依然持续高发、高位运行，作案方式逐步由电信诈骗向网络诈骗转变，作案窝点由境内向

---

[1] "'两高一部'发布办理电信网络诈骗等刑案意见"，载https://court.gov.cn/zixun-xiangqing-32891.html，最后访问时间：2023年1月31日。

境外转移，技术手段不断演变升级，已成为当前发展最快、严重影响人民群众安全感的刑事犯罪"。[1]然而，严重的社会危害性能否作为将电信网络诈骗与传统诈骗在量刑起点、基准刑、量刑情节、罚金、缓刑等方面区别对待的理由呢？

1. 电信网络诈骗并非一种独立的罪名，而仅是诈骗罪的一种行为方式，因其行为借助了现代信息网络技术而呈现出手段隐蔽、花样翻新、波及人数多、时空跨度大等特征，被视为与传统诈骗相对的新型诈骗手段。事实上，并非每一起电信网络诈骗的社会危害性都比传统诈骗犯罪更为严重，从刑法学意义上评价犯罪行为的社会危害性，归根到底还是应当回到犯罪事实上，通过诈骗数额及各种量刑情节予以考量。因此，不论是传统诈骗还是电信网络诈骗，在对其裁量刑罚时，首先，要从纷繁复杂的案件事实中抓取出诈骗数额要素，据此判断所对应的量刑档次，确定量刑起点和基准刑；其次，梳理各种量刑影响因素，特别是与犯罪有关的责任性因素以及与行为人有关的预防性因素，对基准刑进行调节，在法定量刑幅度之内或者之下确定宣告刑。至于行为方式本身，即行为人通过何种方式实施诈骗，行为人实施诈骗是否借助了现代信息网络技术，是不需要刑法意义上的专门评价的，不能因为行为人采取某种方式实施诈骗就要从严处罚，在主刑刑期、罚金数额、缓刑适用方面就要区别对待，科处更为严厉的刑罚。

2. 电信网络诈骗案件的猖獗是多种因素共同作用的产物，只有坚持惩、防、治并举，才能真正遏制电信网络诈骗的高发态势。在惩罚犯罪层面，提高效率、紧急止付、追赃挽损、国际合作是必要的，然而，从严量刑的要求是否合理则是值得商榷的：其一，电信网络诈骗之所以被视为"社会公害""社会治理的重点"，除了其本身的特征及危害之外，更重要的是当前的预防和治理机制不健全，以至于在应对此类犯罪时显得仓促、被动。这就需要在"治理"方面下功夫，牢固树立系统观念、注重源头治理、综合治理、尽最大可能挤压此类犯罪的生存土壤和发展空间，因此，"治理"而非"严惩"才是对应电信网络犯罪的治本之策。其二，从严打击、从重量刑的根据是发挥刑罚的威慑功能，从而实现一般预防的目的。但是，一般预防意味着将人用来作为实现超越他自身要求或者强加于他的某种"目标"的工具，[2]这是对人的不尊重。所以，在量刑阶段，不应过于重视一般预防，不能出于一般预防的考虑而使刑罚

---

[1] "解读《关于办理电信网络诈骗等刑事案件适用法律若干问题的意见（二）》"，载 https://m.thepaper.cn/baijiahao_13627608，最后访问时间：2021年7月17日。

[2] [意] 杜里奥·帕多瓦尼：《意大利刑法学原理》，陈忠林译，法律出版社1998年版，第181页。

超出责任的程度,只能在责任范围内考虑一般预防的需要,而且,不能因为一般预防的必要性大就从重处罚。[1]其三,尽管《2016年电信网络诈骗案件意见》等文件规定了从严打击的政策,但是,几年下来并没有起到预期的威慑效果,犯罪人并未因为"就高选择量刑起点、基准刑""加大经济上的打击力度""严格适用缓刑"而自我抑制犯罪意识,这也在一定程度上说明了《2016年电信网络诈骗案件意见》作用的有限性及从严处罚的不合理性。

值得欣慰的是,通过对司法实践进行实证考察发现,在《2016年电信网络诈骗案件意见》颁布后,诈骗罪并未因诈骗方式的不同而呈现出量刑偏差。这说明广大法官在办理电信网络诈骗案件过程中,能够做到以罪责刑相适应的基本原则和宽严相济的刑事政策为指导,根据案件的事实、性质和情节依法判处刑罚,最大限度地确保量刑的均衡与公正。

---

[1] 张明楷:《刑法学》(上),法律出版社2016年版,第517页。

第五章　诈骗罪量刑实证研究的结论与启示

本书以中国裁判文书网为依托,随机抽取中国裁判文书网中一定数量的诈骗罪判决书组成样本,借助 SPSS 软件,对整体量刑情况、主刑和附加刑的具体量刑情况、诈骗数额情况、量刑影响因素情况进行统计分析,从中总结了法官在长期量刑活动中所形成的集中趋势和背后规律,发现了量刑实践中存在的问题,同时,对正在推行的量刑规范化改革进行了些许思考,希望对理论和实践有所裨益。

第一节　诈骗罪量刑实证研究的结论

自 2009 年起,诈骗罪就成了量刑规范化所涵盖的罪名之一,经过十几年的实践磨合,诈骗罪量刑工作是否达到了预期的水平?如何评价近几年来的诈骗罪量刑状况?本节将对此展开研究。

一、诈骗罪量刑的基本经验

（一）总体经验

诈骗罪量刑呈现轻缓化特征,突出表现为以下几个方面：全样本中有超过四成的被告人被判处了 3 年以下有期徒刑、管制、拘役、单处罚金或者免予刑事处罚;缓刑适用率接近 1/4；33.88% 的被告人被减轻处罚,特别是法定刑为 10 年以上有期徒刑、无期徒刑的被告人中,减轻处罚比例高达 53.08%,且法官倾向于在下一个量刑幅度的较低刑期量刑;适用有期徒刑的样本中,被判短刑期的被告人数量较多,被判长刑期的被告人数量较少。此外,在每个量刑幅度内部,法官实际上也倾向于选择较短的刑期。特别是在 3 年以上 10 年以下有期徒刑,以及 10 年以上有期徒刑幅度内,这种状况更加明显。

（二）减轻处罚量刑经验

法定刑为 3 年以下 10 年以上有期徒刑的,减轻处罚的幅度较小,法官倾向于在下一个量刑幅度的较高刑期区间量刑,且较少适用缓刑;而法定刑为 10

年以上有期徒刑、无期徒刑的，减轻处罚幅度大，法官倾向于在下一个量刑幅度的较低刑期量刑，甚至突破下一个量刑幅度，直接下降2个量刑幅度裁量刑罚。

（三）有期徒刑适用经验

在有期徒刑实刑适用方面，每个量刑幅度的宣告刑均值低于相应幅度的中线，法官倾向于在某一量刑幅度的中线以下裁量刑罚；每个量刑幅度均存在明显的量刑聚集区，且均为该幅度之内较低的区域，这说明法官的刑罚裁量活动主要聚集在某一量刑幅度的特定区域之内。

在有期徒刑缓刑适用方面，无论是主刑刑期还是缓刑刑期，法官均倾向于选择6个月、1年这样的整数性刑期，非整数性刑期适用率极低。主刑时长和缓刑时长高度关联。在实践中，缓刑时长一般为主刑时长的本数以上2倍以下。

（四）罚金刑适用经验

罚金刑适用率极高，除免予刑事处罚和被判无期徒刑的情况外，罚金刑无一例外地适用于诈骗犯罪的被告人；单处罚金很少适用，主要是并处罚金；每一年的罚金数额均值大致相当于当年全国居民人均可支配收入的1.4~2.1倍；此外，罚金刑的轻重与刑种的轻重、主刑刑期的轻重成正比，这说明罚金刑的裁量基本上是以罪行轻重为依据。

（五）剥夺政治权利适用经验

全国范围内，对于对被判处有期徒刑的诈骗罪犯罪人是否适用剥夺政治权利，存在巨大的分歧。就适用剥夺政治权利的案例来看，法官在判处7年以上有期徒刑时才对此予以考虑，且主要是在10年以上有期徒刑幅度内适用。除此之外，剥夺政治权利的期限与主刑的轻重高度相关，二者成正比例关系。

（六）量刑影响因素适用经验

诈骗罪量刑中，对不同因变量产生影响的因素各不相同，具体情况如下：

对有期徒刑刑期具有显著影响力的因素依次为：羁押、诈骗数额、从犯、挽回全部经济损失、坦白、认罪认罚、冒充司法机关等国家机关工作人员诈骗。

对是否适用缓刑具有显著影响力的因素依次为：羁押，多次诈骗，挽回全部经济损失，有律师参与，自首，认罪认罚，诈骗残疾人、老年人或者丧失劳动能力人的财物。

对罚金数额具有显著影响力的因素依次为：诈骗数额、羁押、从犯、认罪。

对是否减轻处罚具有影响力的因素依次为：从犯、未遂、外来人口、自首、诈骗数额。

总体而言，在诈骗罪量刑中，与行为严重性相关的报应性因素的作用优于与行为人人身危险性相关的预防性因素的作用。

二、诈骗罪量刑规范化取得的成绩

（一）量刑规范化改革遵循了一定的实践理性

实践中，量刑聚集区和刑罚量均值是反映宣告刑集中趋势的重要指标，体现了法官群体在量刑实践中的平均选择和集体理性。而诈骗罪有期徒刑量刑恰恰遵循了这一实践理性，具体表现为：每个量刑幅度的宣告刑均值低于相应幅度的中线，法官倾向于在某一量刑幅度的中线以下裁量刑罚；每个量刑幅度均存在明显的量刑聚集区，且均为该幅度之内较低的区域，这说明法官的刑罚裁量活动主要聚集在某一量刑幅度的特定区域之内。

事实上，法律并未规定法官必须围绕法定刑中线裁量刑罚，也并未规定宣告刑必须落在法定量刑幅度的某一个区域，只要最终的量刑结果没有超出法定自由裁量空间，都是被允许的。但是在实践中，法官们在长期职业行为中不自觉地达成了某种默契和一致，形成了某种规律和趋势，而这种规律和趋势，就是我们进行量刑规范化改革的事实基础。最高人民法院颁布《量刑指导意见》，推进量刑规范化改革，不是要改变司法工作者在量刑实践中形成的规律和趋势，而是基于对法官长期以来的实践理性的尊重，制定更加具体明确的量刑起点和基准刑，力图使更多的个案接近判决的平均水平，防止量刑偏差。而通过样本进行的实证研究表明，量刑规范化改革达成了预期目标，其用实践理性去规范理性的实践，使有期徒刑的量刑结果尽可能地接近了量刑聚集区和刑罚量均值，有效地避免了量刑大起大落及司法不公。

有鉴于此，诈骗罪量刑实证研究所发现的有期徒刑缓刑刑期的确立规则、减轻处罚幅度的裁量规则等同样值得高度关注，或将成为下一步规范缓刑适用、完善量刑情节调节幅度的重要参考依据。

（二）量刑指导文件对量刑实践具有较强的解释力

本书曾以有期徒刑刑期、是否减轻处罚分别为因变量，以包含诈骗数额在内的量刑影响因素为自变量，进行回归分析。通过分析发现，有期徒刑刑期量刑模型的 Adjusted R^2 为 0.753，减轻处罚适用的量刑模型的 Adjusted R^2 为 0.698，这说明模型的拟合优度比较理想。最高人民法院及各省份制定的量刑指导文件所规定的各种情节能够解释绝大部分量刑，这也说明实践中法官们在裁量有期徒刑刑期以及决定是否减轻处罚时，所考虑的因素较为一致，量刑指导文件确实在量刑实践中发挥了应有的作用，量刑规范化工作取得了明显的效果。

有期徒刑是司法实践中适用最多的刑种,也是量刑规范化改革的重中之重。经过十几年的探索,逐渐形成了规范、明确的量刑步骤、量刑方法,各种量刑影响因素的适用规律也逐渐被总结和掌握。而当前罚金刑的适用较为混乱,如果有期徒刑量刑规范化的工作经验合理运用到罚金刑中,那么罚金刑的规范适用也指日可待。

(三)量刑情节基本按照量刑指导文件规定的作用排序发挥作用

《量刑指导意见》规定了常见量刑情节在通常情形下的调节幅度及特殊情形下的调节幅度,各省份量刑实施细则也对诈骗罪特有情节的作用区间进行了规定。根据最高调节幅度的不同,可将常见量刑情节及诈骗罪特有的情节进行如下排序:一是从犯、未遂,调节基准刑的幅度最高可达50%;二是累犯、自首,调节基准刑的幅度最高可达40%;三是认罪认罚,挽回经济损失,诈骗残疾人、老年人或者丧失劳动能力人的财物,冒充司法机关等国家机关工作人员实施诈骗,多次诈骗(广东),调节基准刑的幅度最高可达30%;四是立功、坦白、取得被害人谅解、多次诈骗(北京、河南、四川),调节基准刑的幅度最高可达20%;五是当庭自愿认罪,调节基准刑的幅度最高可达10%。

通过计算各因变量的影响因素及影响力大小发现,相关情节的作用排序基本上符合上述原则的要求,特别是从犯、未遂情节确实在诈骗罪量刑中优先于其他情节发挥调节作用。这种优先作用在量刑中体现得淋漓尽致:一是从犯情节是对"是否减轻处罚"具有最大影响力的因素,特别是法定刑为10年以上有期徒刑、无期徒刑的减轻处罚样本中,普遍具有从犯情节,因此,法官倾向于在下一个量刑幅度的较低刑期量刑,甚至突破下一个量刑幅度,直接下降2个量刑幅度裁量刑罚;二是从犯情节在不同程度上削弱了诈骗数额对主刑刑期、罚金数额的影响。特别是在主刑刑期的裁量方面,在数额较大、数额巨大、数额特别巨大三个区间之内,基准刑依次增大,相应地,从犯情节发挥调节作用的空间也依次增大,从而使得诈骗数额与主刑刑期的相关程度依次减弱。通过这些实践可以发现,量刑指导文件所总结的量刑情节调节比例比较契合司法实践,同时,也能够在实践中发挥应有的指导和规范作用。

三、诈骗罪量刑存在的问题

(一)诈骗罪量刑在一定程度上存在地域偏差

1. 有期徒刑适用存在一定的地域偏差。北京和广东、北京和河南在有期徒刑刑期方面存在一定的差异,差异的原因在一定程度上可归结为犯罪事实的差别。但是，值得重视的是，各省份在裁量刑期方面的标准和模式还是存在较大差别的，体现为诈骗数额对刑期的影响各不相同；法官重点关注的量刑影响因素的数量和内容也各不相同。因此，虽然从总体上看，我国有期徒刑量刑规范化程度比较高，但是，各省份内部仍然存在一定的偏差，同样的案件由不同省份处理，极有可能面临差别较大的刑罚结果。

2. 罚金刑的适用存在明显的地域偏差。四川和其他 3 个省份在罚金数额均值上存在显著差异。对于这种差异，从基本犯罪事实、量刑实施细则中关于罚金刑适用的规定等方面均无法做出合理解释。从量刑影响因素角度分析，4 个省份在裁量罚金数额时所关注和考虑的因素各不相同；从主刑刑期角度分析，4 个省份主刑刑期与罚金数额的线性关系也各不相同。因此，司法实践中罚金刑的适用较为混乱，不同省份在罚金数额裁量方面存在严重的地域偏差。

3. 剥夺政治权利的适用存在明显的地域偏差。北京地区对 7 年以上有期徒刑附加适用剥夺政治权利，而其他 3 个省份则很少适用，甚至不用。出现偏差的根源在于对于诈骗罪是否属于《刑法》第 56 条规定的"严重破坏社会秩序的犯罪"，各省份存在认识上的分歧。

量刑规范化改革自 2010 年就在全国范围内开展，而考察 2017 年至 2021 年的诈骗罪判决书发现，地区偏差依然存在。这说明量刑规范化改革任重道远，不是仅靠制定和修改量刑指导文件就可以实现的，而是要对全国不同省份的量刑实践进行调研、统计、分析，找准出现偏差的原因，从最高司法机关层面予以明确和统一。

(二) 案外因素对量刑产生了不当影响

就诈骗罪而言，对量刑结果产生影响的因素除了诈骗数额外，还应当包括与行为有关的报应性因素、与行为人人身危险性相关的预防性因素。而其他与案件本身无关的因素，原则上不应对量刑产生影响，法官在裁量刑罚时应自觉排除这些因素的干扰。然而，本书通过实证研究发现，羁押状态、外来人口等因素事实上影响着法官的量刑活动。其中，外来人口的羁押率高达 88.6%，这是因为办案机关担心外来人口在本地没有稳定的住所和社会关系，如对其采取取保候审等非羁押措施，容易脱保，影响刑事诉讼顺利进行，因而，通常对其采取拘留、逮捕等刑事强制措施。而在我国，刑事强制措施对于宣告刑具有预判效应。相关性检验和回归分析结论显示，羁押状态是对有期徒刑刑期以及缓刑适用影响力排名第一的因素，也是对罚金数额影响力排名第二的因素。据此，基本可以判定，一旦被告人在审判前处于羁押状态，那么其将来很有可能面临较重的刑罚后果。这说明在司法实践中，逮捕已经明显超越了《刑事诉讼法》赋予的程序保障功能，对量刑结果产生了实质性影响。

羁押状态影响有期徒刑刑期长短，说明其在司法实践中起到了预支刑期的作用。在我国，犯罪嫌疑人一旦被逮捕，除了少数通过羁押必要性审查变更强制措施之外，基本上都将一直处于羁押状态，因此，在一些轻罪中，有时需要根据未决羁押期限裁量刑罚刑期，防止出现所谓的"超期羁押"。这样，未决羁押就成为刑罚的预支，并且实报实销，逮捕的程序保障功能丧失殆尽，成为赤裸裸的刑罚的预演。[1]

羁押状态影响是否适用有期徒刑缓刑，这说明羁押在司法实践中起到了预测刑罚执行方式的作用。犯罪嫌疑人、被告人被采取羁押措施，那么其将来被判处监禁刑的可能性较大；犯罪嫌疑人、被告人未被采取羁押措施，那么其将来被判处监禁刑的可能性较小。就这种情况，笔者专门访谈了一些法院的法官，发现很多法院内部都有这样的案件管理制度：对被羁押的被告人判处缓刑的，必须提交审委会讨论决定；对未被羁押的被告人判处实刑的，大多数情况下应当提交审委会讨论决定。而提交审委会讨论决定，对于案件承办法官来讲，是一项复杂的工程，需要制作汇报材料、提请领导层层审批、在审委会上汇报、接受提问甚至被否决。因此，对于被羁押的被告人可缓可不缓的，承办人一般选择不判处缓刑，而是判处略大于羁押期限的实刑。故羁押状态是影响是否适用有期徒刑缓刑的第一位因素。

羁押状态影响罚金数额，这说明羁押在司法实践中起到了影响刑罚裁量幅度的作用。罚金数额应当根据犯罪情节和财产能力而确定，而羁押状态影响罚金数额，被羁押的被告人所面临的罚金刑重于未被羁押的被告人，这显然是混淆了二者之间的关系，使羁押承担了本不应由其承担的实体性功能。

羁押状态对量刑的不当影响，是"逮捕中心主义"的典型体现。虽然自2016年起，最高人民检察院要求对被逮捕的犯罪嫌疑人、被告人进行羁押必要性审查，但是这种状况并未得到根本扭转。随着以审判为中心的诉讼制度改革的推进，以及中央全面依法治国委员会将"坚持少捕慎诉慎押刑事司法政策，依法推进非羁押强制措施适用"列入年度工作要点，相信审前羁押率会大幅度降低，案外因素对量刑的不当影响也会相应减弱。

（三）有期徒刑以外的刑罚规范程度较低

1. 罚金刑适用较为混乱。

（1）在诈骗数额与罚金数额的关系方面，总体上二者虽然相关，但是相关

---

[1] 陈瑞华："超期羁押的法律分析"，载陈兴良主编：《法治的界面》，法律出版社2003年版，第281页。

程度不高,且数额较大、数额巨大、数额特别巨大 3 个区间之内的相关程度依次减弱。实践中,罚金数额占诈骗数额的比例相差悬殊,特别是在数额特别巨大区间内,由于诈骗数额基数大,所以,实际的罚金数额也存在巨大的差别。

(2) 在罚金刑的量刑影响因素方面,据统计显示,对罚金数额影响力较大的是诈骗数额、羁押状态、从犯、认罪 4 个情节,但是,由于罚金刑量刑模型的 Adjusted R^2 为 0.202,这说明这 4 个因素只能解释约 20% 的罚金刑适用,法官在裁量罚金数额时更多地受到其他因素的影响;同时也表明,对于罚金刑的裁量,实践中基本上采取"估堆式量刑法",缺少必要的量刑指导。

(3) 在罚金刑的地域差异方面,从量刑影响因素角度分析,不同省份在裁量罚金数额时所关注和考虑的因素各不相同;从主刑刑期角度分析,不同省份主刑刑期与罚金数额的线性关系也各不相同。因此,司法实践中,罚金刑的适用较为混乱,存在严重的地域偏差。

在以往最高人民法院出台的《量刑指导意见》中,并未涉及罚金刑。而 2021 年的《最高人民法院、最高人民检察院关于常见犯罪的量刑指导意见(试行)》对此加以改进,第(四)部分规定:"判处罚金刑,应当以犯罪情节为根据,并综合考虑被告人缴纳罚金的能力,依法决定罚金数额。"具体到诈骗罪,就是"根据诈骗的数额、手段、危害后果等犯罪情节,综合考虑被告人缴纳罚金的能力,决定罚金数额"。然而,与有期徒刑的量刑规范相比,该规定过于抽象,在实践中很难发挥应有的指导作用:如何根据犯罪情节确定罚金数额?如何掌握被告人缴纳罚金的能力?这些都需要在调研的基础上进一步明确和细化。

2. 免予刑事处罚的适用不合规定。根据通常理解,定罪免刑是司法实践中最轻的一种处理方式,被告人的自由、财产不会受到任何刑事上的剥夺或限制,相应地,被定罪免刑的被告人的犯罪行为也应当是最轻微的,而诈骗数额是诈骗行为罪与非罪、罪轻罪重的决定性因素,所以,其所对应的诈骗数额应当是最低的。但是,笔者收集的样本中显示,免予刑事处罚的诈骗数额均值高于单处罚金、管制、拘役、拘役缓刑、3 年以下有期徒刑的诈骗数额均值,这有可能是法官滥用了免予刑事处罚的自由裁量权。事实上,在 6 个适用免予刑事处罚的案例中,有 4 个案例的诈骗数额达到了"数额巨大""数额特别巨大"标准,而《2011 年诈骗案件解释》规定的免予刑事处罚的条件之一是诈骗公私财物达到"数额较大"标准。此外,"数额巨大""数额特别巨大"的,说明其社会危害性较大,即便存在自首、从犯、全部退赃退赔等从宽情节,也很难认定为"犯罪情节轻微不需要判处刑罚",对其免予刑事处罚是不恰当的。

3. 单处罚金、管制、拘役的适用缺乏明确指引。拘役、管制、单处罚金在严厉程度上有着明显的差别,因此,适用对象也应当有着明显的区分,所对应的诈骗数额均值应当与刑种的严厉程度相一致。然而,司法实践中,被判这三种刑罚的被告人,在诈骗数额与量刑情节方面没有本质的差别,都符合"诈骗数额较大"的标准,都具有至少一个从宽处罚情节。这说明对于"数额较大"的轻罪,究竟应当适用何种刑罚、选择何种量刑结果,缺乏明确的规范指引,因而造成了司法的不统一,法官最终选择适用哪一种刑罚作为量刑结果,具有较大的随机性。

四、诈骗罪立法需要改进之处

(一)"数额"在量刑中所起的作用均"于法有距"

1. 在诈骗罪中,"数额"和"情节"均可作为第二档、第三档法定量刑幅度的标准,二者应当是并列关系,共同在量刑中发挥作用。然而在实践中,真正以"情节"量刑的案件非常少见,"情节"根本没有达到与"数额"平起平坐、分庭抗礼的程度。

2. 在纯数额犯的情形下,理论上,诈骗数额直接决定了法定量刑幅度,对量刑结果起着根本性作用。然而,数额并不能全面反映诈骗行为的社会危害性,在办理诈骗罪案件过程中,虽然根据立法规定应当以"数额"为量刑标准,但是法官仍然会综合数额以外的因素全面评价犯罪的社会危害性,进而裁量刑罚。因此,实践中,诈骗数额与主刑刑期、罚金数额的关系不如想象中那般密切相关,就是各种量刑情节发挥调节作用的结果。而且,根据《量刑指导意见》中规定的量刑方法和步骤,数额越大、基准刑越重,量刑情节的调节力度越明显,所以,数额较大、数额巨大、数额特别巨大3个区间之内诈骗数额与刑罚之间的相关性逐渐弱化。此外,数额并不能保证刑罚的公正性。立法者以"数额"作为定罪量刑标准的初衷,就是因为数额客观精确,便于计算,有助于实现形式上的公平公正。但是,有限的刑罚量与无限的诈骗数额之间根本就无法建立一一对应的"价目表"。随着诈骗数额逐渐增加,犯罪人所获得的刑罚离罪刑均衡的要求越来越远,从而导致实质上的不公平,甚至引发公众对司法公正性的质疑。

综上,有必要用"情节"来弥补"数额"的缺陷,调和"数额"在量刑中的尴尬。因为与"数额"的单一性、机械性相比,"情节"的内涵更加丰富、包容,适用起来也更加灵活,能够赋予法官较大的自由裁量空间,从而有助于实现实质公平。建议修改诈骗罪立法,将法定刑升格条件修改为"情节严重""情节特别严重",以"情节"作为量刑标准。这里的"情节",既包括相关司法解释所规定的诈骗罪特有的情节,也包括其他可能影响量刑的情节,而

"数额"只是"情节"的一个方面，不必单独加以规定，这样诈骗罪就由数额犯修改成了情节犯。

(二) 相关司法解释等文件规定的"情节"不接地气

《2011年诈骗案件解释》《2016年电信网络诈骗案件意见》规定了若干量刑影响因素，《量刑指导意见》及各省出台的量刑实施细则也都对这些因素加以确认，但是实践中，"诈骗救灾、抢险、防汛、优抚、扶贫、移民、救济、医疗款物""以赈灾募捐名义实施诈骗""造成被害人自杀、精神失常或者其他严重后果""诈骗近亲属的财物""确因生活所迫、学习、治病急需而诈骗"等因素在实践中很少出现。可以说，这些因素虽然在个别情况下可能发挥指导量刑的作用，但绝大多数情况下都是备而不用、束之高阁的，其存在使得上述文件的实用性大打折扣。

此外，《2011年诈骗案件解释》第2条规定了5种从重处罚情节，《2016年电信网络诈骗案件意见》第2条第（二）部分规定了10种从重处罚情节。二者均采取直接列举的模式，没有设置兜底性条款，这就在一定程度上导致了"规定的情形在实践中出现较少，在实践中出现较多的情形没有规定"的尴尬局面。

因此，需要对相关司法解释进行修改完善，删除实践中适用率较低的从严处罚情节，同时增加"其他应当从严处罚的"这一概括性规定，增强规范的灵活性、实用性，赋予法官更多的自由裁量权；对于实践中出现较少但是又需要从重处罚的情况，不再专门占用立法资源，而是由法官根据审判经验合理裁量。

(三) 关于电信网络诈骗从重处罚的规定值得商榷

1. 根据《2011年诈骗案件解释》，电信网络诈骗本身既是从重处罚情节，特殊情况下又是构成要件要素，在犯罪数额没有达到规定标准但是又接近规定标准的情况下，如果通过该方式实施诈骗，就有可能属于加重构成和再加重构成中的"其他严重情节"或者"其他特别严重情节"，从而构成诈骗罪；在诈骗数额无法查证的情况下，如果通过该方式实施诈骗，发送短信或拨打电话达到一定数量，或者手段恶劣、危害严重的，构成诈骗罪（未遂）。

2. 根据《2016年电信网络诈骗案件意见》，电信网络诈骗"数额较大""数额巨大"的起点普遍低于传统诈骗，并在全国范围内实现了统一；在确定量刑起点、基准刑时，一般就高选择；要严格控制适用缓刑的范围，严格掌握适用缓刑的条件；应当更加注重依法适用财产刑，加大经济上的惩罚力度，最大限度剥夺被告人再犯的能力。

综上，根据上述解释和意见的精神，对于电信网络诈骗，无论是有期徒刑的刑期，还是缓刑的适用、罚金的数额，都应当重于传统诈骗。但是，这种规定是否具有合理性呢？

理论上，电信网络诈骗并非一种独立的罪名，而仅是诈骗罪的一种行为方式。事实上，并不能笼统地认为电信网络诈骗的社会危害性比传统诈骗犯罪更为严重。从刑法学意义上评价犯罪行为的社会危害性，归根到底还是应当回到犯罪事实上，通过诈骗数额及各种量刑情节予以考量。此外，电信网络诈骗之所以被视为"社会公害""社会治理的重点"，除了其本身的特征及危害之外，更重要的是当前的预防和治理机制不健全，以至于在应对此类犯罪时显得仓促、被动。这就需要在"治理"方面下功夫，牢固树立系统观念、注重源头治理、综合治理，尽最大可能挤压此类犯罪的生存土壤和发展空间，因此，"治理"而非"严惩"才是应对电信网络犯罪的治本之策。

实践中，尽管《2016年电信网络诈骗案件意见》等文件规定了从严打击的政策，但是几年下来并没有起到预期的威慑效果，犯罪人并未因为"就高选择量刑起点、基准刑""加大经济上的打击力度""严格适用缓刑"而自我抑制犯罪意识，从严处罚并未发挥出预期的威慑作用。此外，通过对司法实践进行实证考察发现，近几年诈骗罪并未因诈骗方式的不同而呈现出量刑偏差，这说明法官在量刑时自觉排除了上述文件的不当指导，自觉按照罪责刑相适应原则裁量刑罚。

第二节 诈骗罪量刑实证研究的启示

关于诈骗罪量刑实证研究中发现的立法及司法层面的问题，在具体章节均已作出深入分析和对策研究，这里不再赘述。接下来，主要是立足上述实证研究结论，对量刑规范化工作进行宏观层面的思考。

一、贯彻并合主义的量刑理念

最高人民法院颁布的《量刑指导意见》指出，量刑既要考虑被告人所犯罪行的轻重，又要考虑被告人应负刑事责任的大小，做到罪责刑相适应，实现惩罚和预防犯罪的目的。这说明我国在量刑中坚持并合主义的立场，量刑既要满足恶有恶报、善有善报的正义要求，同时，也必须是防止犯罪所必需且有效的，"因为有犯罪并为了没有犯罪而科处刑罚"是并合主义刑罚理念的经典表述。[1]

---

[1] 张明楷：《刑法学》（上），法律出版社2016年版，第506页。

（一）并合主义的内涵

从古至今，刑罚理念经历了从威慑刑主义到报应刑主义，到目的刑主义，再到并合主义的嬗变。在威慑刑主义时代，强调严刑峻法，"重一奸之罪而止境内之邪"，通过展示刑罚的残酷使人们产生恐惧心理，不敢犯罪；在报应刑主义时代，主张因果报应，刑罚的轻重与犯罪的严重程度相适应，从而反对封建刑罚的残酷与擅断；在目的刑主义时代，基于刑罚个别化的需求，将犯人当病人，将刑期当疗程，甚至发明了不定期刑，从而达到预防犯罪、防卫社会的目的。但是，经过一段时期的实践，却发现其不但没有实现预期的预防犯罪效果，反而模糊和突破了千百年来的正义理念，因而，当今社会多以并合主义作为裁量和执行刑罚的指导思想。并合主义要求刑罚的轻重既要与犯罪的严重程度相适应，又要与犯罪人的再犯罪可能性相适应。其中，与犯罪的严重程度相适应，是报应刑对刑罚所施加的限制；与犯罪人的再犯可能性相适应，是预防刑的基本要求。刑罚应当与犯罪的严重程度相适应，故可以防止为了追求预防目的而导致刑罚畸轻畸重；刑罚应当与犯罪人的再犯可能性相适应，故可以防止为了追求报应而科处不必要的刑罚。然而，在并合主义内部，应当如何理解和处理报应刑与预防刑的关系呢？当二者发生冲突之时，比如罪行严重但是预防必要性较小，或者罪行轻微但是预防必要性较大时，应当如何裁量刑罚呢？

事实上，预防分为一般预防和特别预防。一般预防是立法者要考虑的问题，在司法层面无需考量。因为"除了人们自身的要求外，不得为了某种目的而将人工具化，即不得将人用来作为实现超越他自身要求或者强加于他的某种目标的工具，这是尊重人的最基本要求"。[1]至于特别预防和报应刑主义如何协调，一般认为，刑罚是国家抑制与预防犯罪的强制手段，具有强烈的目的性，但也具有不可忽视的伦理性，是法社会对于犯罪行为人的一种社会伦理的负面评价，也是实现正义的必要手段。国家行使刑罚权当然应以伦理性与正义为主，以目的性为辅，不应全部顾及目的性而违背伦理性的正义理念。[2]因此，并合主义强调量刑不能仅和犯罪人的再犯可能性相适应，还要和其犯罪的严重程度相适应，而且首先要和犯罪的严重程度相适应。这就意味着要在坚持报应刑主义的前提下追求预防犯罪的目的，对特殊预防的追求不能超出报应刑的限度。对此，德日刑法明确规定为责任主义并将其作为刑法的基本原则。例如，日本学者认为，责任主义强调"无责任即无刑罚"，不仅意味着判处刑罚

---

[1] [意] 杜里奥·帕多瓦尼：《意大利刑法学原理》，陈忠林译，法律出版社1998年版，第181页。
[2] 郭豫珍：《量刑与刑量：量刑辅助制度的全观微视》，元照出版有限公司2013年版，第182页。

必须以存在责任为前提,还意味着刑罚不能超过责任的量。这样,责任的存在是刑罚的条件,责任的量限定刑罚的量。[1]德国学者也认为,责任是刑罚的前提,刑罚的轻重不得逾越责任的范围;基于预防的考虑,有责的行为并非一律应科以刑罚。责任为量刑的必要条件,但并非是充分必要条件。责任主义提出的根本目的在于以责任刑来制约法官量刑过程中的恣意。[2]根据责任主义原理,被告人应当为自己的行为及其结果承担责任,且责任的上限也仅止于不法与有责的程度。而以特殊预防为目的的情节,必须受到责任刑上限的制约,无论被告人的特殊个体境遇如何,无论其人身危险性如何,在责任刑的范围内,只能对刑罚量做减法,不能做加法。[3]

(二)对我国量刑规范化工作的反思

如前所述,我国在量刑方面秉持并合主义理念,裁量刑罚既要考虑罪行的轻重,又要考虑再犯可能性,兼顾报应与预防。而如何处理报应与预防的关系,我国却并未作出明确规定,理论界也没有引入德日的责任主义原则。然而,不得不承认,我国的刑事立法及量刑规范化工作或多或少受到了责任主义的影响。例如,在《刑法》中,第61条规定了量刑的事实根据与法律依据。[4]而根据犯罪事实、性质、情节、危害程度所确定的刑罚,可以理解为责任刑或者报应刑。紧接着,《刑法》第62条、第63条规定了从轻、从重、减轻处罚,而没有规定加重处罚,这说明预防刑受到责任刑的制约,不能超越责任刑的范围。在《量刑指导意见》中,规定了"三步走"式的量刑步骤,面对具体个案的犯罪事实,可以抽象出基本的有责不法事实,确定一个量刑起点(责任刑起点)。在此基础上,先用责任刑情节对量刑起点加以调节得出基准刑,之后再用量刑情节对基准刑加以调节得出宣告刑。最终,再由法官根据调节后的结果是否超出法定刑幅度(最宽泛的责任刑幅度)、犯罪分子是否具有减轻处罚情节,行使刑罚裁量权得出具体个罪的宣告刑。[5]应该说,这一思路与责任主义原则有异曲同工之处,都是先基于犯罪事实确定刑罚的基本范围,然后在此基础上进行调节。然而,对照责任主义的基本含义,可以发现,我国的量刑规范化工作有以下几个方面需要注意:

---

[1] [日]山中敬一:《刑法总论》,成文堂2008年版,第578页。
[2] [德]克劳斯·罗克辛:《德国刑法学总论:犯罪原理的基础构造》(第1卷),王世洲译,法律出版社2005年版,第84页。
[3] 张苏:"德日刑法中的责任理论及对我国量刑的启示",载《河北法学》2014年第9期。
[4] 《刑法》第61条,对于犯罪分子决定刑罚的时候,应当根据犯罪的事实、犯罪的性质、情节和对于社会的危害程度,依照本法的有关规定判处。
[5] 冉巨火:"经验而非逻辑:责任主义量刑原则如何实现",载《政治与法律》2015年第6期。

1.《量刑指导意见》规定的基准刑并不等同于责任刑。所谓责任刑,是指与行为人责任相适应的刑罚。责任刑的大小由责任刑情节来决定。而责任刑情节体现了犯罪本身的危害程度,包括行为对象的性质、犯罪数额、违法身份、行为性质、结果的程度、责任能力、期待可能性程度、故意、过失、动机等,不包括事后情节。[1]而根据我国的量刑文件,基准刑是个案中犯罪构成事实所应当判处的刑罚量,其中,基本犯罪构成事实决定了量刑起点,其他影响犯罪构成的事实决定了应当增加的刑罚量,除此之外,其他所有的事实均作为量刑情节调整基准刑。由此而见,上述责任刑的涵摄范围大于基准刑,其除了包含基本犯罪构成事实及其他与犯罪构成有关的事实之外,还包含罪中事实(包括与基本犯罪构成事实无关的总则性质的事实和与基本构成事实无关的分则性质的事实)。[2]因此,在我国,从犯、未遂、以弱势群体为犯罪对象、在特殊灾害期间犯罪等责任刑情节,在量刑实践中并不能对基准刑的确立起到任何作用,而仅仅是在基准刑确立之后对其予以调节。这就决定了量刑情节在调节基准刑时,既可以增加刑罚量,也可以减少刑罚量。这与德日等国"先确定责任刑再确定预防刑,预防刑不能超越责任刑的范畴,只能在责任刑以下影响量刑"的思路不尽相同。

2.《量刑指导意见》及各省份制定的实施细则未对责任刑(报应刑)情节与预防刑情节加以区分。《量刑指导意见》规定了十余种常见量刑情节,各省的实施细则还规定了一些个罪的量刑情节,这些情节既包含与行为严重性相关的报应性因素,也包含与行为人人身危险性相关的预防性因素,既包含具有从宽功能(从轻、减轻或者免除处罚)的情节,也包含具有从重功能的情节。然而,不论是《量刑指导意见》还是实施细则,均未对情节的性质加以区分,进而缺失关于情节适用的精细化规定。例如,确立了基准刑之后,报应刑情节优先发挥作用,还是预防刑情节优先发挥作用?报应刑情节或者预防刑情节如何调节基准刑,是只能增加刑罚量,还是只能减少,亦或是二者皆可?对于这些关键性问题,上述文件均未作出明确回应。笔者试图结合并合主义的基本内涵和责任主义的基本原理,对这些问题进行阐释。

(1)关于发挥作用的顺位,应当是报应刑情节在先,预防刑情节在后。如前所述,我国基准刑所涵摄的范围小于责任刑,不包括与犯罪构成事实无关的罪中事实,而这些事实都是以报应刑情节的形式存在的,与犯罪的严重程度密

---

[1] 张苏:"德日刑法中的责任理论及对我国量刑的启示",载《河北法学》2014年第9期。
[2] 冉巨火:"经验而非逻辑:责任主义量刑原则如何实现",载《政治与法律》2015年第6期。

切相关。因此，在量刑过程中，应当先由报应刑情节调节基准刑，由此得出的是责任刑，之后再由预防刑情节对责任刑加以调节。先责任刑后预防刑，这是责任主义原则的基本要求，也是并合主义立场的题中之意。《量刑指导意见》规定了若干优先适用情节，[1]一些省份在此基础上规定了"先连乘再加减"的方法，[2]这些都是"报应刑情节优先于预防刑情节调节基准刑"的表现，只是这些规定比较隐晦，而且只涉及总则性情节，而没有涉及刑法分则中具体个罪的报应刑情节。

（2）关于量刑情节的功能，应当是报应刑情节既可以增加刑罚量，也可以减少刑罚量，而预防刑情节只能减少刑罚量。因为报应刑情节体现了犯罪的严重程度，通过对犯罪构成事实所确定的基准刑进行调节，形成责任刑，因而其功能应当是双向的。体现犯罪具有较大社会危害性的情节，如以老年人等弱势群体为犯罪对象的，可以增加刑罚量，而体现犯罪具有较小社会危害性的情节，如从犯、胁从犯、未遂、中止等，则可以减少基准刑确定的刑罚量。需要注意的是，这里所说的报应刑情节，不仅仅指《量刑指导意见》规定的常见量刑情节，也包括司法解释、各省量刑实施细则所规定的具体个罪的量刑情节。以诈骗罪为例，"多次诈骗""冒充司法机关等国家机关工作人员实施诈骗""组织、指挥电信网络诈骗犯罪团伙""在境外实施电信网络诈骗"等情节均属于报应刑情节。而预防刑情节的功能则是单向的，只能减少刑罚量。这也是并合主义基本内涵的要求。然而，这一点并未被司法机关及司法工作人员充分认识和理解，量刑规范及量刑实践中基于预防刑情节增加刑罚量的情况并不罕见。比如，《量刑指导意见》规定的累犯、前科都是预防刑情节，体现了犯罪人的人身危险性，与犯罪行为本身无关，却导致责任刑增加；再比如，《2016年电信网络诈骗案件意见》不仅将"曾因电信网络诈骗犯罪受过刑事处罚或者2年内曾因电信网络诈骗受过行政处罚"规定为从重处罚情节，而且还规定在诈骗数额接近"数额巨大""数额特别巨大"的情况下，具备该情节的，应当分别认定为"其他严重情节""其他特别严重情节"。由此，"曾因电信网络诈骗犯罪受过刑事处罚或者2年内曾因电信网络诈骗受过行政处罚"这一预防刑情节，不仅具有从重处罚的功能，而且在特殊情况下还可以作为法定刑升格条件，在法定量刑幅度的上一档次裁量

---

[1]《量刑指导意见》：具有未成年人犯罪、老年人犯罪、限制行为能力的精神病人犯罪、又聋又哑的人或者盲人犯罪、防卫过当、避险过当、犯罪预备、犯罪未遂、犯罪中止，从犯、胁从犯和教唆犯等量刑情节的，先适用该量刑情节对基准刑进行调节，在此基础上，再适用其他量刑情节进行调节。

[2] 参见北京、河南等省份的量刑意见实施细则。

刑罚。这便是判处了同行为人的责任不相适应的刑罚,逾越了责任的限度,导致量刑失衡。[1]

综上,我国的量刑规范化工作总体上坚持并合主义理念,且在量刑步骤的设计上受到了德日责任主义原则的影响。然而,由于我国刑法理论体系与德日等国存在重大差别,所以在量刑规范方面体现为存在一些差异性规定,其中最为明显的就是我国的基准刑并不等同于德日等国的责任刑。虽然我国没有正式引入责任主义原则,但是基于并合主义理念仍然需要对当前关于预防刑情节的若干规定进行反思,使并合主义理念在量刑规范和实践中得以真正贯彻,而非仅仅停留在口号和愿景之中。

二、加强量刑指导

量刑规范化改革以来,最高司法机关先后出台了几版量刑指导文件,在此基础上,各省陆续制定了实施细则,结合实际情况对量刑指导文件予以进一步细化。然而,不论是最高司法机关制定的量刑指导文件还是各省份颁布的实施细则,都不是闭门造车的产物,而是立足实践经验进行统计、分析、反复论证的结果。虽然这些量刑指导文件和细则因适用范围有限、可操作性不强等问题饱受诟病,但是,应当承认,量刑规范化改革推行以来,在这些文件和细则的指引下,我国的量刑工作确实发生了一些可喜的变化。例如,长期存在于理论和实践中的"重定罪、轻量刑"的观念和做法有了明显改观;量刑程序纳入了庭审;法官更加重视全面提取和适用量刑情节等。[2]因此,采用量刑指导文件和细则模式进行量刑改革,总体思路是正确的,接下来需要考虑的就是如何对量刑指导文件和细则进行完善,使其在实践中发挥更加明显的作用。

(一)探索罚金刑的规范适用

我国刑法中半数左右的罪名设置了罚金刑,且罚金刑的适用同样会对公民的合法权益产生重大影响,但是此次量刑规范化改革却未真正涉及罚金刑,以致司法实践中罚金刑的适用严重失衡。[3]然而,值得欣慰的是,一些省份制定了量刑实施细则,对罚金刑的规范化进行了尝试,对罚金的参照标准、计算方

---

[1] 张苏:"德日刑法中的责任理论及对我国量刑的启示",载《河北法学》2014年第9期。
[2] 石经海、严海杰:"中国量刑规范化之十年检讨与展望",载《法律科学(西北政法大学学报)》2015年第4期。
[3] 陈帅:"无限额罚金刑量刑失衡问题与规制——以S市258篇数额特别巨大诈骗案件判决书为样本",载《上海法学研究(闵行区法院卷)》2019年第12卷。

法进行了探索，有些省份甚至仿照有期徒刑的量刑步骤依次规定了罚金的起点、基准刑。[1]因此，最高司法机关应当对各地的做法进行调研和总结，并组织专家论证，将罚金刑的规范化尽早提上日程，改变当前"估堆罚金"的现状。当然，这其中最重要的就是解决好犯罪人财产状况的调查问题。罚金以犯罪人的合法财产为对象，只有准确掌握犯罪人的财产状况，并据此裁量罚金的数额，才能确保罚金刑最终得到执行，防止"空判"现象的发生。

（二）调整量刑指导文件的适用罪名

截至目前，最高司法机关颁布的量刑指导文件对23个常见罪名的量刑活动进行了规范。然而，这23个罪名确实均是司法实践中常见多发的罪名吗？并不尽然。例如，其中的非法持有毒品罪，职务侵占罪，集资诈骗罪以及掩饰、隐瞒犯罪所得、犯罪所得收益罪的发案率并不高。这些小概率罪名，究竟是由于其本身比较重要而被纳入常见罪名版图，还是由于改革者认为其重要故而贴上常见罪名标签？[2]对此，我们不得而知。但是，实践中确实还有一些常见多发的罪名未被纳入量刑指导规范之中，比如贪污罪和受贿罪，随着国家打击贪腐的力度不断加大以及纪检监察体制的不断完善，这两种罪名的适用率明显增加，且其量刑结果极易引发人民群众的关注，因此，有必要将其作为"常见犯罪"加以规定；再比如拐卖妇女、儿童罪，强制猥亵、侮辱罪，猥亵儿童罪，《最高人民法院关于加强刑事审判工作情况的报告》指出，2014年至2019年6月，全国法院审结一审刑事案件628.3万件，判处罪犯709.9万人。其中，严惩针对妇女儿童的暴力、虐待、性侵害等犯罪，审结相关案件14.6万件。[3]这说明以妇女儿童为对象的犯罪发案高、危害大，其量刑活动同样亟待量刑指导文件的明确规范。综上，笔者建议对量刑指导文件中规定的常见罪名进行调整，删除那些发案率较低的罪名，以免"常见罪名"名不副实；同时，根据司法实践的实际需要及时回应法官和人民群众的关切，增加一些新的罪名作为"常见罪名"。

（三）发挥指导案例的辅助作用

量刑指导文件是对量刑原则、规则、步骤、方法的规定，其在全国范围内的普适性决定了其不可能事无巨细，而是必须具有一定的抽象性；而且其一旦

---

〔1〕《湖北省高级人民法院关于扩大量刑规范化罪名和刑种的量刑指导意见（试行）》（2016年）。

〔2〕 张兵、王德成、王帅："刑罚裁量改革的省思与修正——基于对量刑规范化改革的析解"，载《人民司法》2019年第10期。

〔3〕 最高人民法院院长周强讲话："最高人民法院关于加强刑事审判工作情况报告——2019年10月23日在第十三届全国人民代表大会常务委员会第十四次会议上"。

制定，便具有一定的稳定性，不能及时对社会生活和司法实践的变化做出回应。这就需要充分发挥指导案例的作用，以弥补量刑指导文件的不足。指导案例来自法官的审判实践，其并非创制量刑指导文件，而是对如何适用量刑指导文件的示范。法官在对个案量刑过程中，在法律及量刑指导文件的框架内，运用自己的经验和智慧对个案涉及的争议事由进行提炼、说理，进而形成一份优秀的裁判文书。由于其将抽象的量刑规则与具体案件完美结合，运用鲜活的案例生动地诠释量刑指导文件的含义，经最高司法机关确认，便可成为指导案例，要求全国法官在处理相同法律问题时"应当参照"，从而减小法官个体差异对法律统一适用的影响，这与量刑规范化改革的初衷和目标也是高度契合的。可见，量刑方面的指导案例可以与量刑指导文件相互补充，相互配合，在实现量刑统一、量刑均衡方面相辅相成，共同发力。

建立案例指导制度，意味着将法官的群体性经验转化为带有普遍或一般意义的规范。这种规范即案例规范，其一旦形成又可以为经验的运行设定一条职业群体所公认的标准，从事相同活动的人都必须借鉴或遵守。[1]在量刑规范化改革过程中，要充分发挥指导案例的作用，需要从以下几个方面加以努力：

1. 最高司法机关要加强对量刑方面指导案例的遴选。如前所述，截至目前，最高人民法院、最高人民检察院正式发布的指导性案例中涉及量刑的极少，而最高人民法院刑三庭于2016年编写并出版的《量刑规范指导案例》收录了涉及量刑基本方法的适用、常见量刑情节的适用、常见犯罪的量刑、量刑程序的95个案例，但是这些案例并没有上升到指导性案例的层面，其在权威性、示范性、影响力方面均无法和指导性案例相等同。因此，最高司法机关在今后遴选指导案例时，要对量刑方面的案例予以适当倾斜，通过鲜活的案例为广大法官示范如何规范裁量刑罚，从而有助于实现量刑统一。

2. 法官、检察官、律师加强对量刑指导案例的学习和运用。量刑指导案例不仅仅适用于法官，其对检察官、律师、当事人等所有刑事案件的参与者同样具有一定的参考价值。在量刑建议、量刑意见以及法庭审理环节，控辩双方均可通过引证指导案例证明己方主张，而法官则需要对是否采纳控辩双方引证的指导案例进行回应与说明。法官决定采用某一指导案例时，不必在判决书中写明"依据某某案例"这一提法，但是在说理部分应当清楚地注明本案所引用的指导案例，从而一方面表明其量刑遵守了同行业的"经验规则"，另一方面也便于释法说理，使控辩双方更好地理解和接受判决。

---

[1] 王瑞君："案例指导量刑与量刑规范化"，载《法学杂志》2009年第8期。

三、规范量刑程序

（一）加强量刑说理

1. 裁判文书量刑说理存在的问题。量刑并不是简单地将抽象的法律规范应用于具体个案的自动化过程，而是把二者相结合以实现量刑的罪责刑相适应，并运用法官的理性、良知、知识、技术等，以及形式逻辑与辩证逻辑的充分论证，最终形成理性的量刑判决的动态过程。[1]因此，量刑过程需要发挥法官的主观能动性，赋予其自由裁量权。法官的裁量权是确保刑法法制的锁头，同时，也是违法擅断、破坏刑罚法制的钥匙。[2]必须对自由裁量权加以规范和限制，以防止其滥用带来的量刑偏差与量刑不公。而规范和限制自由裁量权的重要途径之一，就是加强判决书的量刑说理。

从笔者收集的诈骗罪判决书来看，量刑说理情况不容乐观，具体表现为以下几个方面：

（1）量刑说理杂糅于定罪说理之中，缺乏应有的独立性。基本上所有的判决书都是在"经审理查明"部分阐述案件事实和证据，且定罪事实和证据与量刑事实和证据混杂，以定罪事实和证据为主。"本院认为"部分更是沿袭长期以来的固定模板——被告人构成犯罪，鉴于某些量刑情节，根据犯罪事实、性质及对于社会的危害程度，依照法律，作出判决结果，导致量刑说理很少独立成段，从而难以凸显量刑程序的相对独立性。[3]在笔者收集的样本中，只有少量判决书将定罪说理和量刑说理明确区分、分别论述，如裁判文书（2019）京0106刑初1619号。

（2）量刑说理仅限于罗列量刑情节，缺乏必要的过程论证。通过翻阅样本可以发现，几乎所有的量刑说理体现在判决书中即为列举每个被告人所涉量刑情节及其功能，而这些情节如何影响量刑，法官如何根据案件事实和情节计算出最终的量刑结果，却不得而知。之所以如此，是因为2013年《最高人民法院关于实施量刑规范化工作的通知》（已失效）曾规定，裁判文书要充分说明量刑理由但不必载明量刑过程。[4]虽然2017年相关通知取消了该规定，但是

---

[1] 石经海："刑法现代化下的'量刑'解构——量刑规范化的科学基础探究"，载《中国刑事法杂志》2010年第3期。

[2] 陈兴良：《刑法的人性基础》，中国方正出版社1996年版，第564页。

[3] 夏心怀："刑事判决书量刑说理问题实证研究"，西南政法大学2016年硕士学位论文。

[4] 具体内容：裁判文书要充分说明量刑理由，但不要将具体量刑步骤、量刑建议以及量刑情节的调节幅度和调节过程在裁判文书中表述。可针对控辩双方所提量刑情节采纳与否及从重、从轻处罚的理由进行阐述。宣判后，可根据是否上诉、抗诉等情况，在庭后释明量刑过程。参见"最高人民法院关于实施量刑规范化工作的通知"，载http://www.court.gov.cn/shenpan-xiangqing-6621.html，最后访问时间：2016年2月28日。

量刑说理仍然沿袭过去的做法——量刑结论的形成过程仅仅记载于并不对外公开的审理报告中，而不是写入对外公开的判决书中。[1]此外，判决书中对每个被告人所涉量刑情节及其功能也过于简洁，缺乏论证，比如，同样具有自首情节，有的判决书载明"应依法予以从轻处罚"，有的判决书则载明"应依法予以减轻处罚"；再比如，同样具有从犯情节，同一份判决书中对有的被告人规定"予以减轻处罚"，而对有的被告人则宣布"予以从轻处罚"。这些涉及被告人重大利益的细节问题，均应当在裁判文书中予以充分说明和论证，但是实践中，绝大多数法官对此一带而过，非常令人遗憾。

（3）主刑说理粗略，附加刑基本不说理，刑罚裁量制度说理疏漏。[2]目前，目前判决书主要是针对主刑部分进行量刑说理，而且说理非常简洁，在罗列情节之后直接得出结论：对于有期徒刑，缺乏刑期计算过程的论证；对于免予刑事处罚、无期徒刑、管制等主刑的选择，同样是蜻蜓点水，而没有结合相关法律规范开展深入分析。在附加刑方面，笔者收集的全部样本中，没有一份对为何判处附加刑、附加刑轻重的选择加以说理，被告人无从知晓附加刑的由来及决策过程。刑罚裁量制度主要是指缓刑的适用，根据《刑法》第72条的规定，适用缓刑除了满足刑罚条件之外，还应符合以下四个要求：犯罪情节较轻、有悔罪表现、没有再犯罪的危险、宣告缓刑对所居住社区没有重大不良影响。但是，翻阅样本中被判处拘役缓刑或者有期徒刑缓刑的判决书，没有一份文书严格对照缓刑的4个条件开展论证，判处缓刑的裁判文书同判处实刑的裁判文书相比几乎没有差别。

综上，当前判决书在量刑说理方面存在各种各样的问题。通过阅读判决书，当事人和公众无从知晓法官何以作出这样的判决，甚至其他法官也无法准确解释量刑结果的由来或者作出同样的判决。这导致量刑神秘化，其后果很可能是法官自由裁量权的滥用及公众对司法公信力的质疑。

2. 对量刑说理工作的反思。

（1）要增强量刑说理的独立性。在制作判决书过程中，定罪说理和量刑说理应当分别展开，定罪说理在前，量刑说理在后。量刑说理包括量刑事实、相应的证据以及相关的法律依据，同时，也要结合《量刑指导意见》及各省实施细则对量刑过程加以展示。总之，法官要结合已有量刑事实和证据，选择需要适用的法律，并运用刑法、法理等知识，具体分析论证被告人的从轻或从重等量刑情节，阐释刑种和量刑幅度的选择理由，而不再只是一句"结合本案具体

---

[1] 吴情树："量刑结论如何说理论证"，载《人民法院报》2018年10月10日，第2版。

[2] 彭文华："量刑说理：现实问题、逻辑进路与技术规制"，载《法制与社会发展》2017年第1期。

情况"或"根据本案的事实、性质、情节和对社会的危害程度",使被告人和社会各界从法律、法理的层面明白相似的案件量刑为何有差异,不同的案件为何最终量刑结论一样。[1]

(2) 要增强量刑说理的全面性。根据两高三部于2020年颁布的《关于规范量刑程序若干问题的意见》第25条的规定,[2]判决书量刑说理应当围绕以下三项内容进行:

第一,充分论证定罪事实以外的与量刑有关的事实,并列明相应的证据予以支撑。根据《刑法》、相关司法解释、《量刑指导意见》以及其他规范性文件,阐明每一个量刑事实对量刑的影响。

第二,对公诉人、当事人和辩护人、诉讼代理人的量刑建议、量刑辩护意见及其理由逐一回应。特别是在不采纳上述建议、意见的情况下,更应当详细说明不采纳的理由,便于公诉人、当事人和辩护人、诉讼代理人理解和监督。

第三,公开量刑理由和根据。对于免予刑事处罚的,要说明为何"犯罪情节轻微不需要判处刑罚"、"情节轻微"体现在哪些方面、如何断定"不需要判处刑罚",而不能在列举案件事实和情节后径直得出"免予刑事处罚"的结论;对于判处缓刑的,要说明被告人为什么符合缓刑条件,"犯罪情节轻微""有悔罪表现"体现在哪些方面,如何断定"没有再犯罪的危险""宣告缓刑对所居住社区没有重大不良影响",应当附加社会调查报告予以证明;对于单处罚金的,要根据2000年《最高人民法院关于适用财产刑若干问题的规定》第4条列举的条件,详细说明本案如何体现"犯罪情节较轻"、如何判断"适用单处罚金不致再危害社会"、被告人具备单处罚金所要求的哪一特殊情形;此外,对于判处管制、无期徒刑、死刑以及附加刑的,也应详细说明理由。特别是附加刑的适用,同样涉及对被告人经济权利、政治权利的剥夺,同样会严重影响被告人的基本生活,法官不能在判决书中一带而过,而是应当阐明为什么附加适用该种刑罚、为什么选择该种幅度,防止附加刑适用过程中的暗箱操作。

(3) 要增强量刑说理的透彻性。量刑规范化改革要求量刑应以定性分析为主、定量分析为辅,不同于以往的"估堆量刑法",因此,在量刑说理方面应

---

[1] 李琴:"刑事判决书量刑说理问题实证研究——以D法院97份刑事判决书为样本",载《中国刑事法杂志》2012年第6期。

[2] 参见两高三部于2020年颁布的《关于规范量刑程序若干问题的意见》第25条第1款:"人民法院应当在刑事裁判文书中说明量刑理由。量刑说理主要包括:(一)已经查明的量刑事实及其对量刑的影响;(二)是否采纳公诉人、自诉人、被告人及其辩护人、被害人及其诉讼代理人发表的量刑建议、意见及理由;(三)人民法院判处刑罚的理由和法律依据。"

当改变过去那种简单罗列量刑情节的做法,按照"量刑起点——基准刑——调节基准刑——宣告刑"的步骤清晰地展现量刑过程。特别是在用量刑情节调节基准刑环节,应详细阐释以下几方面内容:一是结合基本事实、相关证据、法律依据论证某一事实为何能够作为量刑情节;二是明确量刑情节在量刑中的功能,特别是多功能情节,要结合案件具体情况选择其功能,同时,对于复数量刑情节,应一一列明每个情节的量刑功能。即便不便公开量刑演算过程,也要明确每个情节的调节比例,使当事人及公众通过判决了解每个量刑情节对量刑结果的影响程度。

综上,在判决书中说明量刑理由的意义在于将法官的量刑思维和量刑过程公开化,有效约束其自由裁量权。这既是司法透明化、法治化的必然要求,也是司法公正、司法公信力的有力保障。[1]随着量刑规范化改革的推进,判决书中应当阐明量刑理由,全面公开量刑事实、根据和步骤,以公开促公正,以公正促规范。

(二)改进量刑建议

按照量刑规范化改革的要求,2010年2月,最高人民检察院出台了《人民检察院开展量刑建议工作的指导意见(试行)》,同年9月,两高三部正式颁布了《关于规范量刑程序若干问题的意见(试行)》(已失效),自此,全国检察机关全面推行量刑建议制度,以推进量刑活动的相对独立性,促进量刑的公开和公正。随着量刑建议工作的经验累积和认罪认罚从宽制度的逐步开展,2018年《刑事诉讼法》修改之时正式对量刑建议制度作出规定,从而进一步明确了量刑建议在认罪认罚案件中的地位和效力。此外,2019年两高三部颁布的《关于适用认罪认罚从宽制度的指导意见》、2021年11月最高人民检察院印发的《人民检察院办理认罪认罚案件开展量刑建议工作的指导意见》对认罪认罚案件中量刑建议的制定和采纳作出了专门性规定。总体而言,量刑建议制度的不断完善对于量刑规范化建设具有积极意义:改善了量刑程序不透明的问题,有助于实现量刑程序的公开公正;推动了量刑辩论,有助于法官充分听取控辩双方量刑意见,居中裁判;在认罪认罚从宽制度中更是凝聚共识、化解矛盾、提升效率、促进公正的有效制度载体。[2]然而,不可否认,量刑建议工作仍然存在一些问题,制约着量刑活动的规范化程度,具体表现如下:

1. 量刑建议存在的问题。

(1)量刑建议的精准化程度有待提高。在2010年两高三部《关于规范量

---

[1] 臧冬斌:"量刑规范化与法官自由裁量权的衡平",载《河北法学》2007年第12期。
[2] 陈国庆:"量刑建议的若干问题",载《中国刑事法杂志》2019年第5期。

刑程序若干问题的意见（试行）》、2012年《人民检察院刑事诉讼规则（试行）》（已失效）[1]等规定的指引下，检察机关在实践中基本上都是提出幅度刑量刑建议，其中，有一些量刑建议的幅度还比较大，从而呈现出"量刑建议采纳率较高"的司法现象。然而，这种幅度刑量刑建议，特别是幅度较大的量刑建议，对于法官的裁量刑罚活动并不具有太大的参考价值和约束作用。随着认罪认罚从宽制度的推广，量刑建议在刑事诉讼中的作用日益凸显，刑事诉讼对量刑建议精准化的要求也越来越高。因为犯罪嫌疑人、被告人认罪认罚的过程，实际上是控辩双方达成合意的过程。在这个过程中，量刑建议不再是检察机关职权运作的单方意见，而是在充分听取犯罪嫌疑人、被告人辩护人或者值班律师等诉讼参与人意见的基础上提出，并最终得到犯罪嫌疑人、被告人认可的共同意见。所以在本质上，量刑建议就是控辩双方通过意见听取和意见表达等互动方式就量刑问题协商达成的合意。[2]根据合意，犯罪嫌疑人、被告人的认罪认罚是具体明确的，相应地，司法机关给予的量刑减让也应当是明确的，提出确定的量刑建议不仅是检察机关追诉犯罪职能的体现，更是兑现法律明确的从宽处理的郑重承诺。[3]有鉴于此，两高三部颁布的《关于适用认罪认罚从宽制度的指导意见》及最高人民检察院印发的《人民检察院办理认罪认罚案件开展量刑建议工作的指导意见》均作出规定，办理认罪认罚案件，人民检察院一般应当提出确定刑量刑建议。这就对检察机关的量刑建议能力和水平提出了新的要求。而从目前检察工作实际情况来看，检察官对于量刑的重视程度比不上定罪，对于量刑方法和轻重的把握程度比不上法官。再加上当前很多省份都将量刑建议采纳率作为衡量检察官业绩的重要标准，所以，提高量刑建议的精准性成为检察机关面临的重要课题。

（2）量刑建议的说理性有待提高。无论是在起诉书中提出量刑建议，还是专门提交量刑建议书；无论是确定的量刑建议，还是带有一定幅度的量刑建议，司法实践中普遍存在的问题就是只列举被告人存在的量刑情节，进而直接提出量刑建议，说理性严重不足。这些建议究竟是严格按照《量刑指导意见》规定的步骤和幅度严格计算的结果，还是估堆的产物？每个量刑情节对于最终

---

[1] 2010年两高三部《关于规范量刑程序若干问题的意见（试行）》第3条第1款规定，对于公诉案件，人民检察院可以提出量刑建议。量刑建议一般应当具有一定的幅度。2012年《人民检察院刑事诉讼规则（试行）》（已失效）第399条规定，除有减轻处罚或者免除处罚情节外，量刑建议应当在法定量刑幅度内提出。建议判处有期徒刑、管制、拘役的，可以具有一定的幅度，也可以提出具体确定的建议。

[2] 李奋飞："论认罪认罚量刑建议与量刑裁决的良性互动"，载《暨南学报（哲学社会科学版）》2020年第12期。

[3] 陈国庆："量刑建议的若干问题"，载《中国刑事法杂志》2019年第5期。

的量刑结果是否产生影响、产生多大的影响？这些均无从得知。所以，一旦法院不采纳或者调整了检察官的精准量刑建议，并通过精细的说理加以论证之后，检察机关就显得非常被动。[1]笔者曾对一些基层检察院的检察官进行访谈，受访者均表示其严格按照《量刑指导意见》的要求计算量刑建议。但是，众所周知，《量刑指导意见》所规定的3个量刑步骤均以幅度的形式呈现，在幅度之内如何选择量刑起点、如何确定量刑情节的调节比例，均有一定的自由裁量空间，而最终的量刑数字无法反映出检察官行使自由裁量权的过程。只有加强量刑建议的说理性，将量刑建议的理由、依据、计算过程具体、明确地展现在法官面前，法官才能清楚地知悉检察官在每一个量刑步骤中所掌握的尺度和标准，进而对此进行更深入的交流、沟通，久而久之形成一定的共识，进而促进量刑的规范和统一。

（3）量刑建议在庭审中的地位有待提高。修改后的《刑事诉讼法》以及两高三部《关于规范量刑程序若干问题的意见》要求，定罪程序和量刑程序应适当分离，建立相对独立的量刑程序，强化量刑调查和辩论。特别是根据《关于规范量刑程序若干问题的意见》的规定，适用速裁程序审理的案件，要首先确认被告人认罪认罚的自愿性和认罪认罚具结书内容的真实性、合法性；适用简易程序或者普通程序审理的案件，在确认被告人对起诉书指控的犯罪事实和罪名没有异议、自愿认罪且知悉认罪的法律后果后，法庭审理可直接或主要围绕量刑进行。[2]这说明围绕量刑建议展开的量刑活动应当在法庭审判中占有一席之地。然而，在实践中，定罪和量刑相对分离的庭审模式尚未有效落实，庭审活动仍聚焦于案件的事实、证据和法律适用，对量刑关注不够，即便是认罪案件，也很少单独针对量刑进行法庭调查和辩论。[3]天津大学孙皓老师曾组织研究人员登录"中国庭审公开网"观看100场刑事案件庭审直播，发现在法庭辩论阶段，围绕量刑建议适宜与否的探讨在时长占比的平均值层面仅达23%左右。此外，有无辩护人参与对于量刑建议的采纳与否没有实质影响。这说明量刑建议的实施效果与庭审机制的运行之间是相互脱节的，涉及量刑建议的博弈在审判现场根本没有被置于突出地位。[4]在很多情况下，控辩双方并没就量刑建议是否妥当展开实质性交锋，这就导致通过量刑建议促进量刑公开，进而实现量刑规范化的希冀难以取得预期的效果。

---

[1] 胡云腾："完善认罪认罚从宽制度改革的几个问题"，载《中国法律评论》2020年第3期。
[2] 参见两高三部于2020年颁布的《关于规范量刑程序若干问题的意见》第12、13、14条。
[3] 陈国庆："量刑建议的若干问题"，载《中国刑事法杂志》2019年第5期。
[4] 孙皓："量刑建议的'高采纳率'误区"，载《中外法学》2021年第6期。

2. 对改进量刑建议工作的反思。

(1) 提升量刑建议的精准度。如前所述,对于认罪认罚案件,检察机关应当提出确定刑量刑建议;对于其他案件,既可以提出确定刑量刑建议,也可以提出幅度刑量刑建议。而在司法实践中,认罪认罚案件占据相当大的比例,且很多省份都将量刑建议的采纳率作为重要的考核指标,这就要求检察官练就提出确定刑量刑建议的本领。具体而言,主要从以下几个方面加以努力:

第一,加强学习和培训。改变过去"重定罪、轻量刑"的理念,充分认识量刑建议的重要性——量刑建议权在本质上是公诉权,属于公诉权的具体权能。[1] 在审查起诉过程中,应严格审查与量刑情节有关的事实和证据;通过各种形式的学习培训,熟练掌握《量刑指导意见》规定的量刑方法和步骤,通过分析研判已生效判决,总结提炼法院的量刑经验和做法,提高量刑的精准化水平,进而提升量刑建议的被采纳率。

第二,以大数据为依托,充分发挥量刑智能辅助系统的作用。随着智慧检务建设不断推进,大数据技术在量刑建议中的应用增多。通过类案大数据提取量刑要素,分析法院量刑尺度,可以为检察官提出准确的量刑建议提供有效的参考和帮助。[2] 当然,对于量刑智能辅助系统的作用要客观看待,不可过分依赖。因为量刑活动从本质上来讲并不是一个单纯的、机械的数学运算过程,数学运算只是提供一个基本的参考值,要真正做到罪责刑相适应,特别是在认罪认罚案件中真正做到与犯罪嫌疑人、被告人一方形成合意,同时又不违背量刑均衡原则,更多地需要检察官充分发挥自己的主观能动性,合理地运用自由裁量权,在参考值基础上进行沟通、调节,确保提出的精准刑量刑建议符合公平公正的要求。

第三,加强检察机关与法院的沟通与配合。"分工负责、相互配合、相互制约"是《刑事诉讼法》规定的公检法三机关关系的基本原则。但是在司法实践中,三机关本就因"配合有余、制约不足"而饱受诟病,而在认罪认罚制度逐步推广的背景下,又进一步强调法检的配合,[3] 这与"以审判为中心"的刑事诉讼制度改革似乎存在悖论。由此需要思考的是,在量刑建议问题上,应当如何处理法检的关系。对此,有学者提出,如果在不认罪认罚案件中,检法关系避免"过度配合"并"突出制约"的话,在认罪认罚案件中,检法之间的

---

[1] 朱孝清:"论量刑建议",载《中国法学》2010 年第 3 期。
[2] 陈国庆:"量刑建议的若干问题",载《中国刑事法杂志》2019 年第 5 期。
[3] 根据《刑事诉讼法》第 201 条第 1 款的规定,对于认罪认罚案件,人民法院依法作出判决时,一般应当采纳人民检察院指控的罪名和量刑建议。

关系则需要在坚持底线"制约"的基础上凸显"配合",即"相互配合"应被放到更高位置,"相互制约"则应退居其次,甚至面临着如何加强沟通、形成协同的问题。[1]笔者深以为然,因为在认罪认罚案件中,量刑建议承载着检察机关与犯罪嫌疑人、被告人的明确具体的合意,如果在法庭审理阶段不能获得法院的支持,那么之前的努力将前功尽弃、认罪认罚制度也形同虚设。正是基于此种考虑,《刑事诉讼法》才规定"法院一般应当采纳检察机关的量刑建议"。然而,"一般应当采纳"并不意味着法官照单全收,而是对检察机关的量刑建议精准化程度提出了更高的要求。为了确保量刑建议被量刑裁决所采纳,进而保障认罪认罚制度得到真正落实,需要从以下两方面理顺法检关系,提高量刑建议的精准度:一是检察机关在审查起诉阶段加强与法院的沟通,邀请法官提前介入控辩双方的协商之中,就量刑问题听取法官的意见,在此基础上制作确定刑的量刑建议,确保量刑建议的准确性;二是建立完善量刑建议调整机制,法院在审理过程中认为量刑建议不准确、不适当的,尽量与检察机关进行沟通,给予其一定的机会进行调整。此外,如果案件出现了新的量刑事实和证据,检察机关也可以依职权主动与法院进行沟通,对量刑建议进行调整。通过调整,确保量刑建议的精准性、适当性。

(2)提升量刑建议的说理性。加强量刑建议的说理性,有助于法官深入了解量刑建议的制作过程,并对相关分歧性做法进行交流和沟通,进而推动量刑的规范和统一。两高三部《关于适用认罪认罚从宽制度的指导意见》也规定,提出量刑建议,应当说明理由和依据。关于量刑建议说理,胡云腾大法官曾经提出一个非常有意思的想法:检察官在提出精准量刑建议时,给法院附一份说理的清单,就像商场或者饭店让顾客买单时给顾客打印一份小票一样,让顾客明白收费的明细,从而相信商家的收费是准确合理的。因此,检察机关给法院附上一份小票,对于证明精准量刑建议合法公正,推动法官审理、采纳精准量刑建议非常有意义。[2]具体而言,量刑建议应重点针对以下事项展开详细说明:一是量刑起点如何选择,如何确定基准刑;二是犯罪嫌疑人、被告人的量刑情节,既包括从重情节,又包括从宽情节,既包括认定该情节的事实、证据,又包括该情节调节基准刑的比例及其依据;三是量刑建议的形成情况,例如,一个复杂案件的量刑建议是如何产生的、经过了什么程序、被告人及其辩护人对量刑建议的看法和态度、被害人对于量刑建议的意见等;四是对检察机

---

[1] 李奋飞:"论认罪认罚量刑建议与量刑裁决的良性互动",载《暨南学报(哲学社会科学版)》2020年第12期。

[2] 胡云腾:"完善认罪认罚从宽制度改革的几个问题",载《中国法律评论》2020年第3期。

关综合考虑《刑法》第61条及分则规定、相关刑事政策、案件可能涉及的社情民意及舆情风险等情况，也要有所说明。[1]通过说理，可以使法官清楚地了解量刑建议的形成过程，知晓诉讼各方的意见和态度，从而提升量刑建议的认可度。

（3）提升量刑建议在庭审中的地位。如前所述，在司法实践中，围绕量刑建议展开的量刑调查和辩论不够充分，导致以量刑建议促进量刑公开、公正的期待难以真正实现。为了充分发挥量刑建议在规范法官的自由裁量权、强化量刑程序的对抗性方面的作用，笔者提出以下建议：其一，在普通程序和简易程序案件中，重视量刑程序的相对独立性，在庭审中解决完定罪问题之后，对量刑问题单独展开法庭调查和辩论，由公诉人对量刑建议的形成进行说明，并给予被告人及辩护人充足的机会针对量刑建议发表意见。法官可结合控辩双方的发言以及庭审中新发现的量刑情节，对量刑建议进行适当调整，从而确保量刑的适当性和规范性。其二，在适用速裁程序的认罪认罚案件中，庭审的持续时间通常在10分钟以下，有的甚至只有几分钟，主要是对认罪认罚的自愿性和认罪认罚具结书内容的真实性、合法性予以确认。[2]在这种"确认式庭审"模式之下，似乎没有充分讨论量刑建议的空间，但是，为了确保量刑的公正性，法官应在开庭前对案件材料进行全面审查，从而在庭审时能够围绕发现的疑点进行有针对性的调查；控方应详细介绍认罪从宽程序的启动过程以及量刑建议的协商经过；辩护律师依然可以在该阶段对量刑建议提出异议，发表量刑意见。[3]当然，由于一些犯罪嫌疑人、被告人并未委托辩护人，在认罪认罚程序中只能由值班律师为其提供法律帮助，而值班律师并不具有辩护人身份，通常情况下只是充当认罪认罚的见证人，并不能为犯罪嫌疑人、被告人提供实质性帮助，因此，建议将值班律师制度改造成为真正的指定辩护制度。只有这样，选择认罪认罚程序的犯罪嫌疑人、被告人才能就量刑建议与公诉方进行平等的协商和对话。[4]

（三）重视量刑辩护

量刑规范化改革要求建立相对独立的量刑程序。与定罪一样，量刑程序需要控辩双方充分参与、平等对抗。然而，遗憾的是，相较而言，检察机关提出

---

[1] 胡云腾："完善认罪认罚从宽制度改革的几个问题"，载《中国法律评论》2020年第3期。

[2] 李奋飞："论'确认式庭审'——以认罪认罚从宽制度的入法为契机"，载《国家检察官学院学报》2020年第3期。

[3] 李奋飞："论'确认式庭审'——以认罪认罚从宽制度的入法为契机"，载《国家检察官学院学报》2020年第3期。

[4] 陈瑞华："认罪认罚从宽制度的若干争议问题"，载《中国法学》2017年第1期。

的量刑建议在实践中受到较大关注，而量刑辩护却始终处于边缘位置，无论是最高人民法院推出的量刑程序改革方案，还是各地法院自行确立的量刑答辩程序，都没有对量刑辩护的有效性问题给予足够重视。[1] 所谓量刑辩护，是指被告人或其辩护人依据有关量刑情节的证据，反驳检察机关的量刑建议并提出自己的具体量刑意见。[2] 量刑辩护包括被告人自行量刑辩护和律师进行量刑辩护两种。由于量刑辩护具有较强的专业性，非一般被告人所能胜任，所以，下文所讨论的仅限于律师的量刑辩护。在庭审过程中，律师充分参与量刑活动，积极开展量刑辩护，有助于法官全面掌握量刑信息，作出公正裁决，增强司法公信力。可以说，缺失量刑辩护的量刑程序，是无法真正实现"独立"的，也是无法达成量刑改革目标的。

1. 当前量刑辩护边缘化的原因。

（1）内部原因。这主要体现为辩护律师普遍对量刑辩护重视不够、准备不足。随着全国范围内刑事案件律师辩护全覆盖试点工作的开展，刑事案件审判阶段辩护率大幅度提升。但是，由于法律援助律师一般在审判阶段才开始接手案件，且从中获取的收益远远低于当事人委托案件，因此，整个辩护的质量相对较低，更遑论量刑辩护。即便是被告人委托的辩护律师，一般也是将主要精力用于定性方面的辩护——无罪辩护和罪轻辩护。在定性辩护之后，或者在案件定性不存在争议的情况下，进行一些简单的量刑辩护——说明被告人具有自首、从犯、初犯、偶犯等法定或酌定量刑情节，笼统地向法院提出"建议从轻或减轻处罚"。[3] 很少有律师在量刑方面狠下功夫，全面收集与量刑有关的事实和证据，按照《量刑指导意见》及各省实施细则等量刑文件提出精确的量刑辩护意见，并对检察机关的量刑建议进行深入研究和反驳，这就导致律师进行量刑辩护的水平与定罪辩护相比处于较低的水平。有些律师甚至认为，只有坚持无罪辩护、罪轻辩护才能对法院形成强大的压力、为被告人争取最大的利益，如果仅仅进行量刑辩护，则不好向被告人及其家属交代。

（2）外部原因。

第一，律师获得的量刑信息十分有限。根据《刑事诉讼法》的相关规定，辩护律师获得量刑信息的途径主要是查阅、复制、摘抄案卷材料，而案卷材料主要由公安机关、审查起诉机关根据侦查工作制作而成，其在刑事诉讼中的立

---

[1] 陈瑞华："论量刑辩护"，载《中国刑事法杂志》2010年第8期。
[2] 姜涛：《认知量刑规范化》，中国检察出版社2010年版，第250页。
[3] 池俊男："论量刑辩护的困境与出路——以量刑规范化为视角"，西南政法大学2018年硕士学位论文。

场决定了材料中有关被告人量刑的事实和证据并不十分全面，这就需要辩护律师进一步调查取证。然而，律师的调查取证权却受到诸多限制：向证人或其他有关单位收集材料需要经其同意；同时，向被害人或者近亲属以及被害人提供的证人收集材料不仅需要经其同意，而且需要人民检察院或者人民法院许可。更重要的是，《刑事诉讼法》第44条被称为"悬在律师头顶的达摩利斯之剑"，因为律师很可能因调查取证行为不当而受到惩罚。由此可见，没有公权力做后盾的辩护律师在调查取证中被动且有风险，这也是制约律师量刑辩护业务的一个重要因素。

第二，律师进行量刑辩护缺少合适的司法环境。目前，我国庭审中"重定罪、轻量刑"的传统做法没有根本性改观，尚未真正建立起相对独立的量刑程序。所谓的量刑程序流于形式，控辩双方各自分别宣读量刑建议和量刑辩护意见，而很少就量刑事实和证据展开激烈的质证和辩论，缺少实质性的交锋与碰撞。一方面，检察机关就量刑问题与辩方缺少必要的对抗。辩护律师的量刑意见和检察机关的量刑建议是相对的。在量刑程序中，量刑辩护应当以量刑建议为靶子展开反驳与辩论。然而，司法实践中，并不是所有的刑事案件都有量刑建议。即便有，通常也比较简略，并且幅度较大。根据量刑建议，律师无从知晓检察官的量刑信息和量刑思路，进而无法有的放矢地展开辩护。更何况，量刑规范化改革以来，量刑建议采纳率较高的现象隐含了由法官的自由裁量权过大转向检察机关公诉权过大的风险，形成公诉权对审判权在某种程度上的取代，量刑建议成了法官裁判时事实上的"天花板"。这显然不利于控辩双方在量刑问题上的对抗，无法形成相互的制约关系。[1]另一方面，法院就量刑问题与辩方缺少必要的互动。这集中体现为裁判文书对量刑结果缺乏说理性。现有的裁判文书与改革之前相比没有实质性变化，主要围绕定罪展开论证。而对于量刑，则是概括全案的量刑情节，指出应当"从重、从轻或者减轻处罚"，然后直接宣布量刑结果。鲜有裁判文书提及量刑建议及量刑辩护意见，更遑论对二者进行回应。法院对量刑辩护的冷淡，既不利于激发律师积极参与量刑活动、开展量刑辩护的积极性，也不利于律师量刑辩护水平和能力的提升。

2. 对改进量刑辩护的建议。

（1）内部方面。

第一，律师应充分认识量刑辩护的重要性。无罪辩护、罪轻辩护固然能取得立竿见影的效果，获得被告人及其家属的认可与肯定，但并非所有的案件都适合无罪辩护、罪轻辩护。事实上，大多数案件在是否有罪、此罪彼罪方面并

---

[1] 韩荣："量刑辩护的系统论反思"，载《政法学刊》2021年第2期。

不存在争议,罔顾案件事实固执地进行无罪辩护和罪轻辩护并不总是明智之举。对于案件事实清楚、证据确实充分、定性清晰的案件,如能本着实事求是的精神进行量刑辩护,全面收集能够证明被告人罪轻的证据以及能够驳斥检察机关提出的认为被告人罪重的证据,按照量刑指导文件的步骤和方法提出辩护意见,并在法庭上进行出示和陈述,也能够为被告人争取到相应的利益,进而获得被告人及其家属的认可与理解。

第二,律师应当增强量刑辩护的本领。陈瑞华教授认为,律师开展量刑辩护,需要围绕以下三个方面练习本领:①调查量刑信息,向法庭提出有利于被告人的新情节,对公诉方主张的量刑情节进行反驳,为说服法官决定宽大量刑奠定事实基础;②评价单个量刑情节对量刑的影响力,明确并论证每个量刑情节所具有的从轻、减轻或免除处罚功能;③论证全案量刑情节对于刑罚决定的影响。[1]具体而言:首先,尽可能收集全面的量刑信息。律师对量刑信息的掌握不应止步于查阅、复制、摘抄案卷材料,对于能够证明被告人罪轻的证据、能够质疑被告人罪重的证据、表明可以适用缓刑的证据、其他容易被办案机关忽略的证据等,则需要律师充分发挥主观能动性自行调查取证,或者申请国家机关调查取证。这就对律师的职业素养提出了更高的要求:不仅要善于从会见谈话或者案卷材料中发现线索,而且要克服各种障碍,采用合法手段获得相应的证据。量刑信息收集越充分,在量刑程序中越主动。其次,选择对量刑有实质意义的情节,形成量刑辩护意见。对于法定量刑情节及常见的酌定量刑情节,公安机关、检察机关一般比较重视。这种情况下,律师就要认真评价这些情节对量刑的影响。例如,案件中的"自首"情节究竟应当导致减轻还是从轻处罚?"累犯"情节是否成立,应当增加多大幅度的基准刑?围绕这些情节,通过相关的事实和证据尽可能作出有利于被告人的论证,减轻被告人的刑事责任;而对于一些不常见的或者《量刑指导意见》没有涉及的酌定量刑情节,如,被告人需要抚养孩子、赡养老人、对社会有特殊贡献等情节,则需要律师花费更多的精力去证实这些情节不仅客观存在,而且应当实实在在地影响量刑。最后,说服法官接受量刑辩护意见。前期的调查、分析是基础,在法庭上说服法官重视律师提出的量刑情节、认可律师提出的量刑意见,才是量刑辩护取得实效的关键。这就要求律师具有较好的表达能力,能够通过临场发挥触动法官的内心,使书面意见的效果达到极致。

(2)外部方面。

第一,法院、检察院应当充分保障和支持律师的调查取证权。"兼听则明,

---

[1] 陈瑞华:"论量刑辩护",载《中国刑事法杂志》2010年第8期。

偏听则暗",律师存在的意义就是使法官听到不同的声音,从而更加全面、准确地掌握案件事实,作出公正裁决。在诉讼活动中,与强大的公权力相比,律师是较为弱势的一方。在当前的司法环境之下,以一己之力调查取证极为艰难,这就需要作为审判机关的法院、作为法律监督机关的检察院的大力支持和配合。律师申请调取能够证明犯罪嫌疑人、被告人无罪或者罪轻证据的,法院、检察院应当尽可能地调取;律师申请向证人或其他有关单位收集、调取案件材料的,法院、检察院应当尽可能地收集、调取;律师申请向被害人或近亲属、被害人提供的证人收集案件材料的,法院、检察院应当尽可能地许可。此外,要为律师调查取证营造良好的环境,不能动辄以《刑法》第306条追究律师的法律责任,让律师敢于调查、善于调查,从而在诉讼中发挥应有的作用。

第二,以认罪认罚从宽案件为切入点探索量刑证据开示制度。证据开示是双方当事人在案件开庭审理前相互交换证据以获取案件信息的制度,其目的在于防止庭审当中证据突袭,从而实现庭审实质化。[1]如果能够做到庭前证据开示,就量刑活动而言,辩护律师便可以提前了解控方收集整理的量刑事实及证据,从而早做准备,根据这些证据完善己方的量刑辩护意见,或者攻击对方的量刑建议。我国的证据开示制度尚处于起步阶段,目前,只有两高三部《关于适用认罪认罚从宽制度的指导意见》指出:"人民检察院可以针对案件具体情况,探索证据开示制度。"而至于开示什么、如何开示,则并未作出细化规定。就开示范围而言,目前有全面开示和部分开示两种模式。相比之下,全面开示更加符合证据开示制度的初衷,更加有助于维护犯罪嫌疑人、被告人的合法权益;就开示方式而言,控辩双方应当双向开示。"如果仅是控方向辩方单方开示证据,对控方有失公平,对查明案件事实、确保无罪的人免受刑事追究也有害无益。"[2]但是,相比之下,检察机关应当承担起主要的证据开示义务,因为在刑事诉讼中,如果只强调控辩双方的对抗,而不强调检察官对被追诉方的关照和辅助,那么控辩双方将永远处于失衡状态。[3]在认罪认罚案件中,检察机关充分开示证据材料,特别是对被告人有利的证据材料,有助于辩方与检察机关就量刑问题进行协商,最终形成公正、恰当的量刑结果。

第三,注重法律文书的说理性。一方面,增强量刑建议的说理性。检察机关要全面收集、核实被告人的量刑信息,按照最高人民法院量刑指导文件和本

---

[1] 刘甜甜:"认罪认罚从宽案件中的证据开示制度研究",载《中国政法大学学报》2021年第5期。

[2] 林战波、贾文琴:"认罪认罚证据开示把握的原则及具体操作",载《检察日报》2020年7月2日,第3版。

[3] 陈永生:"论客观与诉讼关照义务原则",载《国家检察官学院学报》2005年第4期。

省的量刑实施细则，详细列明量刑步骤，提出尽可能精准的量刑建议，使法官和律师"不仅知其然，而且知其所以然"，从而使得量刑辩护更有针对性。另一方面，增强裁判文书的说理性。裁判文书不仅要说清楚为什么定罪，为什么定此罪而非彼罪，同时，也要载明量刑结果的形成过程。因为对于很多被告人而言，有罪无罪是心知肚明的，刑罚的轻重才是其最关心的事情。裁判文书应当给控辩双方一个清楚的交代，具体包括量刑所依据的事实及证据、量刑起点的选择、基准刑的确定、每一个量刑情节对刑罚产生的影响，以及最终宣告刑如何形成，同时，也应当明确回应对量刑建议和量刑辩护意见的采纳情况。只有法院与控辩双方进行充分的互动，才能全面掌握案件事实，也能通过一次次判决促进律师量刑辩护水平的提升。

余 论

量刑规范化改革的动因是实践中法官自由裁量权的滥用导致的量刑失衡。然而，众所周知，量刑的本质是"刑罚的裁量"，这就要求在审判工作中处于核心地位的法官们应该具有极其丰富的生活经验以及对于世态人情的洞察能力，并将伦理层面的判断与法律层面的判断有机结合，以保障"裁量的正义"。[1]因此，量刑规范化改革并不是消除法官的自由裁量权，而是要对其加以引导和规范，确保其在法治的轨道上运行，进而实现量刑均衡和量刑公正。

一、规范法官自由裁量权的必要性

我国刑事立法较为粗疏，集中体现为法定刑幅度过大，动辄跨越数年的刑期，甚至有期徒刑、无期徒刑、死刑等不同的刑种，此外，法定量刑情节数量非常有限，且大多数背负两种及两种以上功能。这就导致法官在量刑过程中具有较大的自由裁量空间，只要没有超出法律规定的边界，似乎就是合法的，但是，实践中一个个极端个案的发生却时常冲击着社会公众关于公平正义的朴素认知，比如，本书开头提到的"许霆案""天价过路费案""刺杀辱母者案"等。当然，这些案件的当事人是幸运的，在刑事诉讼的进程中其命运发生了重大转折，但是，在司法实践中，又有多少被告人承受着检察官"概括式量刑建议"及法官"估堆式量刑方法"所带来的貌似合法范围之内的量刑偏差与量刑不公呢？这些都是值得每一个立法和司法工作者深思的。

除了立法原因之外，法官作为社会成员的一分子，在裁量刑罚的过程中，不可避免地会受到自己的生活常识、脾气秉性、风土人情、政策导向的影响。这些非法律因素很可能隐秘地存在于量刑决策过程中，从而对量刑结果产生一定的影响。[2]例如，胡昌明经过实证分析认为，被告人的性别、年龄、籍贯、职业和学历等社会结构因素对其量刑的轻重确实产生了影响，而且有些影响还

---

[1] 李洁、荣月："论法官自由裁量权的价值及其合理限度——以量刑规范化改革为视角"，载《东疆学刊》2016年第2期。

[2] 吴雨豪："量刑自由裁量权的边界：集体经验、个体决策与偏差识别"，载《法学研究》2021年第6期。

相当显著。[1]李荣通过问卷调查和个别访谈发现，法官的心情、对被告人的喜好或厌恶、对被害人的同情或厌恶、对某类犯罪的厌恶与容忍等情感因素，在一定程度上影响着判决结果。[2]赵学军通过对抢劫罪量刑情况进行经验分析认为，不同性别的法官对犯罪事实形成不同的评价，进而影响实际的量刑结果：审理相同罪行程度的案件，男法官量刑重于女法官；男法官更加倾向于适用缓刑，女法官则更加谨小慎微，不敢轻易适用缓刑。[3]李润华认为，民意影响量刑是当下一种不容回避的现象，从早些年的"刘涌案"，到轰动全国的"邓玉娇案""许霆案"，再到"药家鑫案""李昌奎案"，网络民意对刑事司法的渗透日益凸显。[4]

事实上，在司法实践中，量刑结果不仅仅是法官个人决策的产物，有些时候还会受到他人的影响。虽然当前我国实行办案质量终身负责制，但是，对于一些疑难复杂案件，承办人往往提交法官会议进行讨论，在此过程中，其他法官对量刑的观点在一定程度上会影响法官的判断；除此之外，还有一些案件会提交审判委员会，而对于审判委员会的决定，法官通常情况下必须执行。这些外部观点理论上既可能为法官量刑提供正确的引导，也可能对法官进行量刑决策造成不当的影响。

综上，在我国，法官在量刑活动中享有较大的自由裁量权，其刑罚裁量活动容易受到个体主观意识及各种外部因素的影响，体现为量刑结果因审理法官不同而呈现一定的差异。对此，学者吴雨豪通过实证研究进行了验证。其选取北京市基层法院2014年至2020年审理的五类刑事案件（盗窃、诈骗、故意伤害、抢劫和交通肇事）的裁判文书近5万份，运用多层线性模型，分别计算出每类刑事案件中量刑差异由案件本身所导致的部分和由审理法官不同所导致的部分，发现五类案件中审理法官不同所导致的量刑差异均在5%以上，在个别类型案件中，这一数值甚至达到10%以上。[5]一定范围的量刑差异是可以理解并容忍的，但是，如果差异过大，超出了公众的接受能力和容忍限度；如果不幸者的生活和自由成了荒谬推理或某个法官情绪冲动的牺牲品，那么司法的公信力和裁判的权威性将大打折扣。我国开展量刑规范化改革的目的就是规范法

---

[1] 胡昌明："社会结构因素对量刑影响的实证分析 以盗窃罪为例的案例社会学研究"，载《法律适用》2011年第3期。
[2] 李荣："影响刑事判决的法官情感因素及其制约"，载《河北法学》2008年第4期。
[3] 赵学军：《抢劫罪量刑经验研究》，法律出版社2019年版，第437页。
[4] 李润华："认真对待量刑中的民意"，载《河南工程学院学报（社会科学版）》2013年第1期。
[5] 吴雨豪："量刑自由裁量权的边界：集体经验、个体决策与偏差识别"，载《法学研究》2021年第6期。

官的自由裁量权，减少量刑偏差，促进量刑均衡和量刑公正，使人民群众在每一起案件中都能感受到公平正义。

二、规范法官自由裁量权不能"矫枉过正"

法官的自由裁量权是量刑不公、量刑失衡的根源，所以，在量刑规范化改革过程中，不乏有理论和实践工作者提出"电脑量刑"等设想，力图消灭自由裁量权。但是，法律的生命在于经验，而不在于逻辑。法官面对的是千姿百态的生活，是纷繁复杂的社会，是比法律条文、制度和体系更为复杂的现实。特别是在裁量刑罚活动中，法官几乎不可能遇到两个完全相同的案件，每一起案件、每一个案件当事人均有其特殊之处，试图以严密的法网、高科技的软件解决所有的量刑问题，实现同案同判、量刑均衡，是不现实的。这就需要对法官的自由裁量权予以必要的肯定与尊重，防止"矫枉过正"，陷入"机械正义"的误区。

1. 客观看待量刑科技化现象。量刑科技化是指利用现代科技手段尤其是计算机等信息系统开发相应量刑软件来规范量刑活动。[1]早在1987年，赵廷光教授就着手研究量刑与人工智能技术相结合问题，经过16年艰辛探索，完成了人工智能软件《辅助量刑系统》的研制。[2]其后，山东省淄川区人民法院在总结多年刑事审判经验的基础上，于2004年1月出台了《常用百种罪名量刑规范化实施细则》，并开发出《人民法院电脑辅助量刑系统》，供法官在量刑实践中具体适用。[3]此外，福建省漳州市龙文区检察院、苏州工业园区检察院分别研发了量刑建议电脑软件，为检察官提出量刑建议提供参考。[4]时至今日，随着信息科学技术的发展，将大数据、人工智能技术与量刑相结合的大数据量刑，更是成为许多地方法院、科技公司和科研机构竞相合作的热点。但是，无论量刑科技化发展到何种地步，其都不可能取代法官在量刑活动中的地位和作用，而只能为法官决策提供参考。因为与犯罪有关的每一个事实、情节和条件都掺杂着复杂的人性因素，而这些人性因素对刑罚的作用很难精确估量。[5]因

---

[1] 倪震："量刑改革中'机械正义'之纠正——兼论人工智能运用的边界及前景"，载《江西社会科学》2018年第2期。

[2] 赵廷光："论'电脑量刑'的基本原理"，载《湖北警官学院学报》2007年第2期。

[3] 熊选国主编：《〈人民法院量刑指导意见〉与"两高三部"〈关于规范量刑程序若干问题的意见〉理解与适用》，法律出版社2010年版，第5页。

[4] 韩轶："大数据视野下的量刑规范化"，载《人民法治》2018年第2期。

[5] 李鹏飞："论量刑规范化视野下法官量刑思维的确立——以《人民法院量刑指导意见》为视角"，载《渭南师范学院学报》2018年第15期。

此，量刑不是单纯的数学运算和枯燥的代码组合，单靠技术和程序无法胜任，必须要靠法官结合常识、常理和常情对这些饱含人性的情节因素进行价值取舍与判断，才能真正实现量刑公正。

2. 客观看待量刑指导文件的作用。量刑规范化改革以来，最高司法机关先后出台了几版《量刑指导意见》，但是迄今为止，这些《量刑指导意见》仅仅规定了 23 种常见犯罪和 18 个常见量刑情节，且量刑起点和量刑情节对基准刑的影响均是以幅度形式呈现的。在此基础上，各省陆续制定了实施细则，结合实际情况对《量刑指导意见》予以进一步细化。实践中，一些法官将上述量刑指导文件特别是实施细则奉为圭臬，严格按照文件的具体规定开展量刑活动。即使发现依照《量刑指导意见》和细则处理案件所得出的结论可能并不合理，也不愿或者不敢有所突破。比如，有些因素明显应当纳入量刑活动的考虑范围，但是由于量刑指导文件没有明确规定，便无法进入法官的视野，从而无法对量刑发挥其应有的影响。即便这些因素进入了法官的视野，由于量刑规范化的限制，法官一般也不愿意"突破"指导文件的规定。[1]而对于量刑指导文件未规定的罪名，法官在裁量刑罚时似乎"无法可依""无章可循"，进而感到无所适从。此外，量刑指导文件以幅度形式对各类犯罪规定了量刑起点、基准刑以及量刑情节对基准刑的调节作用，而在这些幅度之内如何取值，却没有涉及。在具体量刑时，一些法官不是全部取中间值，就是全部取低值或高值，甚至出现从轻取低值、从重取高值的现象，以至于出现新的量刑不均衡。[2]这些都反映出司法工作者过于依赖量刑指导文件的心态。事实上，对于法官而言，剥夺自由裁量权未尝不是一件好事，毕竟权力总是和风险相伴而生，没有了权力，便排除了职业生涯中的诸多风险。法官期待量刑文件足够全面、详细、实用，能够为其刑罚裁量活动中的每一个细节提供明确而唯一的答案。然而，"法有尽而情无穷"，无论何时何地，量刑指导文件都不可能做到事无巨细，总要留出一定的自由裁量空间给法官，才能适应社会生活的发展和司法实践的需要。因此，要客观、辩证地看待量刑指导文件的作用，量刑指导文件的出台是为了引导法官合理行使自由裁量权，而不是束缚法官的手脚，使其变成机械套用法律条文的工具。

综上所述，法官的自由裁量权是"他们能够根据案件事实决定其法律后

---

〔1〕 王志祥、黄云波："量刑规范化实践中错误倾向之纠正——以罪刑法定原则为视野的思考"，载《贵州民族大学学报（哲学社会科学版）》2015 年第 3 期。

〔2〕 "安顺市中级法院量刑规范化改革试行情况总结"，载石经海、禄劲松主编：《量刑研究》（第一卷），法律出版社 2014 年版，第 182 页。

果,为了实现真正的公正,可以不拘泥于法律,还能够不断地解释法律使之更合乎社会的变化"。[1]特别是在量刑领域,电脑软件的机械性根本不足以应对司法实践的复杂性,法律文本的有限性根本不足以涵射社会生活的多变性,这就决定了必须赋予法官一定的自由裁量权,才能准确洞察、发现、衡量和评价一切可能影响量刑的因素,实现个案公平与公正。

三、如何实现量刑规范化与法官自由裁量权的平衡

如前分析,法官享有一定的自由裁量权是开展量刑活动的必然要求,但是,"一切有权力的人都喜欢滥用权力,这是万古不变的一条经验。有权力的人们使用权力直到遇到有界限的地方才休止"。[2]过往的司法实践中确实存在滥用自由裁量权的情况,导致刑罚畸重畸轻,影响了司法公信力,所以最高司法机关自上而下推进量刑规范化改革,目的就是对自由裁量权进行适度的限制,以期从实体上使量刑活动更加公正,从程序上使量刑活动更加透明,进而解决量刑不公的问题。至于如何实现量刑规范化与法官自由裁量权的平衡,前面的章节已有论述,这里仅从宏观层面提出以下几点建议:

(一)实体方面:赋予法官一定的自由裁量权

有些理论和实务工作者过于推崇量刑指导文件在量刑规范化中的作用,认为虽然最高人民法院的《量刑指导意见》对常见犯罪及情节进行了量化,但仍然存在量化罪名和情节不够、量刑幅度之间跨度较大等问题,建议以美国量刑指南为参考,进一步扩大指导文本中的适用罪名和情节范围,继续细化刑罚幅度等,制定更为细密、确定的量刑指导文本。[3]事实上,美国《量刑指南》在2005年就被联邦最高法院宣告仅具有参考性,不具有强制力。特别是2008年以后,符合量刑指南的案件比率已降至六成以下,且有逐年再往下探底的趋势,至2012年6月甚至已低于五成五。[4]有鉴于此,我国不宜盲目追求量刑指导文件的精细化、确定化,而是应当为法官保留一定的自由裁量空间。因为社会生活远远超出了制度设计可能实现的复杂程度,用设计丝丝入扣的规则的方式,虽然可以在一定程度上限制法官的裁量权,但事实上会导致规范化的价值追求难以得到实现。因为量刑规范化的价值追求不是规范化本身,也不是司

---

〔1〕 [美]约翰·亨利·梅利曼:《大陆法系》,顾培东、禄正平译,法律出版社2004年版,第52~53页。

〔2〕 [法]孟德斯鸠:《论法的精神》(上卷),商务印书馆2012年版,第185页。

〔3〕 罗华:"量刑规范化改革困境及破解",载《人民论坛》2016年第23期。

〔4〕 郭豫珍:《量刑与刑量:量刑辅助制度的全观微视》,元照出版有限公司2013年版,第21页。

法裁量权的限制本身，而是通过规范化的规则来限制司法裁量权，通过对司法裁量权的限制，达到司法公正的结果。[1]因此，现阶段，我国最高司法机关制定的看似不完美的量刑指导文件，其实是符合量刑规律并契合量刑规范化改革初衷的。实务工作者要做的，是逐渐养成妥善行使自由裁量权的意识、贯彻宽严相济的理念、掌握"以定性分析为主、定量分析为辅"的量刑方法，在量刑指导文件的引导之下，公平公正地处理每一起案件，而不是被量刑指导文件所束缚，变成被动比对规则与事实的机器。

（二）程序方面：限制法官的自由裁量权

既然赋予法官一定的自由裁量权是不可避免的，那么如何才能防止自由裁量权被法官滥用呢？这就需要充分发挥程序的作用，通过良好的程序设计，实现量刑过程的公开性、透明性、多方参与性，从而减小滥用权力、暗箱操作的可能性。具体来说，主要体现为以下两个方面：

1. 提高控辩双方对量刑活动的参与度。量刑不是法官的独舞，而是控辩双方均有资格和必要充分参与的活动。因此，在庭审中，应当重视量刑程序的独立性。其中，对于被告人认罪认罚的案件，因为对定罪问题没有太多争议，所以庭审的重点应围绕量刑展开；而对于被告人不认罪认罚的案件，则需在解决完定罪问题之后，另行开启量刑程序。对于量刑程序，控辩双方都是有备而来，提前制作量刑建议、量刑辩护意见，在法庭上进行充分的陈述、举证、质证，以及针锋相对的辩论，从而帮助法官兼听则明，掌握更加全面、更加丰富的量刑信息，使得准确量刑成为可能。此外，控辩双方通过庭审活动所表现出的对量刑的重视、对己方利益的关注，也在无形当中对法官形成了一定的压力，使其慎用手中的权力，不敢偏袒其中一方。

2. 提高量刑活动的说理性。说理是提高量刑质量、防止权力滥用的重要法宝。一方面，控辩双方要对自己的量刑建议、量刑辩护意见充分说理，以便说服法官理解、接受己方的主张。同时，对对方的观点进行充分回应，以便增强庭审的对抗性，防止庭审流于形式，沦为自说自话的表演。另一方面，法官要对自己的量刑结论充分说理。这是当前法官群体普遍展现出来的薄弱之处，也是今后需要着重加强和改进的地方。只有充分说理，清楚地呈现自己的量刑根据、理由、过程，对控辩双方的量刑建议、意见进行充分回应，才能使其真正理解、接受量刑结果，减少抗诉、上诉的可能性，同时，也能打消公众对量刑公正性的疑虑，提高司法公信力。

---

[1] 李洁、于雪婷、徐安怀："量刑规范化的规范方式选择"，载《当代法学》2011年第3期。

（三）主体方面：法官群体提升规范行使自由裁量权的意识和能力

量刑规范化改革的目的是引导法官规范行使手中的权力，虽然实体规则和程序设计在一定程度上决定了自由裁量的空间，但是改革成败的关键还在于法官本身是否形成了规范量刑的意识和能力。如果法官的意识不足、能力不够，规则再怎么细密、程序再怎么科学，也无法真正实现自由裁量权的规范化、法治化。

值得欣喜的是，近些年来，法官队伍的招录规模越来越大、门槛越来越高，这些充满活力的具有高学历且通过法考的名校毕业生，经过几年的锻炼便可委以重任，成为审判业务的中流砥柱，从而使得法官队伍结构更加年轻化、专业化、正规化。可以说，今天的法官已经不再是"法盲法官"，他们中的很多人就是我们的同学、同行和学生。与不少专业法学作者相比，他们不仅熟悉法律实践，而且对法学理论也不陌生。[1]由于其参加工作较晚，所以"估堆量刑法"在其头脑中并未产生根深蒂固的影响；加之其法学基础扎实、接受新知识能力强，所以对于量刑规范化改革呈现出比老法官更加积极的心态。此外，随着政法队伍整顿工作的开展和法官教育培训工作的强化，法官的廉政意识、规范意识越来越强。因此，总体而言，当前法官群体的规范量刑意识已经有了显著的提升。至于规范量刑能力，一方面，随着信息科学技术的发展，越来越多的量刑软件投入使用，成为法官裁量刑罚的助手和参谋。另一方面，法院系统的业务培训、业务交流以及最高人民法院职能部门出版的典型案例，对于其量刑能力的提升也大有裨益。当然，量刑能力还有一些提升的空间，比如，如何在裁判文书中进行量刑说理、如何对量刑指导文件尚未规定的罪名进行量刑、如何裁量罚金刑等，都需要在司法实践中逐步摸索和探讨。但是，无论如何，法官在量刑活动中发挥着不可替代的主导性作用，惟有法官发挥好主体作用，处理好法理与情理的关系、事实判断与价值判断的关系，才能真正做到量刑规范化与自由裁量权的平衡，在纷繁复杂的司法实践中捍卫公平正义。

---

[1] 白建军：《公正底线——刑事司法公正性实证研究》，北京大学出版社2008年版，第2页。

附录　变量因素表

变量1：年份	1＝2017年　2＝2018年　3＝2019年　4＝2020年　5＝2021年
变量2：省份	1＝北京　2＝广东　3＝河南　4＝四川
变量3：诈骗类型	1＝传统诈骗　2＝电信网络诈骗
变量4：是否有律师	1＝有　0＝无
变量5：被告人羁押状况	1＝在押　0＝不在押
变量6：法定刑幅度	1＝3年以下有期徒刑、拘役或管制，并处或单处罚金　2＝3年以上10年以下有期徒刑　3＝10年以上有期徒刑或者无期徒刑
变量7：宣告刑幅度	1＝3年以下有期徒刑、拘役或管制，并处或单处罚金　2＝3年以上10年以下有期徒刑　3＝10年以上有期徒刑或者无期徒刑
变量8：量刑结果	1＝免予刑事处罚　2＝单处罚金　3＝管制　4＝拘役　5＝3年以下有期徒刑　6＝3年以上10年以下有期徒刑　7＝10年以上有期徒刑　8＝无期徒刑　9＝拘役缓刑　10＝有期徒刑缓刑
变量9：是否减轻处罚	1＝是　0＝否
变量10：是否法定刑3年以上10年以下有期徒刑的减轻处罚	1＝是　0＝否
变量11：是否法定刑10年以上有期徒刑的减轻处罚	1＝是　0＝否
变量12：主刑时长（直接录入月数）	
变量13：是否缓刑	1＝是　0＝否
变量14：缓刑时长（直接录入月数）	

续表

变量15：罚金数额（直接录入数额，单位：元）	
变量16：是否剥夺政治权利	1 = 是　0 = 否
变量17：是否剥夺政治权利终身	1 = 是　0 = 否
变量18：剥夺政治权利期限（直接录入月数）	
变量19：是否外来人口	1 = 是　0 = 否
变量20：有无前科	1 = 是　0 = 否
变量21：是否累犯	1 = 是　0 = 否
变量22：是否因诈骗受过刑事处罚	1 = 是　0 = 否
变量23：是否自首	1 = 是　0 = 否
变量24：是否立功	1 = 是　0 = 否
变量25：是否坦白	1 = 是　0 = 否
变量26：是否认罪	1 = 是　0 = 否
变量27：是否认罪认罚	1 = 是　0 = 否
变量28：诈骗数额特征	1 = 数额较大　2 = 数额巨大　3 = 数额特别巨大　0 = 数额无法查证
变量29：诈骗数额（直接录入数额，单位：元）	
变量30：是否情节严重	1 = 是　0 = 否
变量31：是否情节特别严重	1 = 是　0 = 否
变量32：是否情节犯	1 = 是　0 = 否
变量33：是否多次诈骗	1 = 是　0 = 否
变量34：是否共同犯罪	1 = 是　0 = 否
变量35：共犯类别	1 = 一般主犯　2 = 从犯　3 = 判决书中未区分　4 = 帮助犯　5 = 诈骗集团首要分子　0 = 单独犯罪
变量36：是否从犯	1 = 是　0 = 否

续表

变量37：犯罪完成形态	1 = 未遂　2 = 既遂　3 = 部分既遂部分未遂
变量38：被害人是否谅解	1 = 是　0 = 否
变量39：是否全部挽回被害人损失	1 = 是　0 = 否
变量40：是否部分挽回被害人损失	1 = 是　0 = 否
变量41：是否通过短信、电话、互联网等方式发布虚假信息对不特定多数人进行诈骗	1 = 是　0 = 否
变量42：是否诈骗残疾人、老年人、未成年人、在校学生或者丧失劳动能力人的财物，或者诈骗重病患者及亲属财物	1 = 是　0 = 否
变量43：是否冒充国家机关工作人员诈骗	1 = 是　0 = 否
变量44：是否在境外实施电信网络诈骗	1 = 是　0 = 否

参考文献

一、著作类

1. ［德］汉斯－约格·阿尔布莱希特：《重罪量刑：关于刑量确立与刑量阐释的比较性理论与实证研究》，熊琦等译，法律出版社2017年版。

2. ［英］安德鲁·阿什沃斯：《量刑与刑事司法》，彭海青、吕泽华译，中国社会科学出版社2019年版。

3. ［德］克劳斯·罗克辛：《德国刑法学总论：犯罪原理的基础构造》（第1卷），王世洲译，法律出版社2005年版。

4. ［德］汉斯·海因里希·耶塞克、托马斯·魏根特：《德国刑法教科书》，徐久生译，中国法制出版社2001年版。

5. 张志勇：《诈骗罪研究》，中国检察出版社2008年版。

6. 赵廷光：《中国量刑改革之路》，武汉大学出版社2014年版。

7. 周继业主编：《量刑规范化典型案例精析》，法律出版社2013年版。

8. 白建军：《法律实证研究方法》，北京大学出版社2014年版。

9. 白建军：《公正底线——刑事司法公正性实证研究》，北京大学出版社2008年版。

10. 白建军：《罪刑均衡实证研究》，法律出版社2004年版。

11. 白建军：《刑法规律与量刑实践　刑法现象的大样本考察》，北京大学出版社2011年版。

12. 白云飞：《规范化量刑方法研究》，中国政法大学出版社2015年版。

13. 敦宁：《量刑情节适用的理论与实践》，中国人民公安大学出版社2012年版。

14. 郭豫珍：《量刑与刑量：量刑辅助制度的全观微视》，元照出版有限公司2013年版。

15. 韩光军：《量刑基准研究》，法律出版社2010年版。

16. 郝川：《中国量刑指导制度研究：以量刑指导意见为切入点》，人民出版社2013年版。

17. 胡云腾主编：《中美量刑改革国际研讨会文集》，中国法制出版社2009

年版。

18. 姜涛：《认知量刑规范化》，中国检察出版社 2010 年版。

19. 雷小政：《法律生长与实证研究》，北京大学出版社 2009 年版。

20. 李冠煜：《量刑基准的研究——以责任和预防的关系为中心》，中国社会科学出版社 2014 年版。

21. 李荣：《公正量刑保障机制研究》，中央民族大学出版社 2013 年版。

22. 李晓林主编：《量刑规范化的理论与实践》，人民法院出版社 2015 年版。

23. 石经海：《量刑个别化的基本原理》，法律出版社 2010 年版。

24. 吕忠梅总主编：《美国量刑指南——美国法官的刑事审判手册》，法律出版社 2006 年版。

25. 皮勇、王刚、刘胜超：《量刑原论》，武汉大学出版社 2014 年版。

26. 阮齐林：《中国刑法上的量刑制度与实务》，法律出版社 2003 年版。

27. 石经海、禄劲松主编：《量刑研究》（第一卷），法律出版社 2014 年版。

28. 宋英辉等：《法律实证研究本土化探索》，北京大学出版社 2012 年版。

29. 宋英辉、王五良主编：《法律实证研究方法》，北京大学出版社 2009 年版。

30. 苏惠渔、张国全、史建三：《量刑与电脑——量刑公正合理应用论》，百家出版社 1989 年版。

31. 汤建国主编：《量刑均衡方法》，人民法院出版社 2005 年版。

32. 汪明亮：《定罪量刑社会学模式》，中国人民公安大学出版社 2007 年版。

33. 汪明亮：《审判中的智慧：多维视野中的定罪量刑问题》，法律出版社 2006 年版。

34. 王利宾：《酌定量刑情节规范适用研究》，上海社会科学院出版社 2010 年版。

35. 王利荣：《量刑说理机制》，中国人民公安大学出版社 2012 年版。

36. 王联合：《量刑模型与量刑规范化研究》，中国政法大学出版社 2015 年版。

37. 熊选国主编：《〈人民法院量刑指导意见〉与"两高三部"〈关于规范量刑程序若干问题的意见〉理解与适用》，法律出版社 2010 年版。

38. 南英主编：《量刑规范指导案例》，法律出版社 2016 年版。

39. 赵学军：《抢劫罪量刑经验研究》，法律出版社 2019 年版。

40. 董晓华：《北京市盗窃罪量刑实证研究——以 2736 份判决书为样本》，法律出版社 2020 年版。

41. 张明楷:《刑法学》(上),法律出版社 2016 年版。

42. 张苏:《量刑根据与责任主义》,中国政法大学出版社 2012 年版。

二、学位论文

1. 陈炜:"量刑情节研究",武汉大学 2005 年博士学位论文。

2. 熊谋林:"罚金刑应用实证研究",西南财经大学 2012 年博士学位论文。

3. 张明:"量刑基准论",中国政法大学 2004 年博士学位论文。

4. 崔仕绣:"我国量刑规范化改革研究——障碍及其克服",中南财经政法大学 2020 年博士学位论文。

三、期刊文章

1. 白建军:"犯罪轻重的量化分析",载《中国社会科学》2003 年第 6 期。

2. 白建军:"量刑基准实证研究",载《法学研究》2008 年第 1 期。

3. 白建军:"论法的确定性与公正的可检验性",载《中国法学》2008 年第 2 期。

4. 白建军:"裸刑均值的意义",载《法学研究》2010 年第 6 期。

5. 白建军:"同案同判的宪政意义及其实证研究",载《中国法学》2003 年第 3 期。

6. 蔡曦蕾:"克服量刑失衡二元体系之构建——基于对我国量刑失衡现象的实证分析",载《政治与法律》2013 年第 11 期。

7. 蔡曦蕾:"量刑失衡的克服:模式与选择",载《中外法学》2014 年第 6 期。

8. 左卫民:"一场新的范式革命?——解读中国法律实证研究",载《清华法学》2017 年第 3 期。

9. 董桂武:"故意伤害罪量刑幅度分布实证研究——基于八个地区十六家法院故意伤害罪判决书样本的考察",载《刑法论丛》2012 年第 2 期。

10. 李安:"量刑实证研究的方法论检视　从实证观念到实证技术",载《中外法学》2009 年第 6 期。

11. 石经海:"'量刑规范化'解读",载《现代法学》2009 年第 3 期。

12. 石经海:"刑法现代化下的'量刑'解构——量刑规范化的科学基础探究",载《中国刑事法杂志》2010 年第 3 期。

13. 孙谦:"建立刑事司法案例指导制度的探讨",载《中国法学》2010 年第 5 期。

14. 汤建国、张桂林:"论刑事审判中财产刑的细化与均衡　兼谈姜堰市人民法院试行《规范量刑指导意见》中财产刑的适用",载《法律适用》2004年第10期。

15. 王彪:"刑事诉讼中的'逮捕中心主义'现象评析",载《中国刑事法杂志》2014年第2期。

16. 王超强、马荣春:"刑法自然科学思维的立场与应对——兼以实证分析为视角",载《云南大学学报(法学版)》2013年第2期。

17. 王瑞君:"案例指导量刑与量刑规范化",载《法学杂志》2009年第8期。

18. 王文华:"论我国量刑制度的改革——以美国联邦《量刑指南》为视角",载《法学论坛》2008年第6期。

19. 王贞会:"法律实证研究中的问卷设计与抽样调查",载《中国政法大学学报》2015年第3期。

20. 文姬:"关于诈骗犯罪量刑的思考",载《湖南科技学院学报》2008年第11期。

21. 徐安住:"自首制度疑难问题的司法认定——基于《刑事审判参考》28个示范案例的实证分析",载《湖南大学学报(社会科学版)》2012年第1期。

22. 袁建刚:"量刑的逻辑:量刑差异、刑量分布和量刑基准",载《中国刑事法杂志》2011年第8期。

23. 臧冬斌:"量刑基准点的确定方法",载《政治与法律》2009年第4期。

24. 张苏:"定量方法在我国量刑中的应用与前瞻",载《河北法学》2013年第12期。

25. 张向东:"从量刑基准到基准刑:量刑方法的革新",载《中国刑事法杂志》2011年第3期。

26. 张训:"量刑比例初探——以江苏省姜堰市人民法院《规范量刑指导意见》为视角",载《西南政法大学学报》2009年第1期。

27. 章桦、李晓霞:"醉酒型危险驾驶罪量刑特征及量刑模型构建实证研究——基于全国4782份随机抽样判决书",载《中国刑事法杂志》2014年第5期。

28. 左卫民:"量刑建议的实践机制:实证研究与理论反思",载《当代法学》2020年第4期。

29. 赵骏:"中国法律实证研究的回归与超越",载《政法论坛》2013年第2期。

30. 赵书鸿："论刑罚裁量的简洁化 量刑活动的经验性研究结论"，载《中外法学》2014年第6期。

31. 赵廷光："法定刑中间线是量刑公正的生命线"，载《中国刑事法杂志》2010年第12期。

32. 赵廷光："论量刑精确制导"，载《现代法学》2008年第4期。

33. 赵廷光："实现量刑公正性和透明性的基本理论与方法"，载《中国刑事法杂志》2004年第4期。

34. 周光权："量刑基准研究"，载《中国法学》1999年第5期。

35. 周含玉："危险驾驶罪量刑均衡实证研究——以50起危险驾驶案件为样本"，载《云南大学学报（法学版）》2013年第5期。

36. 朱锡平："基于适用缓刑降格量刑裁量现象的实证分析"，载《贵州警官职业学院学报》2008年第1期。

37. 石经海、严海杰："中国量刑规范化之十年检讨与展望"，载《法律科学（西北政法大学学报）》2015年第4期。

38. 苏彩霞、崔仕绣："中国量刑规范化改革发展研究——立足域外经验的考察"，载《湖北大学学报（哲学社会科学版）》2019年第1期。

39. 赵学军："量刑偏差的司法表现与量刑规范的实现路径——基于抢劫罪刑事判决书的实证考察"，载《天津法学》2019年第3期。

40. 熊谋林、李稚宁、胡景轩："量刑均衡的中国经验：基于强奸罪的实证研究"，载《法治现代化研究》2021年第2期。

41. 王越："量刑规范性水平的实证检验：以故意伤害罪为例的分析"，载《法学家》2020年第6期。

42. 彭文华："盗窃罪量刑规范化问题实证研究"，载《华东政法大学学报》2021年第2期。

43. 梁文彩："对《关于常见犯罪的量刑指导意见》的反思——以敲诈勒索罪为例展开的分析"，载《刑法论丛》2019年第4期。

44. 文姬："盗窃罪中罚金刑裁量规则研究"，载《南大法学》2021年第4期。

45. 彭雅丽："量刑指导意见的司法实践与重构——以盗窃罪为切入点"，载《法学研究》2021年第4期。

46. 范冬明、魏海："刑法第六十三条减轻处罚的正确适用"，载《人民司法》2020年第26期。

47. 刘晓山："报应论与预防论的融合与分配——刑罚正当化根据新论"，载《法学评论》2011年第1期。

48. 阮齐林："再论财产刑的正当理由及其改革"，载《法学家》2006 年第 1 期。

49. 王衍松、吴优："罚金刑适用研究——高适用率与低实执率之二律背反"，载《中国刑事法杂志》2013 年第 6 期。

50. 孟庆华："剥夺政治权利的适用范围若干问题探讨"，载《信阳师范学院学报（哲学社会科学版）》2009 年第 3 期。

51. 白建军："论刑法教义学与实证研究"，载《法学研究》2021 年第 3 期。

52. 师晓东："罪量要素调适：理念转变和趋势前瞻——以晚近刑法修正案为中心"，载《山西高等学校社会科学学报》2019 年第 5 期。

53. 陈帅："无限额罚金刑量刑失衡问题与规制——以 S 市 258 篇数额特别巨大诈骗案件判决书为样本"，载《上海法学研究（闵行区法院卷）》2019 年第 12 期。

54. 劳佳琦："财产性判项与减刑假释的联动机制"，载《中外法学》2018 年第 3 期。

55. 胡昌明："被告人身份差异对量刑的影响：基于 1060 份刑事判决的实证分析"，载《清华法学》2018 年第 4 期。

56. 李荣："影响刑事判决的法官情感因素及其制约"，载《河北法学》2008 年第 4 期。

57. 白云飞："量刑规范化之目标定位：指引法官裁量权的合理行使"，载《广东社会科学》2011 年第 3 期。

58. 蔡曦蕾："量刑失衡归因论"，载《法制与社会发展》2015 年第 1 期。

59. 龙光伟："论量刑失衡及其对策"，载《吉林大学社会科学学报》2003 年第 2 期。

60. 周少华："同案同判：一个虚构的法治神话"，载《法学》2015 年第 11 期。

61. 张志铭："中国法院案例指导制度价值功能之认知"，载《学习与探索》2012 年第 3 期。

62. 林思婷、武敏："盗窃罪量刑实证研究——以浙江省宁波市 2014 年 539 例判决书为例"，载《浙江万里学院学报》2014 年第 5 期。

63. 张清芳、王瑞剑："贪污罪自由刑量刑的地区差异实证研究——以全国 1400 份判决书为样本的分析"，载《时代法学》2019 年第 1 期。

64. 王剑波："我国受贿罪量刑地区差异问题实证研究"，载《中国法学》2016 年第 4 期。

65. 白建军："基于法官集体经验的量刑预测研究"，载《法学研究》2016

年第 6 期。

66. 熊谋林、赵勇、程乙峰："重考量刑公正与量刑差异——德阳市五个基层法院的定量研究证据"，载《犯罪研究》2014 年第 6 期。

67. 王烁："英国量刑指南制度及其对我国的启示"，载《刑法论丛》2017 年第 2 期。

68. 张苏："德日刑法中的责任理论及对我国量刑的启示"，载《河北法学》2014 年第 9 期。

69. 冉巨火："经验而非逻辑：责任主义量刑原则如何实现"，载《政治与法律》2015 年第 6 期。

70. 彭文华："量刑说理：现实问题、逻辑进路与技术规制"，载《法制与社会发展》2017 年第 1 期。

71. 李琴："刑事判决书量刑说理问题实证研究——以 D 法院 97 份刑事判决书为样本"，载《中国刑事法杂志》2012 年第 6 期。

72. 陈国庆："量刑建议的若干问题"，载《中国刑事法杂志》2019 年第 5 期。

73. 李奋飞："论认罪认罚量刑建议与量刑裁决的良性互动"，载《暨南学报（哲学社会科学版）》2020 年第 12 期。

74. 胡云腾："完善认罪认罚从宽制度改革的几个问题"，载《中国法律评论》2020 年第 3 期。

75. 孙皓："量刑建议的'高采纳率'误区"，载《中外法学》2021 年第 6 期。

76. 朱孝清："论量刑建议"，载《中国法学》2010 年第 3 期。

77. 李奋飞："论'确认式庭审'——以认罪认罚从宽制度的入法为契机"，载《国家检察官学院学报》2020 年第 3 期。

78. 陈瑞华："认罪认罚从宽制度的若干争议问题"，载《中国法学》2017 年第 1 期。

79. 侯猛："实证'包装'法学？——法律的实证研究在中国"，载《中国法律评论》2020 年第 4 期。

80. 赵军："刑事法学经验研究中的若干问题——给法科学生的方法建议"，载《犯罪研究》2021 年第 3 期。

81. 李洁、荣月："论法官自由裁量权的价值及其合理限度——以量刑规范化改革为视角"，载《东疆学刊》2016 年第 2 期。

82. 吴雨豪："量刑自由裁量权的边界：集体经验、个体决策与偏差识别"，载《法学研究》2021 年第 6 期。

83. 倪震:"量刑改革中'机械正义'之纠正——兼论人工智能运用的边界及前景",载《江西社会科学》2018年第2期。

84. 韩轶:"大数据视野下的量刑规范化",载《人民法治》2018年第2期。

85. 李鹏飞:"论量刑规范化视野下法官量刑思维的确立——以《人民法院量刑指导意见》为视角",载《渭南师范学院学报》2018年第15期。

86. 王志祥、黄云波:"量刑规范化实践中错误倾向之纠正——以罪刑法定原则为视野的思考",载《贵州民族大学学报(哲学社会科学版)》2015年第3期。

87. 罗华:"量刑规范化改革困境及破解",载《人民论坛》2016年第23期。

88. 李洁、于雪婷、徐安怀:"量刑规范化的规范方式选择",载《当代法学》2011年第3期。

89. 王瑞君:"案例指导量刑与量刑规范化",载《法学杂志》2009年第8期。

致 谢

  本书是在我的博士学位论文基础上修改完成的。博士毕业六年多了，在这六年里，我的生活发生了巨大的变化，从检察院到银行再到高校，我体验了法律人所可能从事的各种职业的酸甜苦辣。而当年那个待在我肚子里全程陪我完成写作的胎儿，如今也长成为阳光可爱的翩翩少年。此时的我，已经走出初为人母时的艰辛与慌乱，走过刚上讲台时的青涩与笨拙，终于有时间安安静静地坐在书桌前，细细打磨这篇旧文章。

  提起这篇文章，特别要感谢我的导师刘志伟教授。蒙刘老师不弃，在我的导师李希慧教授生病之后，收我于门下，指导、引领我完成学业。早在博一下半学期，刘老师就帮我选题，给我推荐参考资料，鼓励我尝试实证研究，并勉励我早作准备，有计划、有步骤地进行。在写作过程中，刘老师多次询问进度，答疑解惑，帮助我克服困难，提供意见和建议。可以说，选题、制订研究方案、收集样本、制作调查问卷、建立数据库、统计分析、写作、修改这些论文写作的全部环节和整个过程都凝结着刘老师的心血和智慧。刘老师治学严谨，对学生高标准、严要求，但同时又是那么的和蔼可亲，时时刻刻为学生着想。还记得有一次我请刘老师修改论文，当我拿到修改稿的时候，被刘老师的认真程度深深震撼了，从文章层次结构到遣词造句、标点符号，密密麻麻都标注了红色的修改意见。为了帮助我修改，刘老师每次看到与我论文有关的文章、资料，都会把相关链接发给我，甚至在参加学术会议期间，还将几篇论文用手机逐页拍照发送给我，供我参考；还记得，博一的刑法课本来被安排在周三晚上，考虑到我的工作单位在远郊区，第二天从市区赶回去上班非常辛苦，刘老师就将课时调整至周五晚上，这样我上完课就可以在市区的家中休息；还记得，因为我撰写博士论文期间恰逢怀孕，刘老师不止一次告诉我身体和胎儿最重要，不要勉强写论文，实在不行可以延期。论文初稿写完后，为了让我免受舟车劳顿之苦，刘老师不让我去学校，而是通过电话帮我讲解修改意见，一讲就是一个多小时。总之，在博士学习期间，刘老师给了我太多的帮助、指导、关心、理解和鼓励，让我万分感激和感动。博士毕业之后，我一度放弃学术，选择去银行工作。过了2年，当我终于下定决心去高校并入职中央司法警官学院时，刘老师似乎比我还要高兴。至今还记得他在办公室里跟我讲今后当老师了怎样上课、怎样科研、怎样培养学生，并送给我工具书让我备课时作参考，我感动得几近落泪。这几年，我忙于家庭和工作，偶尔会跨越大半个北京城去看望他，每次聊天时，刘老师都会提起这篇博士论文，鼓励我有时间还是要按照当时外审专家和答辩委员会的意见和建议进行修改完善，并尽早出版。可惜由于我的慵懒和懈怠，修改工作一拖再拖，直到去年才开始真正着手，但是不管怎样，这本书终于要出版了，也算没有辜负恩师的叮嘱和期望。我虽然半路转到恩师门下，但是恩师对我"视如己出"，引导我学习、钻研实证研究，帮助我顺利完成学业，更是常常勉励我要做好自己的工作，照顾好自己的家庭，平衡好工作与家庭的关系。总之，恩师对我的恩情，难以用语言表达，惟有努力工作、幸福生活，才是对他最好的回报。

在这里还要感谢我的导师李希慧教授。李老师是我的硕士导师，并招收我读博，让我实现了继续学习深造的心愿。可惜恩师罹患疾病，未能陪我完成学业。八年来，恩师饱受病魔摧残与折磨，并于2022年春天驾鹤西去。这对他而言算是解脱，但是对他的家人和众多弟子而言却是无尽的悲伤与遗憾。他的《刑法解释论》《刑法探微》是留给刑法学人的宝贵精神财富，他严谨的治学态度、低调谦和的为师之道以及淡泊名利的人生态度，将一直指引我前行。

我是2021年年初开始着手修改博士论文的。经过几年的学术积累和提升，回头再看当初这篇论文，觉得它是那么粗浅和不成熟。其实这也不难理解，2015年写作初稿的时候，国内关于实证研究特别是个罪量刑方面的实证研究还较为少见，没有太多的文献可供参考，没有太多的经验可供借鉴，再加上当时刚刚实行"裁判文书上网"，能收集到的裁判文书更是极为有限，而我个人更是第一次接触SPSS这样一个统计分析工具，所以形成的成果在现在看来比较"幼稚"，只是停留在较浅的"统计发现"层面，而没有对这些"发现"进行深层次的挖掘和剖析，定性分析和定量分析没有充分融合，理论和实践有所脱节。庆幸的是，这几年来，有关量刑实证研究的成果如雨后春笋般涌现，这些视角独特、方法科学、论证深刻的文献深深鼓舞了我，让我感受到实证研究的无穷魅力，更产生了努力做好实证研究的自觉与冲动。由于博士论文的数据局限于2014年，到目前来看已略显陈旧，于是我借助中国裁判文书网这样一个宝贵的平台，重新收集了2017年至2021年的诈骗罪裁判文书，并提取文书中的若干信息，将文字转化为数据，形成一个新的数据库。这项工作繁杂而枯燥，历时半年之久才算真正完成。之后，我重新审视了原文的结构并进行了优化，加大了定性分析的篇幅，以便充分挖掘数据背后的价值。最后便是夜以继日地写作，直到2022年年初才算基本完成。因此，本书与其说是修改博士论文，不如说是以博士论文为题进行重新创作，虽然它离完美还差得很远，但是与当初的博士论文相比，数据更加丰富、结构更加完善、说理更加透彻，可以说在某种程度上实现了自我批判与超越。在此过程中，我也真正认识到，只有克服浮躁与急功近利，静下心来做学问，假以时日才能有所精进。

在我读博及论文写作、修改期间，有太多的人给予我太多的帮助，在这里表示衷心的感谢：感谢北师大刑科院的高铭暄教授、储槐植教授、卢建平教授、黄风教授、王秀梅教授、吴宗宪教授、王志祥教授、宋英辉教授、阴建峰教授、彭新林教授等传道授业；感谢张远煌教授、左坚卫教授、黄京平教授、韩轶教授、赖早兴教授在论文答辩期间提出意见和建议；感谢赵军教授指点迷津，帮助我选择研究样本；感谢赵书鸿老师帮助我制订研究方案，修改调查问卷，认真细致地修改论文并提出意见和建议，使我深受启发；感谢谭光柱为我提供 SPSS 软件方面的技术指导和支持；感谢北京市法院系统的吴恬、石魏、王兰娣、段惠云、金珍珍等法官好友为我答疑解惑；感谢李冠煜师兄多年来给我的指点和鼓励，从考博到读博的全过程都是有问必答、有求必应；感谢赵学军师兄将他从事实证研究的经验教训毫无保留地传授于我，并在百忙中抽出时间多次对我的论文进行耐心细致地指导；感谢我的博士同学叶萍、潘文博、邵超、朱贺、商浩文、田旭、王帅、黄云波等对我的帮助，让我在收获学业的同时也收获了友谊；感谢我曾经工作 6 年的平谷区人民检察院的领导和同事，让我在工作的同时还能重返校园继续学习；感谢中央司法警官学院的领导和老师们，给我提供一个宽松的环境和广阔的平台，让我可以安心教学和做科研。

最后，我要感谢我的父母、爱人和孩子，他们的爱和理解是支撑我前行的动力。

宋久华

2022 年 4 月于北京